本书为西安市社会科学规划课题

重点项目"新时代西安市文化旅游吸引力建设路径研究"

（项目号：18X92）阶段性成果

旅游与旅游经济

陕西旅游经济发展研究

刘迎辉 著

中国社会科学出版社

图书在版编目（CIP）数据

旅游与旅游经济：陕西旅游经济发展研究／刘迎辉著 . —北京：中国社会
科学出版社，2018.5
ISBN 978 - 7 - 5203 - 2580 - 6

Ⅰ. ①旅… Ⅱ. ①刘… Ⅲ. ①地方旅游业—旅游经济—经济
发展—研究—陕西 Ⅳ. ①F592.741

中国版本图书馆 CIP 数据核字（2018）第 108956 号

出 版 人	赵剑英
责任编辑	安　芳
责任校对	张爱华
责任印制	李寡寡

出　　版	中国社会科学出版社
社　　址	北京鼓楼西大街甲 158 号
邮　　编	100720
网　　址	http://www.csspw.cn
发 行 部	010 - 84083685
门 市 部	010 - 84029450
经　　销	新华书店及其他书店

印　　刷	北京明恒达印务有限公司
装　　订	廊坊市广阳区广增装订厂
版　　次	2018 年 5 月第 1 版
印　　次	2018 年 5 月第 1 次印刷

开　　本	710 × 1000　1/16
印　　张	18.75
字　　数	290 千字
定　　价	80.00 元

前　　言

　　2017 年党的十九大提出当前我国社会主要矛盾已经转化为人民日益增长的美好生活需要和不平衡不充分的发展之间的矛盾。2020年我国要实现全面小康，到 21 世纪中叶，实现中华民族伟大复兴。在经济社会发展的征程中，从产业宽度、产业适应面、产业发展历史、产业时空特征分析，旅游业成为五大引领幸福的产业之一，旅游也成为幸福生活的重要指标，同时旅游对推动一国（地区）经济社会发展具有重要意义。因此，有必要全面分析旅游的基本理论，形成系统的旅游经济评价指标体系，从实际出发，检验旅游经济效应的评价方法，对未来旅游发展提出理论支持和政策建议。

　　本书从以下方面进行了研究，首先，从旅游统计的角度分析研究旅游发展状况及其意义。其次，探索旅游的起源与发展，厘清旅游的基本理论，分析旅游的基本概念。作者认为，从社会学的角度阐述旅游，即是在旅游动机支配下的一种人类社会活动。旅游动机是旅游活动的决定因素。不同历史时期，人们的旅游动机各不相同，因而旅游活动的形式与参与度各不相同。这种活动包含有个体旅游活动，也包含群体旅游活动。与其他人类活动相比较，旅游表现出社会性、文化性与经济性。再次，本书分析了旅游者、旅游资源和旅游媒介，进而在各种旅游要素对应旅游吸引力、旅游接待力和旅游服务力，并科学转化的基础上，形成目的地的旅游生产力，从而对一国（地区）产生文化、环境和经济的影响。全书重大的突破在于系统化地分析旅游经济相关概念，例如旅游产品、旅游特征产品、旅游消费、旅游产业、旅游需求、旅游增加值、旅游乘数等，比较分析了旅游卫星账户、投入产出、国民经济核算和可计算一般均衡模型四种评价旅游经济效应的方法，以陕西省为例，对不同方法进行验算；在此基础上，构筑旅游经济效应评价的一般原则和三级指标体系；通过采集和调整统计数据，提出投入产出旅游卫星账户法，用该方法评价陕西旅游经济效应并进行修正；指出为准确评价旅游经济效应，需要改革和完善我国的旅游统计制度、方法及指标。最后，本书从乡村旅游和城市旅游两个方面分析陕西旅游发展的基本状况，并对新常态下陕西旅游进一步发展提出政策建议。

作者认为，旅游基本理论、旅游经济评价方法以及陕西旅游发展分析具有重要意义和实践指导作用，希望本书的研究结论有助于我国新时代旅游理论的进一步完善，能够加快陕西旅游的大发展，使旅游业肩负起幸福产业的使命。

刘迎辉

2017 年 10 月

目　　录

绪　　论

与人类活动密切相关的旅游及其实现途径随着人类社会的不断发展与文明程度的不断提高，在当代经济社会中因其显著的经济增长推动作用在许多国家和地区得到优先发展，旅游产业地位得到不断提高。

一　国内外旅游发展状况

1. 世界旅游发展状况

根据世界旅游组织的相关统计，从 1950 年到 2000 年，全世界旅游客流增长了 28 倍，国际旅游收入总量增长了 227 倍。[①] 1950 年全世界旅游人次 2528.2 万，旅游收入 21.00 亿美元；2002 年全世界旅游人次 7.6 亿人次，旅游收入 5490.00 亿美元；2004 年全世界旅游支出 7141 亿美元，国际旅游收入 7356 亿美元，国外游客到达人数 77592 万人次，出国旅游人数 85427 万人次。[②] 表 1 显示，2006 年全球出国旅游人数达到 103098 万人次。表 2 显示，2006 年全球旅游收入达到 8877 亿美元。表 1 和表 2 的数据说明，尽管在不同国家旅游发展速度与程度各不相同，但是世界范围旅游活动加速发展，尤其在中高收入以上国家，旅游业发展较之于在低收入国家更快。旅游的快速发展，不仅促进了经济的发展，同时还创造了大量的就业机会。进入 21 世纪的十多年，随着全球经济增长放缓，国际旅游仍

---

① 李天元：《旅游学概论》，南开大学出版社 2003 年版，第 9—39 页。

② 李天元：《旅游学概论》，南开大学出版社 2003 年版；《2000—2006 年世界旅游统计年鉴》，中国统计出版社 2007 年版。

然取得了年均超过5%的增长，旅游业已经成为世界经济不可或缺的一部分。

表1　　　　　　　　　2000—2006年国际旅游人数　　　　　单位：万人次

国家和地区	国外游客到达人数					出国旅游人数				
	2000	2003	2004	2005	2006	2000	2003	2004	2005	2006
世界	69296	70625	77529	80381	85078	80934	81257	85427	100789	103098
高收入国家	44658	44161	47010	48821	51480	39747	39808	42924	57323	57749
中等收入国家	22003	23855	27561	28970	30702	28911	29075	29473	28516	30320
低收入国家	1536	1761	—	1923	—	—	—	—	—	—

注：根据世界旅游统计年鉴整理。

与其他经济活动相比较，旅游活动的增长速度与促进经济发展的能力显著。在全球范围内，几乎所有国家和地区都把旅游业作为国民经济发展的支柱产业。世界旅游理事会对未来国际旅游作出预测，认为在未来几年，国际旅游将保持良好的发展势头。2010年全球国际旅游人次达到10亿，2015年达到12亿，2020年达到16亿。同时还测算，2000—2020年国际旅游活动的年平均增长率为4.4%；到2020年，全球旅游消费达到2万亿美元，远远高出世界财富年平均3%的增长率。[1] 此外，世界旅游理事会的旅游卫星账户调研报告对全球176个国家和地区的旅游业发展作出预测，称2008年全球旅游业产值高达8万亿美元，10年后将增至15万亿美元。未来10年间世界旅游业年均增长率将达到4.4%，到2018年世界旅游业总产值将占全球GDP的10.5%，旅游从业人员将达到2.97亿人。[2]

---

[1] 郭胜：《旅游学概论》，高等教育出版社2004年版。
[2] 王涛：《世界旅游业继续保持增长势头》，2008年3月，中国经济网，http://intl.ce.cn/right/jcbzh/200803/27/t20080327_14979005.shtml。

表 2　　　　　　　　　　2000—2006 年国际旅游收支　　　　　　单位：亿美元

国家和地区	国际旅游支出					国际旅游收入				
	2000	2003	2004	2005	2006	2000	2003	2004	2005	2006
世界	5488	6138	7141	7585	8038	5773	6225	7356	8202	8877
高收入国家	4628	5028	5810	6111	6377	4442	4746	5534	6010	6409
中等收入国家	773	997	1190	1367	1543	1226	1354	1658	2084	2331
低收入国家	—	—	—	109	123	—	—	—	80	126

注：根据世界旅游统计年鉴整理。

当代相对和平稳定的世界环境促使全球旅游快速发展。世界旅游组织统计显示，2015 年国际旅游人次上升 4.4%，由 2000 年的 6.97 亿人次增长到 11.84 亿人次。[①] 全球前往境外旅游目的地的过夜游客比 2014 年增长了 5000 万人次，国际旅游人次自 2010 年以来，连续 6 年以 4% 以上的速度增长。2015 年世界旅游收入上升了 3.6%，总计 1.4 万亿美元，平均每天 40 亿美元。[②] 世界旅游业理事会（WTTC）测算，2015 年旅游业对全球国内生产总值（GDP）的综合贡献 7.8 万亿美元，占全球国内生产总值总量的 10%。旅游业创造了 2.84 亿个就业岗位，占就业总量的 9.5%。[③] 中国国内旅游、出境旅游人数和国内旅游消费、境外旅游消费均列世界第一。上述统计数据如果加入各国国内旅游，旅游业的经济规模更为可观。

尽管不论国际范围还是国内范围旅游规模超越其他经济类型，但旅游发展的潜力依然强劲。从旅游的类型看，古代有政治游、佳节游、文人考察游、宗教游、商人游等；近代有观光游、度假游、探亲游、修学游、大型事件游、航海探险游等；当代旅游类型则举不胜举，完全与新的社会发展模式与新的社会文明相一致，比较有代表性

---

① 张伟：《最新数据显示全球旅游业去年增速达 4.4%》，2016 年 1 月 27 日，中国经济网，http://www.ce.cn/xwzx/gnsz/gdxw/201601/27/t20160127_8571193.shtml。

② 《世界旅游组织发布数据：中国成旅游收入第二大国》，2016 年 5 月，新华网，http://www.xinhuanet.com/overseas/2016-05/10/c_128973317.htm。

③ 《国家旅游局发布"2015 年世界旅游十大新闻"》，2015 年 12 月，人民网，http://travel.people.com.cn/n1/2015/1225/c41570-27975070.html。

的有疗养游、体验游、奖励游、亲子游、毕业游、体育游、商务游、学术游、农业旅游、工业旅游、休闲旅游、电子旅游等。出游动机更为广泛，甚至旅游成为一种工作方式与生活方式。旅游从早期的奢侈品成为当代国民生活必需品。另外，先进的旅游供给也刺激与吸引旅游需求，推动旅游规模不断扩大，例如，嘉年华的发展模式、产业相融的发展模式、区域一体化的发展模式等。

当代社会生活的深刻变化与人类文明程度的不断提高，释放了更多出游的愿望和满足旅游需求的能量。因而旅游业必然有着不可估量的发展前景。世界旅游组织曾经预测，在 2000 年至 2020 年期间，全球国际旅游人次的年平均增长率为 4.3%；到 2020 年，全世界国际旅游规模达到 16 亿人次，全世界国际旅游收入将超过 1 万亿美元。① 根据前文数据，显然实现 2020 年的目标是轻而易举的（排除不可控因素）。有经济学专家指出，在 21 世纪的世界经济中，旅游业的地位将变得更加重要。中国政府认为旅游业是国民经济的重要组成部分，国内很多地区理所应当视旅游业为支柱产业或支柱产业之一。中国自改革开放以来，一直坚持优先发展入境旅游，积极发展国内旅游，适度发展出境旅游的道路。国际上也有国家是以旅游业为核心产业，例如，泰国、马来西亚、斯里兰卡等。

尽管旅游活动与旅游业受到重视，且快速发展，但人们仍然看到了不少复杂的问题和矛盾。例如，旅游对经济、文化和环境影响的"双刃剑"理论与思想。时至今日，关于旅游对文化、环境以及资源和文物保护冲击的关注度越来越高。文化遗存和自然旅游资源的保护与开发利用共生如何协调？旅游发展进程中的农村劳动力转移、农业耕地面积旅游化、传统农耕文明商业化等问题也是近年来有争议的议题。过度关注旅游发展，导致区域或一国产业结构单一带来的经济抗风险能力降低，使一国（地区）需慎重对待旅游的发展。

近年来，国际范围的出境旅游规模不断扩大，以中国为例，2015年中国大陆赴美游客达到 300 万人次左右，比上年增长 16%；据美国商务部预测，中国游客人数或将以平均每年 18% 的增幅上涨，到

---

① 李天元：《旅游学概论》，南开大学出版社 2003 年版。

2019 年预计将达到 490 万人次；2015 年中国出境旅游 1.2 亿人次①，出境旅游人次和境外旅游消费均列世界第一。由此带来的旅游外汇漏损是值得注意和研究的。在更多问题和现象中，目的地国居民对游客经济贡献认同度也在下降，游客涌入带来了诸如环境承载、物价上升、公共产品紧缺等一系列问题。另外，在经济全球化和信息网络化的今天，旅游业的发展前景、发展道路、经营模式等都面临巨大挑战。甚至有人认为"地球村"的概念与全球化进程加速和网络化使世界正在趋同，基于文化差异的旅游终将变得毫无意义而走向消亡。

显然，具有周期性又显示刚性的旅游业在全球经济新常态中前进有更多的问题需要我们探索和研究。在旅游业显而易见的推动作用和不可避免的问题中，选择什么样的模式与道路？面临新常态的机遇和挑战，如何发挥旅游业的"洪荒之力"？学者、专家或政府的关注与发展措施只有站在适当立场和适当角度这一高度，在对以往发展经验科学总结的基础上，才能正确认识、分析旅游和旅游业。本书正是基于这样的方法指导，从理论界定与阐述、从方法优化去评价，进而通过旅游实践系统研究旅游与旅游经济。

上古时期现代旅游活动的雏形就已诞生，随着人类文明程度不断提高，现代旅游活动快速发展并融入国民经济诸多行业，旅游概念的明晰、旅游活动特征与旅游活动类型以及旅游三要素是形成旅游理论的基本范畴。旅游者、旅游资源与旅游媒介是旅游活动的三要素。目的地国家（地区）旅游资源的独特性甚至垄断性激发旅游动机，形成目的地国家（地区）的旅游吸引力；一国或一地区旅游业的发展程度直接决定旅游接待的能力，故此形成该国或该地区的旅游服务力。旅游输出国与旅游接待国在旅游发展的过程中，旅游在社会文化、环境以及经济领域带给双方不同的影响，因此，我们常说旅游是把"双刃剑"。

尽管旅游的消极影响存在于客源国与目的地国，但人们普遍认为，在科学规划和合理开发的基础上，旅游的积极影响尤其是旅游经

---

① 张伟：《最新数据显示全球旅游业去年增速达 4.4%》，2016 年 1 月 27 日，中国经济网，http：//www.ce.cn/xwzx/gnsz/gdxw/201601/27/t20160127_ 8571193.shtml。

济较强的产业渗透与产业融合，旅游业表现出强劲的产业带动性与就业拉动能力。因此，旅游经济发展推动国民经济的能力需要科学评价。

本书系统阐述了投入产出法、卫星账户法、国民经济和算法。在实践演算的过程中，形成旅游经济评价的一套核算指标体系，进一步提出基于投入产出的旅游卫星账户评价方法。指出具体评价旅游经济效应过程中对现有旅游数据统计需要完善，建设性地提出旅游发展的对策。

2. 我国旅游发展状况

改革开放以来，中国政府重视旅游业的发展，提出了中国特色的旅游发展道路，尤其强调旅游的创汇作用。20世纪80年代至今，我国海外旅游客源逐步发展，形成了比较稳定的海外市场格局，一些国家和地区也成为我国比较稳定的旅游客源国（日本、韩国、俄罗斯、美国、马来西亚、新加坡、菲律宾、蒙古、英国、泰国、澳大利亚、加拿大、德国、印度尼西亚、法国、印度和越南）。入境旅游者中，港澳台同胞和华侨占多数，占海外旅游者的90%，外国人占10%。[1]世界旅游组织预测，2020年世界十大旅游目的地排名中，中国将排第一，将接待入境旅游者13710万人次；2020年世界十大客源国排名中，中国排名第四，估计出境旅游者将达10000万人次，占国际旅游市场份额的8.6%。[2]目前，在我国已经形成入境旅游快速发展，国内旅游强劲发展，出境旅游持续发展的市场态势。

2007年，我国旅游外汇收入达到419亿美元，接待入境旅游者131873287人次，其中外国人26109668人次，港澳台同胞105763619人次；接待国内旅游者16.1亿人次（意味着平均一人在全年至少有一次旅游活动），其中城镇旅游者6.12亿人次，农村旅游者9.98亿人次；全年国内旅游收入为7770.62亿元，旅游总收入占GDP的份额由1985年的1.3%上升到2009年的3.85%；我国已经形成全球最

---

[1] 郭胜：《旅游学概论》，高等教育出版社2004年版。
[2] 魏小安：《中国旅游业发展目标与知识化竞争》，《社会科学家》2000年第1期。

大的国内旅游市场。[①] 1993—2004 年期间,国内旅游业的平均增长速度为 15.3%,高于同期 GDP 和第三产业的增长速度。国内旅游收入占全国旅游总收入的份额,由 1985 年的 68.38% 上升到 2009 年的 77.51%。[②]

表3　　　　　　2006—2009 年我国旅游发展基本成果

年份	旅游外汇收入 (亿美元)	国内旅游收入 (亿元)	国际旅游人数 (亿人)	国内旅游人数 (亿人)
2006	339.49	6229.74	1.249421	13.94
2007	419	7771	1.32	16.1
2008	408	8749	1.30	17.1
2009	390	10000	1.26	19.02

注:根据 2006—2009 年我国统计公报整理。

旅游行业整体进入快速发展的进程中,旅游配套设施逐步完善。2007 年全国星级饭店 13583 座,固定资产 4298.56 亿元,营业收入 1647.03 亿元,平均客房出租率 60.96%;全国旅行社营业收入 16392983.6 万元,上缴税金 109723.37 万元,资产总额达到 5169965.08 万元;旅游业从业人数 2720476 人,其中星级饭店从业人数 1668095 人,旅行社从业人数 307977 人,其他相关行业从业人数 744404 人。[③] 世界旅游组织理事会预测,2020 年我国旅游就业人数将达到 6889 万人,占全国总就业人口的 8.54%。[④] 目前,在我国已经形成各类旅游饭店集团公司、旅行社集团公司以及相关为旅游者提供服务与产品的大企业集团,旅游上市公司业绩良好。

2016 年,我国全域旅游推动旅游经济实现较快增长,大众旅游时代的市场基础更加厚实,产业投资和创新更加活跃,经济社会效应

① 中国国家统计局:《2008 年中国统计年鉴》,中国统计出版社 2009 年版。
② 张滢:《旅游经济的效应与实证研究——以乌鲁木齐市为例》,硕士学位论文,新疆大学,2006 年。
③ 中国国家统计局:《2008 年中国统计年鉴》,中国统计出版社 2009 年版。
④ 张建融、左红丽:《客源国概况》,高等教育出版社 2005 年版。

更加明显，旅游业成为"稳增长、调结构、惠民生"的重要力量：国内旅游 44.4 亿人次，比上年同期增长 11.0%；入出境旅游 2.6 亿人次，增长 3.9%；全年实现旅游总收入 4.69 万亿元，增长 13.6%。[①]《2017 年中国旅游经济形势预测》指出，2017 年是实施"十三五"规划的重要一年，也是推进供给侧结构性改革的深化之年，我国旅游市场规模稳步扩大，旅游业在创新发展中继续领跑经济增长。

3. 陕西省旅游发展状况

陕西地处中国西北的东部，基于厚重的历史文化与得天独厚的地缘优势，近年来陕西旅游发展迅速，旅游业已成为陕西经济发展的支柱产业之一。2008 年，陕西省旅游总收入 607 亿元，同比增长 20.4%，相当于全省国内生产总值 8.9%；其中，旅游外汇收入 6.6011 亿美元，同比增长 8.2%；国内旅游收入 561 亿元，同比增长 22.49%。2008 年全省接待入境旅游者 125.7 万人次，同比增长 2.1%，接待国内旅游者达到 9056 万人次，同比增长 12.98%。根据陕西省旅游、统计两个部门联合统计结果显示，省内游客约占 56.64%，同比增长 7.46%；省外游客占 43.36%；省外游客主要来自河南、山西、湖北、甘肃、河北、内蒙古、广西、新疆及北京等省区市，约占全省省外游客的 31.25%。[②] 从 2005—2008 年，全省累计接待国内旅游者 3 亿人次，旅游收入 1713 亿元，年均分别增长 14.7% 和 19.0%；接待境外旅游者 447.8 万人次，外汇收入 22.3 亿美元，年均分别增长 9.3% 和 15.4%，发展速度超过全省 GDP 和服务业的增长速度，且超过了全国旅游产业的平均增速，2008 年旅游业规模已占全省经济总量的 8.9%，拉动和支撑全省经济社会发展的作用越来越突出。[③]

2005 年年底，全省有中国优秀旅游城市 4 座；各类等级旅游景区共 74 处，其中，4A 级景区 17 处，3A 级景区 28 处；全国工农业旅

① 《金准数据 2016 旅游数据报告及 2017 旅游经济预测》，2017 年 8 月，北京时间，https：//item. btime. com/437fnml6d4v8mgohqr2m44oug1j。

② 陕西省旅游局：《2008 陕西旅游业蓝皮书》，西安，2009 年，第 2—8 页。

③ 陕西省统计局：《2005—2009 年陕西旅游统计年鉴》，陕西旅游出版社 2010 年版。

游示范点 7 处；旅行社 354 家，其中国际旅行社 35 家，国内旅行社 319 家，导游人员近万名；旅馆业床位总数达到 40 余万张。旅游星级饭店达到 262 座，其中 5 星级饭店 4 座，4 星级饭店 18 座，其他星级饭店 240 座。全省直接旅游从业人员 31 万人，间接旅游从业人员 155 万人。到 2007 年，陕西省星级住宿业营业额 2710 万元，其中客房收入 1350 万元，餐费收入 1130 万元；全省旅游从业人员 54412 人，其中星级饭店从业人数 39471 人，旅行社从业人数 7601 人，其他 7340 人；全陕西省旅行社营业收入 272508.75 万元。①

随着经济社会的快速发展，陕西旅游"十二五"成果丰硕。据陕西省旅游局统计数据显示，陕西省提前一年完成"十二五"规划主要指标，2015 年全年接待境内外游客 3.86 亿人次，同比增长 16.1%；旅游总收入 3005.8 亿元，同比增长 19.2%。② 本书从陕西旅游业发展的实践角度，分析了西安周边乡村旅游发展实践和陕西城市旅游发展实践，分析当代旅游业发展的不同模式和路径，借以指导新常态下的旅游科学发展。

二　研究的主题、内容及方法、意义

1. 研究主题

旅游的重要经济影响与作用引起了众多经济学家的关注。1955 年，意大利经济学家特罗伊西发表了《旅游及旅游收入的经济理论》，开始了西方学者研究旅游经济效应的先河。其后，英国、南斯拉夫、加拿大、瑞典和美国旅游经济学家先后发表了许多关于旅游经济效应的著作与论文，对欧美和太平洋地区一些目的地的旅游经济效应进行了深入研究。特别是英国经济学家阿彻尔教授通过分析，提出了旅游乘数的概念和模型。20 世纪，联合国统计署还特别颁布了旅游卫星账户的有关理论与方法，以便系统地评价旅游业的增加值。③ 目前，这些概念与方法在很多国家得到重视与参考。

---

① 陕西省统计局：《2005—2009 年陕西旅游统计年鉴》，陕西旅游出版社 2010 年版。
② 《"十二五"期间陕西旅游突破 1 万亿元》，2016 年 1 月，陕西传媒网，http://www.sxdaily.com.cn/n/2015/1231/c335-5780944.html。
③ 张建融、左红丽：《客源国概况》，高等教育出版社 2005 年版。

由于我国旅游业发展比较晚，旅游经济理论研究的历史则更短，目前还未形成一个完整的体系。但是，旅游经济理论仍然在国内得到普遍重视与研究，大致分为两阶段。[①] 第一阶段是 20 世纪八九十年代，主要是国外文献资料的引进与研究。此后国内关于我国旅游经济的问题与判断逐渐增多。尤其是近几年，参照 TSA、I/O 法以及其他方法模型等，出现了一批关于我国或某些地区旅游经济效应实证分析的论文。但是不同方法的实证分析，相对比较混乱，系统性较差，没有直接明确说明，某种方法到底是针对哪一种类型旅游经济效应进行分析。因此，即便是提供了数据分析与结论，其政策依据与指导性仍然较低，尤其是横向可比性较差。

中国旅游经济的发展适应我国特殊的国情。旅游对于地大物博、资源齐全的中国有特殊意义。因此，加强对旅游经济效应的实证分析，研究旅游活动对经济影响的数量变化，显得非常重要。本书正是基于国内外存在对旅游经济效应这一领域的研究，试图利用相关的研究成果，并借鉴其他学科的相关知识，在利用现有的统计资料和调查的基础上，全面阐述旅游基本理论，构建旅游经济效应系统的评价方法。并在研究中，以陕西省为例，计量陕西的旅游经济效应。

2. 旅游经济效应及其表现

旅游消费作为一项基本的消费类型，得到许多国家和地区的重视。因为旅游者的消费活动带来目的地国家（地区）经济倍数的发展，即每一元的旅游消费能够促进经济大于一倍的经济增长。这种旅游消费所带来经济倍数增长与发展的影响，称为旅游经济效应。旅游的经济效应可以分解成三个方面。[②]

直接效应是指旅游者从自己的常住地出发，来到旅游目的地完成自己旅游经历的过程中，由于暂时停留在目的地，消费旅游产品（例如参观旅游风景名胜区、在当地餐馆就餐、在饭店住宿、购买旅游纪念品或其他商品等），促使旅游直接相关产业产出实现。旅游者的消

① 张滢：《旅游经济的效应与实证研究——以乌鲁木齐市为例》，硕士学位论文，新疆大学，2006 年。

② 李天元：《旅游学概论》，南开大学出版社 2003 年版。

费成为饭店、景区、旅行社、旅游交通等经营单位的收入，并带动相关的人员就业及其获得劳动报酬。旅游者购买消费旅游产品，对目的地国家（地区）意味着经济总量的直接增加，也就是通常所说的"经济注入"。

间接效应是当地旅游企业为满足旅游者的消费需求，组织生产；在生产的过程中，需要从相关的企业购买生产资料与消耗品，以生产旅游者满意的产品。旅游企业购买各种物资的行为，促使这些相关企业雇佣员工，组织生产，产出实现。而这些相关企业为满足旅游企业的需要，同样需要组织生产，购买所需物资，进而会促进其他相关企业的生产。目的地经济在这样的相互依赖循环中，新一轮的生产活动不断被启动。随着旅游消费的货币在目的地经济的渐次渗透，该地区的经济总量、就业机会、劳动收入等会不断增加，形成了旅游对目的地经济的间接影响。

引致效应来源于旅游从业人员以及旅游波及的相关行业从业人员，因为旅游消费而获得的劳动报酬。这部分劳动报酬一部分用以维持生计，即购买生活用品和其他消耗性产品。这种最终生活消费能促进目的地有关企业的产量增加与扩大，以及就业机会的不断增加，从而形成旅游的引致效应。旅游引致效应与消费倾向有关，消费倾向越大，旅游引致效应越明显。

简单的旅游消费，在这一笔货币流入到目的地后，就不再是简单的一笔货币了，而是一笔资本注入。这笔资本究竟能在多大程度上使目的地的经济发生变化，即直接效应、间接效应和引致效应究竟有多大呢？本书在运用现有成果的基础上，以陕西省为例，分别进行了计量。

3. 分析视角

计量旅游的经济效应，理论界有不同的方法。早期，有学者提出用"旅游业总收入占国内生产总值百分之多少"的方法来描述旅游产业在国民经济中的地位。现在，有学者使用旅游卫星账户法，计量了旅游产业增加值、旅游业增加值、旅游业就业、旅游业从业人员劳动报酬比例等指标。这些指标是哪一类旅游经济效应，在计量的过程中并未给予说明。另外，还有学者运用投入产出法进行实证分析，计量各类旅游乘数、旅游业增加值、旅游增加值、旅游就业等指标。而这些指标又属于哪一类效应的分析呢？当然，也有学者提出国民经济核算法，一般均衡模型等评价旅游经济效应。究竟如何评价旅游经济效应，理论界没有统一的指标体系、一致的方法推荐。笔者在查找大量资料的基础上发现，以研究现有旅游经济效应的评价方法为切入点，通过比较分析，寻找旅游经济效应评价的指标体系，并且针对评价指标构建评价方法。因此，选题的视角是起始于现有评价方法，又回归到方法的构建中，属于方法论研究。

旅游活动本身是一种消费活动；旅游业是从旅游需求的角度进行产业界定；旅游效应是因为旅游消费在目的地经济中的渐次渗透产生。因此，旅游经济效应实际上源于旅游消费，旅游消费是整个研究的理论起点，也即分析的视角起始于旅游消费，最终回归到这种消费效应的检验与计量上，进而形成系统的评价体系。

4. 研究对象

旅游活动涉及国民经济活动的许多方面，促进了国民经济的发展，测量旅游消费活动最终对一国（地区）经济影响程度，建立适当的评价方法是本研究的主体。研究对象确定为，一是旅游与旅游经济效应基本理论；二是旅游经济效应评价方法的研究，进而构建新的方法体系。

5. 研究内容与框架

本书在理论研究和文献综述的基础上，以旅游消费对目的地所产生的经济效应为切入点，借鉴国内外关于旅游经济效应计量的有关成果，以陕西省为例，实证分析旅游消费对陕西经济在不同层面带来的影响；计量陕西旅游活动的直接效应、间接效应以及引致效应，分析旅游活动所产生的就业以及劳动者报酬等相关指标。通过计量分析，提出优化旅游经济效应评价的方法。旅游经济效应评价涉及大量的数据，在实证分析中还必须对现有数据进行分解，诸多方面问题会影响到旅游经济效应评价的准确性。因此，本书指出，应该按照旅游经济效应评价的方法和目的，改革我国现有的统计制度与统计方法。在政策设立上，以计量分析的结果为依据，实现旅游业的内涵式发展。在研究中，首先是明确了相关概念，为研究做好概念体系建设。在旅游消费的视角下，分析旅游需求与旅游供给一致性理论基础下的旅游经济效应形成机理。其次，对现有的旅游经济效应评价方法进行实证分析，阐述不同方法的检验目标与应用，对比各种方法的优势与劣势。最后，在比较研究中，优化旅游经济效应的评价方法，并进行修正。具体结构与思路安排如图1所示。

　　6. 研究重点、创新及难点

　　在理论阐述的基础上，主要通过比较研究，寻找旅游经济效应不同评价方法的异同以及各种方法的实践与操作运用。因此，研究的重点是，首先是注重方法的理论基础分析；其次是注重各种方法的实际运用；再次就是在理论与实践分析的基础上进行比较分析，为结论打好基础。

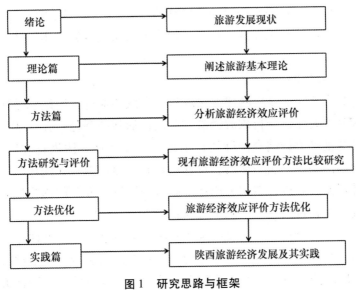

图1　研究思路与框架

　　本书克服了陕西旅游供求资料的不完整、不系统的困难，通过对现有资料的整理分析，运用经济学理论对陕西旅游经济效应进行实证分析，创新之处体现在以下方面：一是完成了旅游需求与旅游供给的一致性分析，为旅游经济效应机理分析奠定理论基础。二是在现有方法基础上，使用不同的方法对同一地区旅游经济效应进行评价，分析各种方法的准确性和吻合度，这在目前的研究领域尚属第一次尝试。通过计算，说明各种方法的优劣以及旅游业在国民经济中的产业地位。三是本书通过分析，提出了系统的旅游经济效应评价指标体系；并按照这一体系说明投入产出旅游卫星账户的合理性与可行性，最终形成旅游经济效应评价的一般方法。四是通过计量分析发现，现有旅游统计数据难以满足研究的需要，也不符合国际通行的惯例，提出我国旅游统计制度改革势在必行；另外，旅游发展的政策在我国新的市场状态与体系中，也必须进行调整。

在研究的过程中，主要的困难与难处是：一是统计数据的采集。尤其使用旅游卫星账户测评旅游经济效应时，由于旅游卫星账户是与国民经济核算的产出表相联系，而在我国，一般的产出表每五年公布一次，因此在旅游经济效应测评时，需要对有关数据进行近似替代或推算、估算。二是关于国民经济核算的理论与方法。国民经济核算有收入法、支出法与生产法。如何运用支出法衡量旅游资本形成是有难度的。

7. 研究目的

针对旅游经济效应测评方法理论与实践的演进，归纳总结旅游经济效应测评方法，分析旅游经济效应测评的基础理论，在一般理论归纳总结的基础上，结合实际统计数据，对每一种方法进行实践操作。对各种不同测评方法归纳后，从理论基础、测评指标、优势与不足等方面进行比较分析，期望形成评价旅游经济效应方法的优化模式。本书的具体研究目的有以下几个方面：

首先，归纳旅游经济效应测评方法。主要包括不同测评方法的理论基础、假设条件、测评结果分析等。其次，从实践的角度出发，借助于不同的测评方法，来测量旅游经济效应，以检验各种测评方法的有效性。再次，在理论分析与实践操作的基础上，比较不同方法的异同。最后，从目前对于不同测评方法的使用中，我们发现，投入产出可以与旅游卫星账户融合。因此，通过本书的研究，期望形成一套适合我国实际状况的测评指标与测评的方法，并在此基础上，推进我国旅游统计制度的发展与完善。

8．研究方法

一是理论分析与实证分析相结合。本书遵循"理论—实践—理论"的基本逻辑方法，在现有相关理论研究基础上，通过对陕西省进行实证分析，进一步丰富与深化旅游经济效益测评方法，注重理论成果在实证分析中的运用与实证结论的理论总结。

二是定性分析与定量分析相结合。在定性分析的基础上，运用数学模型和统计分析完成定量研究。检验不同测评方法的测评指标。

三是归纳分析与演绎分析相结合。本书从整体思路与框架以及研究目的看，离不开归纳与演绎。首先将现有的测评方法进行归纳总结，在此基础上，分别进行分析与实践检验，最后又通过归纳总结形成适合我国的旅游经济效应测评方法。

四是比较分析既是本书的视角，又是研究的方法。全书的组织与安排是基于比较分析法，部分结论的获得也是通过比较分析法得到。通过比较分析能够使旅游经济效应测评方法优化。

五是旅游学科边缘与交叉的学科特点，使得在研究的过程中结合了多学科分析。运用经济学、统计学、国民经济核算等多学科的研究方法，系统分析了旅游经济效应的测评方法。

9．研究意义

从 1978 年至今，在短短的四十年期间，我国旅游业迅猛发展，旅游业发展的速度超过了国民经济发展的速度。旅游业在我国的发展有非常重要的意义。发展入境旅游是赚取外汇的重要途径之一；国内旅游的发展能够作为促进内需的手段而加快货币回笼；旅游收入成为国民经济总产值的重要组成部分；旅游就业是解决我国就业压力的有利途径。因此，世界各国尤其是发展中国家，都非常重视旅游业的发展。具体评价旅游经济效应更加具有重要意义。

从理论角度看，一是旅游经济效应是旅游学与旅游经济学的一个重要内容，是研究旅游经济的产业效应与关联效应的切入点，是与旅游业产业地位相关的一个重要内容。通过研究旅游经济效应的测评方法，夯实旅游的基本理论。二是旅游经济效应测评的数据来源于各类统计。不同统计标准的统计范围与方法是不一样的。为形成我国旅游统计的正确数据，旅游基本概念的统一界定是理论体系的重要组成部分，也是改革我国统计制度的前提。因此概念的阐述具有重要的理论意义。三是在我国，不同省份与地区对于旅游业的评价是不一样的，有的城市赋予旅游业支柱产业的地位，有的城市则认为旅游业是国民经济的重要组成部分。通过旅游经济效应的测评能正确认识旅游业的产业地位，从而为政策制定提供重要的理论依据。

从实践角度看，首先，我们国家一直都把旅游业作为国民经济的支柱产业之一，在政策的倾斜与扶持上给予了优先快速发展。在旅游业的产业体系中，旅游特征行业是旅游业的主体，但同时旅游非特征行业也是不可缺少的。旅游经济效应评价能体现旅游产业体系中，各类行业的功能，能够促进行业结构的优化。其次，我国旅游业不仅在行业内分布不平衡，同时旅游业的地区发展也是不平衡的。旅游业重要的产业功能要求，必须在未来加大旅游投资，发挥旅游业的产业带动作用，促进地区经济的发展。再次，通过旅游经济效应的测评，能全面认识旅游的重要社会经济作用；并且从实证分析的角度证实发展旅游业是贫困地区脱贫致富的重要手段之一。最后，旅游经济效应测评是对现实旅游业发展的实际状况进行分析与评价，需要数据作为基础。因此，旅游测评的研究对数据的可靠性、准确性与及时性提出了要求，这能够促进我国旅游统计方法的完善，促进我国旅游统计制度的改革。

第一篇 理论篇

第一章　旅游概述

第一节　旅游的起源与发展

一　旅游的起源

1. 旅游起源的不同说法

一是人类行迹说和迁徙说。这种观点认为旅游起源于史前传说时期，王淑良认为：“人类行迹的开始就是中国旅游的开端，古猿走出森林，为生存所作的行路，是旅游的发端，元谋猿人的发现，揭开了我国历史的序幕，也揭开了中国旅游史的序幕。”邵骥顺认为：“原始社会先民们为了谋取生活资料，或因为所作的迁徙旅行是最原始的旅行。”① 二是原始探险说。这种观点认为旅游起源于“原始探险”，章必功认为：“原始探险由脱离集体生产劳动的少数人承担，从某地区出发又回到原来出发点，这是我国历史上最早形成的完整长途旅行，也是我国历史最早兼有旅游性质的旅行活动。”② 三是商贸起源说。这种观点认为旅游起源于古代商贸旅行。随着社会分工的出现，尤其是商人开创了旅行的先河，旅行活动开始萌芽。因此商人的旅行是旅游最原始的形态。四是游览起源说。这种观点认为旅游起源于古代的游览活动，是旅行发展多元化的产物。在原始社会末期逐渐出现具有“游览”和“享乐”性质的旅行。谢彦君指出：“新石器时代晚期以祭祀为目的的旅行发展起来，随着人类旅行活动的发展，带有游览性质的旅行开始出现，这是旅游的最初形态。”五是条件说。这种

---

① 陈才、耿旭、张晓磊：《旅游起源探析》，《渤海大学学报》2007 年第 11 期。
② 同上。

观点认为古代不存在旅游活动，现代性质的旅游起源于 19 世纪初期或 19 世纪中叶。申葆嘉认为："旅游的起源和发展要满足三个条件，首先，旅游现象的出现必须在社会大生产的条件下才有可能；其次，旅游现象的出现必须在社会意识有了巨大改变的条件下才能出现；最后，旅游是一种开放性质的活动，只可能存在于开放性社会中。而这三个条件，只有在英国产业革命后发展起来的市场经济社会中才具备。"①

2. 迁徙·商旅·游览·观光

关于旅游起源的各种不同观点在于不同学者对"迁徙·商旅·游览·观光"等人类社会现象坚持不同的观点。但许多学者普遍同意早期人类社会被迫性和求生性的迁徙不是旅游的源头。李天元《旅游学概论》中指出：截至新石器时代中期，由于缺乏劳动剩余，人类还不存在有意识的自愿外出旅行的需要。② 因此，基于迁徙的远行根本不属于现今意义的旅行或旅游活动。

原始社会晚期到奴隶社会形成时期，专门从事易货贸易的商人阶层出现。商业发展促使商人到处奔走，"商旅"开创了旅行先河，旅行活动开始萌芽。但学术界有部分学者质疑"商旅"是早期的旅游形态。他们认为商业旅行本身具有谋生性质，不是有意识的、自主的、独立以旅游为目的的消费活动。然而不能否认的是，自然烙有经济性质的"商旅"，在商人跨区域易货贸易的过程中，感知贸易地的民俗、社会发展状况、了解易货买卖需求，充分体现了"商旅"的文化性，这符合旅游活动文化性的根本属性。世界旅游组织的有关研究报告指出：在最初的年代中，主要是商人开创了旅行的通路。

"游览·观光"在中国古籍资料出现较早。《易经》中"观国之光，利用宾于王"。《左传》中"昭公十二年，穆王欲肆其心，周行天下，将皆必有车辙马迹"。《穆天子传》中传说周穆王在天山瑶池和西王母宴乐。是否"游览·观光"就一定是旅游呢？显然只有非定居者往返于常住地与目的地之间或离开日常行为空间才被认为是旅

<hr />

① 陈才、耿旭、张晓磊：《旅游起源探析》，《渤海大学学报》2007 年第 11 期。
② 李天元：《旅游学概论》，南开大学出版社 2003 年版。

行，以审美或求知或娱乐或康体为目的的出行被认为是旅游。例如，《诗经·邶风·泉水》中"驾言出游，以写我忧"佐证了早期旅游现象。《诗经》成书时间大约是西方古希腊时代，即西方旅游的肇始时代。因此，能够说明中国与西方至少在这一时段都有旅行活动，也可以说明，旅行在早期人类社会是存在的，基本具有旅游的雏形，是旅游最终成为普遍现象的铺垫。事实上，走向封建社会的时代，许多诗词巨著反映了更多的古代旅行的记录。例如，《史记·苏秦列传》中"出游数岁，大困而归。兄弟嫂妹妻妾皆笑之"。司马相如《子虚赋》中"臣楚国之鄙人也，幸得宿卫，十有余年，时从出游，游于后园，览于有无"。元稹《寒食日》中"今日寒食好风流，此日一家同出游"。

3. 旅游产生的条件

旅游起源的说法众说纷呈，主要问题集中在：原始社会人类迁移是旅游活动吗？人类社会早期无意识的、自发的活动空间转变并少有消费甚至无消费的出行与今天旅游活动有无直接相关性，或者说早期人们的出行与今天大家关注的旅游是否是具有内在联系性？显然，二者具有局部的共生性和发展演变的承接性。那么，由此我们是否能够肯定旅游出现在原始社会末期、奴隶社会早期呢？

人们通常说旅游活动由来已久，旅游活动随着人类社会的产生而产生，但这不是说有了人类社会，就有了旅游活动。原始人类的迁移从生存需求出发，虽然迁移伴有空间位移，但原始人类的迁移是为寻找定居场所和食物来源，这种探索性、尝试性的迁徙以生存为目的，既没有空间转移的往返性，也不渴求对自然异域的了解，更没有审美的取向与要求。因此，原始人类的迁徙是人类社会发展中非常重要的社会活动，但这不是"旅行"，也称不上"出行"。原始人类在随后的成长中，渐渐适应自然，学会使用石质工具、制作精细的石质工具，进而适应自然界、改造自然界，制造金属工具，劳动生产力大大提高，推动人类社会由蒙昧、野蛮进入文明。

经济史告诉我们，人类应用种子落地再生这一现象首次能动地、有目的地生产食物，之后人类生活方式便截然不同，出现了农业与畜牧业的分工，即第一次社会大分工。农业和畜牧业的形成，促使人类利用与改造自然；人类转入定居生活；食物获取相对比较丰富与稳定。第一次社会大分工为以后的一系列社会变革创造了物质基础。新石器时代晚期，金属工具问世，农业和畜牧业凭借先进的工具和技术，获得较快发展，剩余物品出现。原始社会晚期，手工业发展起来，并从农业和畜牧业中分离，即第二次社会大分工。这次社会大分工之后，出现了直接以交换为目的的物品生产，易货交易的发展使物品交换的种类、范围和数量扩大。原始社会末期和奴隶社会早期，出现了商人，商业从农业、畜牧业和手工业中分离出来，这是第三次社会大分工。商业的发展，促使商人各地贸易，开创了旅行的先河。尽管学术界一直有质疑商旅是旅行活动的说法，但商人的空间位移完全与早期人类为生存的迁徙存在本质上的不同。一是商人的空间位移具有往返性；二是商人异域空间的易货贸易更是了解不同的区域经济现象的途径；三是商人的空间位移显然是有意识的，并存在出行途中的花费现象。因此，大家普遍认为商人异域贸易是旅行活动的萌芽。

人类改造自然的能力最终推进了奴隶制社会的建立，古埃及、古巴比伦王国、古印度及中国先后建立了统一的奴隶制国家。混乱与战争暂时结束，社会秩序相对稳定，空间移动的条件越来越完备，为旅行活动的兴起创造了条件。公元前5世纪，古希腊的宗教、公务、贸易等旅行者络绎不绝。古希腊的提洛岛、特尔斐和奥林匹斯山是当时著名的宗教圣地。节庆期间在奥林匹斯山举行的各类体育活动一直延续到了今天。奴隶制社会不仅出现了国家，也出现了货币交换和文字，使人们出行更为方便。因此，三次社会大分工、阶级的出现、国家的产生是古代旅游产生的条件，所以可以说旅游是随着人类文明的产生而产生的。

二　旅游的发展

1. 古代旅游

自原始社会末期奴隶社会早期，出行的条件逐渐达到并不断完善，旅行活动快速发展起来。旅行人数较之前快速增加，出行的目的也越来越多样化。古罗马时代，西方进入古代旅行的全盛时期。在古罗马帝国强盛时期，其疆域空前扩大，且这时期大规模的侵略扩张已经停止，帝国的秩序相对稳定，社会经济在原有基础上进一步发展。罗马帝国政府在全国境内修筑大道。这种全国道路兴建是出于政治和军事目的，但客观上为人们沿路旅行提供了很大的方便。同时，罗马帝国旅店的产生也随政府所设驿站沿路建立和发展起来。驿站的目的是为政府公务人员提供中途休息，后来也开始接待沿路往来的民间出行者。随着过往出行人数的不断增加，必然出现提供接待服务的私人旅店。这些旅行接待设施大发展反过来也推动了旅行人数的增加。①

当时的旅行活动基本上是在本国境内进行，特别是以较近距离的旅行为主。国际性的经商旅行大多是贩运粮食、酒、油、铅、锡和陶器等基本商品，此外也贩运各地出产的奢侈品，例如东方的香料、宝石，非洲的象牙以及北欧琥珀等。②《后汉书》中记载：桓帝延熹九年，大秦王安敦遣使经日南送来象牙、犀角，并与中国建立通商关系。到公元5世纪，随着罗马帝国的衰亡与社会秩序的动荡，旅行发展的条件陆续消失。1936年诺沃尔（A. J. Norval）在《旅游业》一书中指出：有可靠的证据表明，从罗马帝国衰落到18世纪中叶为止这段时间内，没有多少人外出旅行③。无休止的封建混战，欧洲旅行规模没有什么真正进展，旅行发展的情况远不及帝国时期的水平，反而在很大程度上呈现一种倒退的形势。但1562年，一位英国医生的研究报告谈到英格兰、德国和意大利的天然温泉对各种痛症有疗效，促使英国甚至整个欧洲兴起温泉洗浴的热潮，并因此兴起了温泉旅行的潮流。这一潮流延续了近两个世纪才开始向海水浴转移。另外，也有以教育为目的的旅行活动。这种教育求知的旅行活动在以纯粹消遣或以度假为目的的旅行活动开始之前，延续了好几个世纪，并且一直延续至今。但教育旅行真正发展却在封建社会结束后的18世纪。④

公元7—8世纪，阿拉伯帝国处于发展顶峰时期。以首都巴格达为中心，广修驿道密设驿站，交通运输空前发展，驿道四通八达。伊斯兰教的合法地位使每一位有能力的穆斯林平生都作一次长途旅行。

---

① 李天元：《旅游学概论》，南开大学出版社2003年版。
② 同上。
③ 同上。
④ 同上。

朝觐期间，麦加信徒云集，举行大朝拜典礼。商人、艺人也汇聚这里，或为旅行者提供各种服务，或者献艺表演，增加旅行的娱乐性。同时，阿拉伯帝国时期，求知求学倾向的旅行出现。"学问虽远在中国，亦当求知"，苏莱曼、马苏地和巴图特是典型的代表。阿拉伯旅行家苏莱曼曾到印度、中国等地经商，《苏莱曼游记》记录了阿拉伯人第一次接触到中国的茶叶。13 世纪，意大利世界著名旅行家和商人马可·波罗跟随父亲和叔叔，途经中东，历时 4 年多到达蒙古帝国。在中国游历 17 年，访问当时中国的许多古城，到过西南部的云南和东南地区。回到威尼斯之后，他写下著名的《马可·波罗游记》，记述在东方最富有的国家——中国的见闻，同时，也记述了中亚、西亚、东南亚等地区的许多国家的情况，对以后新航路的开辟和航海事业均产生了巨大影响。①

黄帝是传说中的远古帝王，据《史记·封禅书》和《云笈七签·轩辕黄帝》记载"黄帝常游天下名山与神相会，修五城十二楼以候神人，百余岁得；神通，于荆山铸宝鼎成功即有龙垂胡髯以迎之"，"黄帝上骑，群臣后宫从上者七十余人"，他还"登崆峒山见广成子问至道"，"东到青丘山见紫府先生受《三皇内文》"，"南至青城山谒中黄丈人"，"登云台山见宁先生受《龙跷经》"。②《周礼》中有吉、凶、军、宾、嘉五礼：吉礼指对先祖与各种神祇的祭祀；凶礼指丧葬，还包括对天灾人祸的哀吊；军礼指战争，以及田猎、筑城等动员大量人力的活动；宾礼指诸侯对王朝的朝见、诸侯间的聘问和会盟等；嘉礼指婚、冠、飨燕、庆贺、宾射等。③ 尽管周礼体现出西周时期严格的贵贱等级区分，但记载中却透露出与旅行的相关活动。诸如此类史籍记载举不胜举。在尧舜禹夏商周时代的社会中，这种早期的享乐旅行活动仅限于以"天子"为代表的少数奴隶主阶级。另外，西周商业逐渐发达，有专门从事产品交换和易货经商的商人。舟船和

---

① 马勇：《旅游学概论》，高等教育出版社 1998 年版。

② 《皇帝》，360 个人图书馆，http：//www.360doc.com/content/11/1029/14/7362557_160077211.shtml。

③ 《西周文化》，中文百科在线，http：//www.zwbk.org/MyLemmaShow.aspx？lid＝182622。

马车为商人旅行提供了方便，是当时重要的交通工具。《诗经》中
"泛彼柏舟，亦泛其流，耿耿不寐，如有隐忧。唯我无酒，以敖我
游"。可见，远在先秦时期，也有民间的观光活动，其内容包括：观
乐、观社、观腊、观祭祀等。之后春秋战国时期，旧制度、旧统治秩
序被破坏，新制度、新统治秩序在确立，新的阶级力量壮大。隐藏在
这一过程中并构成这一社会变革的根源则是以铁器为特征的生产力的
革命。生产力的发展最终导致各国的变革运动和封建制度的确立，带
来思想文化的繁荣，出现了以孔子为代表的"士人游说"。又如周游
列国的孙子，在外辗转 14 年；率领弟子"后车数十乘、从者数百人"
的孟子；"连横""合纵"游说诸侯的苏秦、张仪、公孙衍等。

封建社会以后的中国古代旅行种类扩大化、多样化。例如，史书
记载，秦始皇曾率文武百官五次出巡，周游全国，南至洞庭，北到碣
石，东到芝罘、蓬莱，最后在第五次巡游中死去。汉武帝也曾游历碣
石、泰山等全国名山大川。① 司马迁做郎中官后，足迹遍布当时西汉
版图疆域，"纵观山川形势，考察风光，访问古迹，采集传说"，撰
成名垂后世的不朽巨著《史记》，其中《货殖列传篇》含有丰富的旅
游地理内容。张骞两次西行，了解到许多西域的山川、地理和风土民
情，打开了长安通往西域（中亚、西亚）的道路，使中国的丝绸、
陶瓷等手工产品运往西方，西方的土特产运往中国。东汉末期，东吴
派康泰和朱应从海路出使南洋诸国，并撰《扶南传》，记载了南洋一
带风物。魏、晋、南北朝时，嵇康、阮籍等 7 人，悠游于竹林之中；
东晋、南朝间的陶渊明，南北朝的谢灵运等，都是寄情于山水的著名
诗人。唐、宋时代，漫游旅行就更为兴盛。范仲淹利用杭州湖山景
色、古庙名寺之长，命各庙主事修葺庙宇，并在太湖举办划船比赛，
号召各方官民出游，收入一大笔钱，救济灾民。宗教旅行代表玄奘法
师穿越大沙漠，翻越高山，到达中亚南部和阿富汗北部地区，而后到
达天竺。公元 645 年返回长安。明朝郑和"七下西洋"是最著名的海
上旅行。最突出的科学考察是明代大医学家李时珍。明代还有大旅行

---

① 《中国古代旅游》，百度文库，https://wenku.baidu.com/view/4d4b0ddfa58da0116c
17496c.html。

家徐霞客（徐宏祖）（1586—1641 年），他从 22 岁起，先后在外考察 30 多年，遍游全国名山大川。《徐霞客游记》共 20 卷，被誉为古今游记第一杰作，后人称其为"奇人、奇事、奇书"，"世间真文字、大文字、奇文字"①。

古代中国旅行者种类扩大，出游人数增加的同时，提供旅行服务的设施设备也逐渐增加。唐代诗人杜牧《旅宿》中"旅馆无良伴，凝情自悄然"；王维《渭城曲》"渭城朝雨浥轻尘，客舍青青柳色新"等诗句，反映了古代旅馆业的经营发展。综合国内外古代旅游发展，这时期旅行活动普遍具有一些规律性的特点：

一是旅行活动发展同国家的政治经济状况有直接关联。在政治安定、生产力发展、经济繁荣时期，旅行活动发展较快；反之则会停滞甚至倒退。

二是易货贸易的商人旅行始终是古代旅行的主体，宗教旅行、考察旅行、政治旅行、节庆旅行等是辅助。

三是古代旅行规模较小，表现在出游人次数、出行花费等方面；旅行活动是出行者的自由决定，政府层面没有干预与设计或是引导。

四是古代社会以农业经济为主，农村人口是社会人口的主体。农业劳动忙闲有致的季节性特点及其对人们生活方式的影响，使得人们在主观上缺乏对外出旅行或度假的要求。

五是消遣性的旅行活动，主要是帝王、官僚、封建贵族、地主等统治阶级及其附庸阶层，旅行不具有普遍社会意义，但古代社会仍出现了为旅行者提供住宿的客栈和旅馆。

2．近代旅游

14—15 世纪，意大利北部威尼斯、热那亚、佛罗伦萨、米兰等城市；法国的马塞、巴黎；英国的伦敦；德意志地区的科伦及尼德兰南部佛兰德尔地区的布鲁日、根特等陆续出现资本主义经济的萌芽。这一时期，自然力逐渐取代了人力和畜力。例如，风车、水轮、拉动风箱的出现。随着生产力的发展，生产技术和劳动者技术水平不断提

---

① 《中国古代旅游》，百度文库，https：//wenku. baidu. com/view/4d4b0ddfa58da0116c17496c. html。

高，生产过程中的劳动分工和社会分工更加复杂；西欧各地产品生产中心和商业中心慢慢形成且城市人口增加，自给自足的自然经济瓦解进一步促进资本主义的发展。

15—16 世纪初，西欧社会经济发展中形成的特殊利益分配制度、欧洲的文化传统、中世纪东方和西方之间经济关系的不平衡等推动西欧国家相继发现美洲新大陆和通过开辟新航路对外扩张。同时从 15 世纪末到 18 世纪 60 年代，工业革命在欧洲国家出现，并率先在英国发生。到 18 世纪末机器制造业的机械化，标志着工业革命基本完成。工业革命的过程实质就是以自然力代替人力，自觉应用自然科学的过程。社会经济的需要促进了科学的发展，科学的进步引导了技术革新，技术革新又将科学的力量引入到生产过程，使之形成更大的直接生产力，全面推动了人类经济进入到一个更高阶段。①

产业革命使旅游活动有了突破性的发展。一是产业革命加速了城市化进程，从而使很多人的工作和生活地点发生了变化。这种变化最终导致人们需要适时疏解节奏紧张的城市生活和拥挤嘈杂的城市环境所带来的身心压力，促使人们产生了有必要适时返回自由、宁静的大自然环境中去的追求。二是产业革命后人们面对枯燥、单一和重复性工作，促使人们强烈要求假日，以便调整和恢复。三是产业革命的直接结果就是社会出现了工业资产阶级和工业无产阶级。四是产业革命改变了人们外出的技术条件，并使大规模性的人员流动成为可能。产业革命之后的社会经济使得外出旅游的人数增加很快，但当时社会缺乏外出旅游的经验和传统，关于旅游的环节也包括语言、货币兑换等都是人们的顾虑和担心。②

英国人托马斯·库克敏锐地观察到这些情况的存在并预见到这种社会的需要，因而决定开办相应的旅行服务业务，率先开办旅行社，开创了近代旅游业的先河。1841 年 7 月 5 日，托马斯·库克利用包租火车的方式，组织了从英国中部地区莱斯特到洛赫伯勒的团体旅游。这次活动有 570 多人参加，往返全程 24 公里。这次活动被认为是伟

---

① 李天元：《旅游学概论》，南开大学出版社 2003 年版。
② 同上。

大的创举，后来人们普遍以这次活动作为近代旅游的开端。① 这次活动与以往人们的外出不同：一是这次活动参加人数较多，有现代旅游团体旅游的特征；二是托马斯·库克本人不仅发起、筹备和组织这次活动，而且全程陪同照顾；三是组织这次旅游，为日后旅行社的正式创立奠定了基础；四是这次活动是开创之举，不仅在当时是空前的，而且此后也不多见。

1845 年，托马斯·库克决定开办商业性旅游业务，并在 1845 年夏天组织了一次真正意义上的团体消遣旅游。1855 年，他组织了从英国莱斯特前往法国巴黎参观世界博览会的团体旅游活动。1872 年组织世界上首例环球旅游团更使他本人及其旅行社名声大振。到 19 世纪下半叶，许多类似的旅游企业和组织相继出现。例如，1857 年英国有人举办登山俱乐部；1885 年又有人组织帐篷俱乐部；1890 年在德国有人组建观光俱乐部；1850 年起美国运通公司开始兼营旅行代理业务，并于 1891 年开始发售同现在使用方法相同的旅行支票。英国托马斯·库克公司、美国运通公司以及比利时的铁路卧车公司成为 20 世纪初世界旅行社业的三大公司。②

近代中国的旅游是指从 1840 年鸦片战争到 1949 年中华人民共和国成立这段时间的旅游。1840 年，帝国主义利用坚船利炮打开中国封建闭关锁国的大门，之后西方商人、传教士、学者、冒险家等纷纷来到中国。外国人来华与帝国主义的殖民侵略密不可分。同时，中国国内也出现了抗击侵略的各种运动。从洋务运动开始，受到"师夷长技以制夷""维新变法""民主与科学"以及后来的"五四运动"的影响，在中国也出现了出国考察学习、游历、求学等的中国人；同时国内资本主义逐渐萌芽与发展。1923 年 8 月 15 日，上海商业储蓄银行旅行部正式成立，1924 年 1 月旅行部脱离国外部独立对外开展业务，例如，组织第一批国内旅游团从上海赴杭州游览。上海商业储蓄部开创了中国旅游发展史上四个"第一"：一是办理第一艘旅美学生专轮；二是举办国内第一个旅游团；三是组织第一个国外旅游团；四

---

① 李天元：《旅游学概论》，南开大学出版社 2003 年版。
② 同上。

是发行中国第一张旅行支票。1927 年 6 月 1 日，旅行部从上海商业储蓄银行独立，正式领取了营业执照，成立中国旅行社，这是我国第一家旅行社。[①]

近代旅游发展得益于社会生产力和生产技术的巨大进步，因此，近代旅游较古代旅行发生了巨大变化，有显著的特点：首先，旅游出行的交通工具有巨大革新。随着蒸汽机的发明，火车和轮船成为人们出行的主要交通工具，这使得人们出行的距离不断延伸，较之以前旅行的时间也缩短，同时旅游途中相对比较舒适。其次，出现了有组织的旅行业务。经济领域有专门从事旅游活动的组织者。旅游出行的时间、地点、行程以及住宿等由旅游组织者设计、组织、实施，带领旅游者完成旅游活动。虽然这样的活动较少，但这是经济领域的新事物，是后期旅游业发展的探索性实践。最后，旅游参与者不断增加。旅游活动的主体虽无特别明显扩张，但旅游参与者不再是社会的上层人物，还有生产活动的主体中产阶级、自由职业者等，旅游出行以消遣为目的。

3. 现代旅游

19 世纪六七十年代开始，到 20 世纪初，主要资本主义国家基本实现了从蒸汽机和纺织品时代到电动机和钢铁时代的转变。同一时期，随着欧美各国工业化进程的不断进展，第三产业的行业范围也在不断扩大。其中，有向消费者提供服务的行业有：客运业、通信业、医疗卫生业、文化娱乐业和旅馆业等。卡尔顿·海斯（Carlton J. H. Hayes）的《现代欧洲的政治和社会历史》（*A Political and Social History of Modern Europe*）中有："农民现在拥有的是锋利的钢制犁，已把连枷扔到一旁；衣服、鞋由大工厂隆隆作响的机器制作；工匠们手提饭桶跋涉在通往充满噪音的工厂的路上；旅行者背靠豪华座椅，乘火车穿越各地；而旅游者则在横渡大西洋的五天航程中在甲板上打网球"。[②] 第二次世界大战之后，在前期旅游发展的基础上，旅游及其旅游业迅速发展起来。

---

① 李天元：《旅游学概论》，南开大学出版社 2003 年版。

② 王荣升：《19 世纪欧洲大陆工业革命的特点及其社会后果》，《晋阳学刊》1999 年第 1 期。

　　第二次世界大战之后旅游业快速发展有其必然原因。首先，战后各国迅速恢复经济。例如，20世纪五六十年代，美国通过大力发展科技教育，改善传统工业生产技术，发展新兴工业和军事业；同时政府采取措施，改善人民生活，创造比较有利的发展环境等使美国经济持续发展，呈现一片繁荣景象。20世纪50—70年代，在美国的援助和高素质劳动力之下，同时采取先进的科学技术，西欧资本主义国家经济增长率也保持在较高水平，联邦德国、意大利、法国都超过了美国，英国略低于美国，欧洲经济呈现繁荣景象。

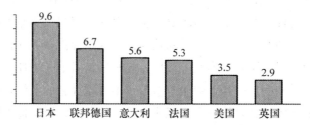

图1-1　20世纪50—70年代主要资本主义国家经济增长率柱状图（%）
资料来源：尹作芬：《二战后世界经济的发展》。

　　其次，战后各国人民饱受战争之苦，更加珍视和平。相对和平的国际环境为旅游发展提供了保障。再次，先进技术的运用不仅使旅游交通工具更加便捷快速，而且使社会生产效率更高，同时使得劳动者的带薪假期增加。最后，人口的增加、城市化进程加快等因素都促使旅游业迅速发展。

表1-1　　　　　　　世界主要客源地情况概览

客源产生地区	客源产生量（万人次）	占总量（%）
西欧	8830	67.4
北美	3730	28.6
拉美和加勒比	110	0.7
非洲	120	0.9
亚洲（包括澳大利亚）	210	1.6

续表

客源产生地区	客源产生量（万人次）	占总量（%）
中东	120	0.8
合计	13120	100

资料来源：李天元编著：《旅游经济学概论》，南开大学出版社2003年版，第33页。

从表1-1可以看出，经济发展较好地区，旅游者数量较多；经济发展缓慢或落后地区，旅游者数量较少。显然，旅游发展与一国（地区）经济发展紧密相连；同时也说明旅游活动不仅是人类社会经济发展到一定阶段的产物，而且随着社会经济发展而发展。当今社会旅游业的快速发展更加证明这一规律的正确性。

第二节　旅游的概念、特征与类型

一　旅游的概念

1. 旅游的定义

关于什么是旅游，学术界的说法多种多样。有的是从社会学的角度描述旅游活动；有的是从经济学的角度描述旅游活动；有的是从统计学的角度描述旅游活动。

旅游是那些暂时离开自己的住地，为了满足生活和文化的需求或个人的各种愿望，而作为经济和文化商品的消费者逗留在异地的人的活动。[①]

旅游是非定居者的旅行和暂时逗留而引起的现象和关系的总和。这些人不会导致长期定居，并且不涉及任何赚钱的活动。

旅游是人们离开其通常居住和工作的地方，短期暂时前往某地的旅行和在该地逗留期间的各种活动。

旅游是人的活动，即市场活动，而非一项产业的活动，总之，是流动人口对接待地区及其居民的影响。

[①]　张凌云：《国际上流行的旅游定义和概念综述》，《旅游学刊》2008年第1期。

旅游是人们出于日常上班工作以外的其他原因，离开自己居住家所在的地区，到某个或某些其他地方去旅行的行动和活动。

旅游是人们出于非移民及和平的目的，或者出于能够导致实现经济、社会、文化及精神等方面的个人发展促进人与人之间的了解与合作等目的而进行的旅行活动。

旅游是人们离开通常居住和工作的地方，暂时前往目的地的旅行和在该地停留期间所从事的活动，以及（旅游目的地）为满足旅游者的需要而创立的各种设施。

旅游定义为在吸引和接待旅游者和其他来访游客过程中，由于旅游者、旅游企业、东道地政府和东道地社会相互作用而引起的各种现象和关系的总和。①

旅游是一定社会经济条件下的一种人类社会经济活动，它表现为人们以寻求新的感受为主要目的离开常住地的一种综合性的物质文化活动。

旅游是人们为了寻求文化差异所进行的一种暂时性文化空间跨越的行为和过程，以及由此引起的社会行为、关系和影响的总和。

旅游是现代社会中居民的一种短期性的特殊生活方式，这种生活方式的特点是异地性、业余性和享受性。②

联合国的"官方旅行机构国际联合会"认为："旅游是指到一个国家访问，停留超过 24 小时的短期旅客，其旅游目的属于下列两项之一，一是悠逸（包括娱乐、度假、保健、研究、宗教或体育活动）；二是业务、出使、开会等。"③

世界旅游组织在 1991 年 6 月的"旅游统计国际大会"上指出："旅游是一个人旅行到他或她通常环境以外的地方，时间不少于一段指定的时段，主要目的不是为了在所访问的地区获得经济效益的

---

① 李天元：《旅游学概论》，南开大学出版社 2003 年版。
② 马勇：《旅游学概论》，高等教育出版社 1998 年版。
③ 同上。

活动。"①

以上关于旅游的定义我们不难发现，大家比较关注的方面是：一是旅游是一种个体活动，主要是指出游的人；二是出行的目的不是定居、工作等；三是强调这种个体活动是以离开常住地为前提；四是这种个体活动引起出行个体与到访地发生相关联系；五是关注个体活动时间的要求。从而能够得出结论是：旅游必然与时空变化有关；旅游必然是消费活动；旅游是一种生活方式。这些方面能够涵盖旅游的全部现象吗？

第二次世界大战后，随着和平时代的到来以及各地经济的快速恢复和发展，人们选择旅游作为生活方式的组成部分，特别是欧美国家，这种现象较明显。20 世纪末，中国人逐渐热衷旅游。我们能够用原有旅游的定义去解释一些旅游现象，例如，探亲访友、游学、观光等，但今天，旅游的深度与广度不断拓展，从旅游需求的角度看，旅游者的需求不再停留在观光、游学、宗教等层面；从旅游供给的角度看，出现了新的旅游产品，因此，有必要关注旅游领域里的新现象。

2. 旅游的延伸

旅游供给延伸是旅游延伸的重要表现。当代旅游显著的特征之一是供给驱动下的旅游快速发展。

"旅游＋"极大地改变了旅游营销的方式，也推进了旅游供给。"旅游＋"有两种意思：一是指"旅游＋互联网"。这种模式的旅游供给旨在刺激、方便旅游需求。以景区为例，移动互联网下景区重塑与景区营销是该模式的典型范例，旅游互联网时代中的旅游供给更加直观与感性。二是指"旅游＋农业""旅游＋工业""旅游＋房地产""旅游＋建筑业"，甚至"旅游＋海洋""旅游＋航天"等。当代旅游最大限度地显示了旅游的产业融合力与带动力。在"全域旅游"概念引导下的乡村旅游更是发展得如火如荼。乡村的边界挣脱了农业的范畴，旅游的边界融入农业的范畴。另外，"万达模式""曲江模式"等引领下的旅游供给和旅游投资变革不仅增强了城市的旅游吸引力，也成为旅游与建筑业、房地产融合的成功典范。

---

① 马勇：《旅游学概论》，高等教育出版社 1998 年版。

在经济新常态下，旅游供给延伸还表现在旅游产品形式的变化。各级政府强调供给侧结构性改革，旅游交通、旅游饭店、各类旅游商品，从有形到无形的旅游服务也发生了巨大变化。尤其是全域视角下的旅游厕所革命、旅游地停车场变革与"最后一公里"变革、旅游标识与可进入性变革等；当然，新常态下的区域联合与跨界供给也极大地方便了旅游供给延伸。以旅游交通为例：乡村旅游公路建设、旅游航空布局、高铁"八纵八横"，催生新的旅游交通产品和服务；依托高铁、城际铁路、民航、高等级公路等"快进"的交通网络和"慢游"交通网络，刺激并满足游客的旅游体验需求。

表 1 - 2   旅游延伸的表现

类型	表现	类型	备注
旅游供给的延伸	"旅游＋互联网"	旅游预订、旅游支付、旅游线路组合、旅游营销等	旅游产业链拉长
	"旅游＋相关产业"	乡村旅游、工业旅游、旅游 CBD、旅游交通等	
旅游需求的延伸	旅游的广度	吃、住、行、游、购、娱；商、养、学、闲、情、奇	旅游消费多样化
	旅游的深度	旅游的指向性与旅游的多样性互融	

旅游的延伸还表现在旅游需求的延伸，主要是旅游需求的广度与深度的延伸。旅游需求的广度是指旅游活动的范围空间不断扩大，旅游活动的类型多种多样；旅游需求的深度是指旅游活动中，旅游主体的指向性明确，旅游感知丰富，旅游满意指数提升。以"亲子旅游"为例，旅游需求的广度与深度都在延伸。从广度上看，亲子旅游包括观光游、度假游等；从深度上看，亲子游既要求旅游产品的娱乐性与知识性，又包括产品的参与性与体验性。旅游需求的延伸使现代旅游的边界无限拓展。之前人们普遍认为旅游活动是相对于旅游主体日常生活、工作的一种状态，是一种暂时性的生活方式，而现代旅游活动本身就成为一种普遍的生活方式与工作方式。因此，旅游的内涵需要丰富与深刻。

3. 旅游的内涵

传统旅游的阐述主张主要是以统计为目的，判断旅游的经济功能。现代旅游虽然具有强大的经济功能，但首先需要重视，旅游是一种人类社会活动，是人类进步与文明发展的结果。古籍中记载旅游大致有两种意思：一是旅行游览，例如南朝沈约《悲哉行》："旅游媚年春，年春媚游人。"唐王勃《涧底寒松赋》："岁八月壬子，旅游于蜀，寻茅溪之涧"；二是长期寄居他乡，例如唐贾岛《上谷旅夜》："世难那堪恨旅游，龙钟更是对穷秋。故园千里数行泪，邻杵一声终夜愁。"唐尚颜《江上秋思》："到来江上久，谁念旅游心。故国无秋信，邻家有夜砧。"显然，旅游是主体的一种社会活动，主体出游动机各不一致，旅游受旅游动机的支配。因此，从社会学的角度阐述旅游，即是在旅游动机支配下的一种人类社会活动。旅游动机是旅游活动的决定因素。不同的历史时期，人们的旅游动机各不相同，因而旅游活动的形式与参与度各不相同。这种活动包含有个体旅游活动，也包含群体旅游活动。

现代旅游更是符合这样的阐述形式。例如，对大自然的向往，出现了观光游；对乡愁的渴望，出现了乡村旅游；扩展孩子视野，出现了亲子游等。新旅游活动的六要素——商、养、学、闲、情、奇，正是在旅游动机的基础上总结了现代旅游。

二　旅游的属性与类型

1. 旅游的属性

与其他人类活动相比较，旅游表现出社会性、文化性与经济性。首先，旅游主体是社会人，有群体性和社会性。旅游动机作用下的旅游，表象上是人们活动空间的转移，但在时空变换的过程中，旅游主体与出游地和目的地均表现出密切联系；其次，旅游主体在旅游中表现出各种需求，基本旅游需求包括吃、住、行，特征旅游需求包括游、购、娱，在旅游中需要不同部门与群体提供；最后，团体旅游显著地表现出了旅游的社会性。例如，1841 年 7 月，托马斯·库克包租火车，运送 570 多人从英国莱斯特前往洛赫伯勒参加禁酒大会，往返行程 22 英里，团体收费每人 1 先令，提供带火腿肉的午餐及小吃，还有唱赞美诗的乐队跟随。这次在旅游发展史上具有重要地位的活动，是有组织的团体旅游活动，使旅游烙上了深深的社会性。

社会性是旅游的普遍属性，早期人类的自然迁徙也表现出社会性，因此，学界存在关于早期人类迁徙是否是旅行活动的争议。迁徙既表现出旅游主体的时空变换，也是旅游主体的社会活动，为什么绝大部分人认为迁徙不属于古代旅行活动呢？这是因为旅游的文化性。早期人类迁徙是生存动机支配下的空间位移，迁徙中不存在文化的概念。到古代旅行、近代旅游及现代旅游，均表现出旅游的文化性。例如，公元前220年，秦始皇下令开始修筑"驰道"，供巡狩之用。巡游一是为了"示疆威，服海内"，以表彰自己的功德。二是依古代帝王惯例，在泰山祭告天地，古籍称为"封禅"。"封禅"即表示秦始皇巡游时对自然壮丽的神往与敬畏；另外巡游中历尽许多地方，能够了解不同的风土人情与政治、经济、生活的发展状况，具有领略文化的象征。唐朝李白《蜀道难》"尔来四万八千岁，不与秦塞通人烟"，形象地表征了古人旅行中，感受到的秦岭蜀地。因此，旅游从来都是主体的文化感受。文化性是旅游的根本属性。

旅游的文化性表现在两个方面，一是主体"求新求异"的主观动机。人们惯常活动空间内，各种文化符号固化，文化感知的吸引力降低。参考王新华《马斯洛"需求层次论"评介》一文，指出：人类需求像阶梯一样从低到高按层次分为五种，分别是：生理需求、安全需求、社交需求、尊重需求和自我实现需求。[①] 需求层次既是人类物质需求的不断改善，更是精神或文化层面的必然选择。主体"求新求异"的旅游需求属于社交需求和自我实现需求，"读万卷书，行万里路""行路多者见识多"等刺激人们，借助旅游修复常态工作生活状态，同时帮助旅游主体不再想事情会是怎样的，而是看它们实际上是怎样的，获得与惯常活动环境不同的感知与认识。现代社会衍生的亲子旅游、自驾旅游、探险旅游、求学旅游、购物旅游等多种类型旅游正是旅游主体"求新求异"文化感知的结果。

另外，旅游的文化性是指旅游客体表现出文化吸引性。例如，

---

① 王新华：《马斯洛"需求层次论"评介》，《消费经济》1986年第3期。

2015 年国庆黄金周 3 天，秦始皇帝陵博物院 3 日接待游客达 107836 人次；袁家村接待游客 105.5 万人次；马嵬驿接待游客 113.9 万人次。主要原因在于秦始皇帝陵博物馆、袁家村和马嵬驿独特的吸引性，这类旅游客体承载浓厚的人文气息，表达了一定阶段人类的文明成果，尤其秦始皇帝陵博物院更是具有文化呈现的垄断性。还有一类旅游客体，例如，壶口瀑布、黄土高原和沟壑、秦岭 72 峪口、华山等，2016 年国庆黄金周华山景区接待游客 17.83 万人次；宜川壶口瀑布接待游客 64.5 万人次。这类旅游客体呈现了不同风格的自然景观，使旅游主体感受大自然的神奇力量与无穷变化，产生敬畏、豪迈之情。因此，旅游就是主体感知差异化文化的过程。

经济性是旅游的衍生属性。随着旅游规模的扩大，满足旅游主体需求的过程，推动了旅游目的地经济的发展。主要表现在两个方面：一是以货币表示的 GDP 收入的增加；二是创造了就业。同时旅游的经济属性还表现在：目的地公共设施与旅游设施的建设与完善；道路交通设施的改进。

表 1-3　　　　　　2013—2016 年我国旅游总收入状况

年份	旅游总收入（人民币）	旅游外汇收入（美元）	旅游就业率
2013	2135 亿	16.762 亿	—
2014	2521 亿	14.16 亿	—
2015	3005.8 亿	20.00 亿	10%
2016	3813 亿	23.38 亿	—

附注：根据旅游统计年鉴整理。

旅游创收与增加就业显著表现在旅游扶贫方面。照金、马栏等红色革命遗址近几年旅游业的发展，极大地推动了革命老区经济落后的面貌；一批乡村旅游地的发展，加快了农村经济与旅游经济的发展，推动了农村剩余劳动力的转移，充分体现了旅游的经济性。

2. 旅游的类型

现代旅游是人们生活与工作常态的表现形式。旅游的类型多种多样，根据不同的分类方法，旅游分为不同类型。按照旅游的组织性形式，分为团体旅游与散客旅游；按照旅游动机，旅游分为求学、游玩、商务、公务、医疗、宗教、体育、探险、科学考察、亲子游等；按照产业融合形式，分为乡村旅游、工业旅游、城市 CBD 闲游；按照旅游交通方式，分为自驾游、徒步游、参团与半参团游。

国家统计局资料显示：2012 年国庆期间，旅行社团队游客占旅游总人数的 36%，自驾游占 60%①；2014 年我国自驾车出游总人数约为 22 亿人次，约占年度出游人数的 61%②，休闲度假与观光是自驾游的主要目的。根据途牛网信息，上海、南京、广州、深圳、北京、武汉、苏州、杭州、沈阳、常州等城市位居自驾游客源地前十名；从年龄上来看，自驾游客户集中在 21—40 岁，其中尤以 31—40 岁为主，这部分人群拥有一定的经济基础，并且对个性化旅游的需求度较高，且多为亲子游客户③；2015 年自驾游所占比重继续攀升，游客通过旅行社进入景区的比例已经由 2010 年的 60%—70% 下降至 2015 年的 20%—30%，以自驾为主的自由行已成为游客到达景区的主要方式，占景区接待游客总人数的 75%；2016—2017 年境外十大热门自驾游目的地分别是：美国、新西兰、德国、泰国、英国、印度尼西亚、澳大利亚、老挝、瑞士、奥地利；根据自驾距离远近，境内自驾又分为周边短途自驾和国内长线自驾。其中，珠海、常州、广州是自驾游热门目的地前三名，西藏、甘肃、内蒙古、新疆等是途牛长线自驾爱好者偏爱的出游目的地。④

"旅游＋"作用下的乡村旅游是首选的短途旅游类型，其强调旅游中的体验性与参与性。例如，季节性的农事采摘、乡风民俗体验、传统小吃品尝、乡土建筑参观等。乡村旅游以其特殊的吸引物，成为

---

① 《全国自驾游市场消费规模超百亿元》，2012 年 9 月 23 日，《时代商报》，http：//roll. sohu. com/20120923/n353766634. shtml。

② 曾斐：《露营产业发展势头不减　投资创效势在必行》，2016 年 11 月 11 日，凤凰新闻网，http：//news. ifeng. com/a/20161111/50243179_ 0. shtml。

③ 《自驾游消费行为分析报告》，2017 年 5 月 2 日，科普江苏，http：//www. yangt-se. com/kepu/science/knowledge/227790. html。

④ 同上。

现代旅游重要的类型之一。2016 年国庆长假期间全国出游超过 10 公里并且超 6 小时（不含工作等非旅游动机）的游客总计约 1.86 亿人次，其中乡村旅游人次约为 1.29 亿人次，约占同期旅游人次的69%。[①] 调查数据显示，青壮年是乡村旅游的主体，频次是每月一次，出游时 4—5 人同行，一般以自驾为主。[②]

亲子旅游是近年来快速发展的旅游类型，一般由父母和未成年子女共同参与，集认知、教育、体验、亲情、休闲等于一体的旅游方式。亲子游是现代社会倡导的一种积极的生活方式和家庭教育途径，和孩子去旅游不仅让他们在旅途中学习知识、感受自然、提高能力，而且还有助于培养父母与孩子间的感情。《2015 中国在线亲子游市场研究报告》显示，2014 年中国在线亲子游市场交易规模为 65.1 亿元。《2015 暑期出游盘点报告与热度排行榜》显示，20 岁以下的学生族在总出游人群中占比达到 24%，休闲度假、感悟历史文化、游学、主题乐园等主题受青睐。随着私家车普及、国民收入持续增加，"自由随性"的自驾亲子游是核心家庭的普遍选择。

城市 CBD 闲游是另一类新兴的旅游类型。主要集聚在城市商业繁盛、配套设施齐全、城市文化显著的区域。CBD 是中央商务区的英文简称，指一个国家或大城市里主要商务活动进行的地区，最早产生于 1923 年的美国，当时被定义为"商业会聚之处"。CBD 的内容随社会经济的发展不断丰富，成为一个城市、一个区域乃至一个国家的经济发展中枢。CBD 一般位于城市中心，高度集中了城市的经济、科技和文化力量，具备金融、贸易、服务、展览、咨询等多种功能，并配以完善的市政交通与通信条件。现代旅游与城市 CBD 天然融合，商、游、购、娱、住、闲等活动是 CBD 的功能体现。近几年，各大城市形成各种城市商业广场，例如众多的"万达广场"、北京王府井、上海陆家嘴、深圳中心区、杭州钱江 CBD、西安赛格广场等，其中年轻人是主体，购物和休闲是主要形式，一般时长是 4—8 小时，

---

① 《2016 年乡村旅游行情：国庆长假期间人次约为 1.29 亿人次》，2016 年 10 月 28 日，中国经济网，http://www.ce.cn/culture/gd/201610/28/t20161028_ 17280955. shtml。

② 同上。

消费能力较强，是城市 CBD 闲游的主要表现。

旅游的类型多种多样，传统按照旅游目的划分的观光、求学、疗养、走亲访友、体育、考察、商务等的类型，在现代旅游阶段很难区分，相反出现了各种旅游目的的融合，因此，现代旅游表现出新的特征。

三　现代旅游的特征

从古代旅游、近代旅游到现代旅游，在漫长的旅游发展过程中，旅游规模不断扩大，第二次世界大战后，在和平与发展主旋律主导下的世界环境为旅游快速发展奠定了基础。旅游活动进入大众旅游时代，旅游需求表现出精细与融合，供给刺激下的旅游创造了种类多样的旅游产品，同时旅游的可进入性迅速提高。

首先，大众旅游是现代旅游显著的特征之一。相比古代旅游和近代旅游，现代旅游尤其是 20 世纪后的旅游，逐渐走进大众旅游时代。旅游从早期的奢侈活动转变为人们的生活方式之一。图 1 - 2 数据表明，全球国际旅游自 2000 年以来，基本保持逐年增长态势。根据 UNWTO 世界旅游组织数据，2016 年国际游客到访量同比增长 3.9%，达 12.35 亿人次；2016 年较 2015 年有 4600 万多的过夜游客出国游；2016 年到全球各地旅游的游客增加了 3 亿余人次；同时数据还表明，国际旅游人数仍将以 5% 的速度增长。①

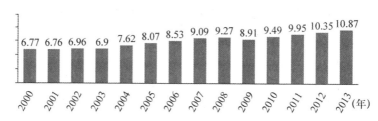

图 1 - 2　2000 年以来国际旅游人数及其变化（亿人次）

图片来源：http：//stock. hexun. com/2014/jhslyipo/。

---

① 《UNWTO：2016 世界旅游晴雨表国际游客 12.35 亿》，2017 年 1 月，中文互联网数据资讯中心，http：//www. 199it. com/archives/559602. html。

按照国际上的一般看法，当人均 GDP 达到 1000 美元时，旅游需求开始产生；突破 2000 美元，"大众旅游消费"开始形成；达到 3000 美元，旅游需求就会出现爆发式增长。到 2010 年年底，我国人均 GDP 已经超过 4000 美元，全年国内旅游人数达 21 亿人次，城乡居民人均出游率达 1.5 次；入境旅游人数 1.34 亿人次，旅游外汇收入 458 亿美元；出境旅游人数 5739 万人次。我国开放的出境游目的地达到 110 个。数据表明，我国已经进入"大众旅游消费"时代[①]。

1980 年世界旅游组织发表《马尼拉宣言》明确提出：旅游是人类社会的最基本需求之一。为了使旅游同其他社会基本需求协调发展，各国应将旅游纳入国家发展的内容之一，使旅游真正成为人人享有的基本权利。另外许多国家深刻感受到旅游发展的积极效应，制定了各种促进旅游业发展的制度与政策。另外，随着人类社会发展，文明程度不断提高，人的精神层面需求自发提高是人类进步的选择。因此，主观层面与客观层面的相互作用是大众旅游发展的必然结果。

其次，现代旅游表现出需求精细与融合特征。以我国旅游需求演变为例，古代旅游主要有：帝王巡游、政治旅行、士人漫游、学术考察旅行、外交旅行、宗教旅行、商务旅行和节庆旅行。20 世纪八九十年代，旅游需求类型增加了求学、体育、医疗等类型。近年来，又出现了各种"旅游 +"，诸如，乡村旅游、工业旅游、城市 CBD 闲游等。不仅旅游类型增加，而且旅游类型出现融合。传统旅游需求的吃、住、行、游、购、娱中，旅游主体首要关注游玩，而现在旅游过程中对六个方面的需求标准和感知标准均提高。旅游主体既要求旅游产品丰富多样，又要求能够体验和感知复杂多样的旅游产品。

再次，旅游产品丰富是现代旅游的又一特征。旅游产品是旅游业者通过开发、利用旅游资源提供给旅游者的旅游吸引物与服务的组合。即旅游目的地向游客提供一次旅游活动所需要的各种服务的总和。按照供给来源，旅游产品分为旅游公共产品和旅游服务产品；按照包价程度，分为包价产品、半包价产品、零包价产品、单项产品；

---

① 《我国旅游业发展现状》，2013 年 9 月 6 日，360 个人图书馆，http：//www.360doc.com/content/13/0906/07/10580899_ 312527368. shtml。

按照类型，分为酒店住宿产品、娱乐产品、旅游交通、餐饮产品、旅游购物品、旅游景区（点），每种细分类型又有若干层次提供给旅游主体，例如，酒店住宿产品包括：不同星级酒店产品、经济连锁型产品、民宿产品、各类主题酒店产品等。

旅游发展在经历了需求推动下的快速发展进入到供给刺激主导下的发展状态。为刺激旅游需求，不断创新旅游产品，形成不同层次的旅游线路；借助互联网不断加大旅游宣传与推介；在全域旅游战略的指导下，整合旅游产品，例如提出旅游景区的社区化、旅游廊道等；在分享经济驱动下，升级转换旅游产品。因此，供给革新是旅游产品丰富的主要原因。

最后，可进入性显著提高是现代旅游的特征之一。空间位移是旅游主体感知差异化文化的前提，旅游者需要借助旅游交通实现常住地到目的地的空间转移。第二次世界大战以前，旅游交通发展缓慢，影响出游质量；战后，随着各国旅游业的发展，旅游交通被提上发展日程，旅游可进入性逐渐改善。21世纪后，各种旅游交通工具使旅游的可进入性显著增强。《关于促进交通运输与旅游融合发展的若干意见》中指出：交通和旅游都是国民经济重要的战略性支柱产业，并且相互关联，交通运输对旅游业的发展发挥着支撑保障作用。着力打造两个交通网络，一是"快进"的交通网络，对4A、5A级景区，依托高铁、民航，或者是高等级公路或者高速公路，满足游客快速到达的要求，实现至少两种及以上快捷交通方式通达5A级景区。二是"慢游"交通网络，在保证旅游通达的前提下，同时还要有休息健身等功能，要打造一批主题性的旅游线路，提高游客的旅游体验，实现"把游客留住"或者使游客有更大的获得感。同时，旅游交通在完善中注重解决可进入性的"最后一公里"、客运枢纽旅游服务功能、高速公路旅游服务功能、普通公路服务功能、交通文化等，提高旅游可进入性。

第三节　旅游三要素

旅游者、旅游资源和旅游媒介是旅游的三要素。旅游者是旅游的主体，旅游资源是旅游的客体，旅游媒介联系旅游者和旅游资源，满足旅游者需求。

一 旅游者

旅游者是旅游的主体和前提，关于旅游者的定义，有理论定义，也有技术定义。理论定义是解释人们为什么出门旅游，即人们出于好奇，为了得到愉快而进行旅游的人，或者是因为精神层面的需求外出旅游的人。现代旅游发展快的重要原因之一是，人们为了改变惯常生活或工作环境，前往目的地以达到身体、精神等的恢复与提升。技术性定义是为了经济统计和计量旅游经济，以一定标准描述旅游者。1937 年，国际联盟将外国旅游者定义为：为了消遣、家庭事务及身体健康方面的目的出国旅游的人；为了出席会议或作为公务代表而出国旅行的人（包括：科学、行政、外交、宗教、体育等方面）；为了工商业务而出国旅行的人；在海上巡游度假过程中登岸访问的人员，即使其上岸停留时间不足 24 小时，亦视为来访旅游者。不能列入来访旅游者统计的人员包括：抵达某国就业任职或者在该国从事营业活动者，均不能列为旅游者；到国外定居者；到国外学习、膳宿在校的学生；边境地区居民中日常越境工作的人；临时过境而不停留的旅行者，即使在境内时间超过 24 小时也不是旅游者。[①]

我国海外旅游者是指在我国大陆旅游住宿设施内停留至少一夜的海外旅游者；海外一日游游客是指未在我国大陆旅游设施内过夜的海外游客；国内旅游者指我国大陆居民离开常住地，在大陆境内其他地方的旅游设施内停留至少一夜，最长不超过 6 个月的国内游客；国内一日游游客是指我国大陆居民离开常住地 10 公里以外，出游时间超过 6 个小时但不足 24 小时，并未在我国大陆境内其他地方的旅游设施内过夜的国内游客。[②]

不论是海外旅游者（入境旅游者）或是国内旅游者，旅游行为受到旅游者可自由支配收入与足够的闲暇时间影响，同时旅游动机刺激

---

① 李天元：《旅游学概论》，南开大学出版社 2003 年版。
② 同上。

下的旅游需求则是影响旅游者出行的主观因素，不同动机形成不同类型旅游者。陕西省是旅游大省，每年有大量的海外旅游者和国内旅游者。2016 年，陕西省接待外国人 228.52 万人次，韩、美、英三大客源国接待总人数达到 89.77 万人次，占外国人总量的 39.28%，成为外国人市场的主力。第四位至第十位的客源国分别为日本 11.53 万人次、澳大利亚 11.51 万人次、德国 10.48 万人次、马来西亚 10.38 万人次、法国 10.18 万人次、加拿大 9.44 万人次、意大利 5.59 万人次。前十位的客源国来陕总量达 158.88 万人次，占外国人总人数的 69.53%。2016 年前十位客源国中欧美国家增加 1 个，亚太地区国家减少 1 个，呈现欧美游客客源上升趋势；在主要客源国中，除德国和法国外，各国人数均呈大幅增长态势，表明我省主要客源国客源稳定、增势强劲。①

2016 年，陕西省省内游客占全省接待总量的 74.79%，在省外游客中，四川省占来陕游客比重提高最多，为 3.55 个百分点，山西省提高了 2.84 个百分点，山东提高了 2.46 个百分点，河北省提高了 1.32 个百分点；山西、河南、四川、甘肃等邻近四省在省外游客中所占比重达 42.02%，比 2015 年增长 3.82 个百分点。在来陕的省外游客中，客源比重位列前十位的省份依次是：山西（占 12.42%）、河南（占 10.78%）、四川（占 10.65%）、甘肃（占 8.17%）、山东（占 7.30%）、河北（占 6.71%）、江苏（占 4.39%）、浙江（占 4.27%）、广东（占 4.02%）、湖北（占 3.82%），上述十个省份的接待量占来陕省外游客的比重达 72.53%。②

二 旅游资源

旅游资源的界定较复杂，尤其是随着社会的不断进步与人类文明程度的提高，人们对旅游资源的认识与阐述发生了变化，不同旅游发展的时代，旅游资源的范围、类型等相应不同；同时我国学者关注的

---

① 《2016 年陕西省旅游经济发展统计公报》，2017 年 2 月 14 日，陕西旅游政务网，http://www.sxta.gov.cn/sxtourgov/proscenium/content/2017 - 02 - 14/14233.html。

② 同上。

旅游资源与国外对旅游资源的定义也是有区别的。

1. 旅游资源的含义

1983 年邓观利《旅游学概论》中：凡是足以构成吸引旅游者的自然和社会因素，亦即旅游者的旅游对象或目的物都是旅游资源。1993 年保继刚《旅游资源学》中：旅游资源是指对旅游者具有吸引力的自然存在和历史文化遗产，以及直接用于旅游目的的人工创造物。2003 年国家旅游局颁布的《旅游规划通则》中：自然界和人类社会凡能对旅游者产生吸引力，可以为旅游业开发利用，并可产生经济效益、社会效益和环境效益的各种事物现象和因素，均称为旅游资源。2003 年李天元《旅游学概论》中：凡是能够造就对旅游者具有吸引力环境的自然事物、文化事务、社会事务或其他任何客观事物。[①]分析上述几种陈述发现，旅游资源的界定强调两个方面：一是对旅游者的吸引力；二是为旅游业所利用。例如古镇、古村落是否是旅游资源？有人认为古镇和古村落是旅游资源，但有人认为它们不是旅游资源。古镇一般指有百年以上历史，供集中居住的建筑群。古村落是指民国以前建村，保留了较大的历史沿革，即建筑环境、建筑风貌、村落选址未有大的变动，具有独特民俗民风，虽经历久远年代，但至今仍为人们服务的村落。从其功能方面分析，它们不是旅游资源；从其文化价值、科学价值等，对旅游者易产生吸引力；从其旅游利用的角度分析，不是所有的古镇和古村落是旅游资源。显然，只有被旅游开发利用的古镇和古村落可以归纳入旅游资源体系中。

2. 旅游资源的类型

按照不同标准，旅游资源分为不同的种类。按照物质载体，旅游资源有有形和无形之分；按照与人类文化活动密切程度，旅游资源分为自然和人文两大类。中国国家旅游局牵头组织的全国旅游资源普查，制定的《中国旅游资源普查规范》中，所有旅游资源分为三大景系（自然景系、人文景系、服务景系）、七大类别（地文景观类、水文景观类、气候生物类、历史遗存类、现代人文吸引物类、抽象人

---

① 李天元：《旅游学概论》，南开大学出版社 2003 年版。

文吸引物类、旅游服务型类）以及 95 种细分类型。①

李天元《旅游学概论》中旅游资源分为自然旅游资源（气候条件、风光地貌或自然景观、动植物资源、天然疗养条件）、人文旅游资源（历史文物古迹、民族文化及有关场所，有影响的国际性体育和文化盛事，以主题公园为代表，具有特色并具备一定规模的现代人造游乐场所或其他消遣娱乐性的现代人造旅游景点）以及其他旅游资源（经济建设成就、科技发展成就、社会发展成就，目的地居民对外来游客的友善和好客程度）。郭胜《旅游学概论》中按照自然旅游资源的空间分布，具体分为：岩石圈旅游资源、水圈旅游资源、生物圈旅游资源、大气圈旅游资源。谢彦君将人文旅游资源分为：遗址遗迹类、建筑与居落类、陵墓类、园林类和社会风情类。

3. 陕西省十大旅游区

陕西旅游资源丰富，是旅游大省，既有风光旖旎的自然旅游资源，又有文化厚重的人文旅游资源。按照陕西省旅游区划分，分别有西安及其周边旅游区、骊山风景旅游区、长安古寺庙旅游区、华山旅游区、咸阳帝王陵墓旅游区、宝鸡法门寺旅游区、延安三皇一圣旅游区、榆林塞上风光旅游区、黄河旅游区、柞水溶洞旅游区。

西安及其周边旅游区主要突出 13 朝古都西安文化，有保存完好、历尽数百年的明城墙、钟楼、鼓楼；有朝代更替，影像都城掠影的丰京、镐京、阿房宫、汉长安城、未央宫、唐大明宫等周、秦、汉、唐四大古都遗址；西安城内有以碑石雕刻文化著称的碑林博物馆、有两千年人类进步足迹的陕西历史博物馆、有气势恢宏的皇家寺院——大慈恩寺及大唐芙蓉园；西安周边则有距今 114 万年的蓝田猿人遗址和距今 6000 年的半坡人遗址。2016 年西安全年接待海内外游客 1.5 亿人次，旅游总收入 1200 亿元。

骊山风景区位于东距西安 30 公里的临潼区。《古迹志》中记载有"骊山崇峻不如太华，绵亘不如终南，幽异不如太白，奇险不如龙门"，同时又记载"三皇传为旧居，娲圣既其出冶，周、秦、汉、唐以来，多游幸离宫别馆，绣岭温汤皆成佳境"，可见，骊山风景自有

---

① 马勇：《旅游学概论》，高等教育出版社 1998 年版。

独特引人之处，诸如"渭水秋天白，骊山晚照红"的关中八景"骊山晚照"，"烽火戏诸侯"的西周烽火台；骊山脚下有闻名于世的秦始皇陵及其兵马俑博物馆、有日月同流的温泉、有富丽堂皇的唐朝行宫——华清宫。

长安古寺庙旅游区以名刹古寺众多而闻名。佛教八大宗派中的法相、净土、律宗、华严四大宗派的开山祖师和发展地都在长安。区内有佛教寺院 40 多座，兴教寺是玄奘法师的墓地，香积寺是净土宗的发源地，大兴善寺是密宗的发源地，青龙寺对日本佛教有重大影响，卧龙寺是国务院确定的汉族地区佛教全国重点寺院，草堂寺的"草堂烟雾"有关中八景之一的美誉，其余还有八仙庵、弘福寺、西明寺、荐福寺、大清真寺等。

华山旅游区主体旅游资源是以奇险著称的西岳华山。华山位于西安以东 120 公里处，南接秦岭，北瞰黄渭，自古以来就有"奇险天下第一山"的说法。据清代国学大师章太炎和历代专家学者考证，华夏民族最初形成并居住于"华山之周"，名其国土曰华，其后人迹所至，遍及九州，中华之"华"，源于华山，故有华山为"华夏之根"的说法。同时，华山是我国道教四大名山之一，全真派的圣地。截至 2013 年，华山共有 72 个半悬空洞，道观 20 余座，其中玉泉院、都龙庙、东道院、镇岳宫被列为全国重点道教宫观，有陈抟、郝大通、贺元希等著名的道教高人。千尺幢、百尺峡、鹞子翻身、老君犁沟、华岳仙掌、韩愈投书处等险峻风景吸引了众多游客。

以古墓葬群为代表的陵墓文化资源是咸阳独一无二的旅游瑰宝，在咸阳北部的黄土高原和关中平原的交界地带，埋葬着中国历史上汉唐两代的众多帝王，形成了渭北帝王陵墓群，包括西汉帝王陵、大唐帝王陵以及隋朝和周朝等的王陵，同时还有 400 座皇亲国戚王公大臣的陪葬墓；长陵、茂陵、昭陵、乾陵和已发掘的唐永泰公主墓、章怀太子墓、懿德大号墓现已对外开放；汉阳陵出土大量汉代兵俑，正在发掘修复。咸阳帝王陵墓旅游区陵墓密度和个体规模国内外罕有；陵墓群在空间上绵延百里，气势恢宏；同时陵墓时代序列完整，以秦都、汉陵闻名天下，埋藏了半部中国古代史。目前发掘的汉陵形似覆斗，酷似埃及金字塔，有中国的"金字塔之都""东方帝王谷"的说法。

宝鸡法门寺旅游区位于宝鸡市以东,沿西宝公路北线"一"字排列。旅游区内主要景点包括"太白积雪"的太白山森林公园,反映新石器文化的北首岭遗址,规模宏大的先秦雍城遗址,隋唐帝王避暑行宫——九成宫遗址,西府园林胜景凤翔东湖,以及岐山周公庙、钓鱼台等。享有"关中塔庙之祖"称誉的法门寺始建于东汉,后成为唐代的皇家寺院,因珍藏释迦牟尼真身指骨舍利和大量珍贵文物而举世闻名。1985 年专家清理塔基时发现佛塔地宫和真身舍利,之后法门寺重建寺塔,整修寺院,并按唐代法门寺塔式样修建了法门寺珍宝阁,修复保留地宫,法门寺现已成为陕西的旅游热点之一。2017 年国庆黄金周,宝鸡共接待游客 713.6 万人次,实现旅游收入 36.33 亿元,其中法门寺佛文化景区入园人数 16.766 万人次,门票收入 1489.6 万元;太白山景区入园人数 13.5 万人次,门票收入 2036.1 万元;周公庙景区入园人数 12.99 万人次,门票收入 714.45 万元。

延安三皇一圣旅游区主要包括黄河壶口瀑布、黄帝陵、黄土风情、延安革命圣地。黄帝陵是中华民族始祖轩辕黄帝的陵寝,陵园内有中国最古老、覆盖面积最大、保存最完整的古柏群,"黄帝手植柏"距今五千余年,被誉为"世界柏树之父"和"世界柏树之冠"。壶口瀑布南距陕西西安 350 公里,是中国第二大瀑布,世界上最大的黄色瀑布。2016 年"十一"黄金周,壶口景区接待游客人数突破 18 万人次。延安革命圣地是我国具有代表性的红色旅游资源。延安革命圣地是全国革命根据地城市中革命旧址保存规模最大、数量最多、布局最为完整的城市,其中包括凤凰山中共中央旧址,杨家岭中共中央旧址,枣园中共中央书记处旧址,王家坪中共中央军事委员会、八路军总司令部旧址,陕甘宁边区政府旧址等。2016 年,延安接待境内外游客 4000 万人次,旅游综合收入 225 亿元。

榆林地处陕西北部毛乌素沙漠南缘和黄土高原过渡地带,塞上风光别具特色。以历史文化名城、塞北重镇榆林为中心形成了榆林塞上风光旅游区,主要旅游资源包括秦、隋、明三代古长城,建于明代的边防要塞镇北台,靖边县的大夏统万城遗址,米脂县的李自成行宫,绥德县的扶苏祠、蒙恬墓等文物古迹,红石峡、红碱淖、佳县的白云山和神木县的二郎山等自然景观。

黄河旅游区位于韩城市境内，包括黄河龙门、司马迁祠墓和中国历史文化名城韩城市，以及中国历史文化村落党家村等景观组成。黄河龙门两山耸峙，是黄河的咽喉，黄河川流其间，涛声滚滚，出龙门一泻千里。黄河岸边的韩城市，古老而文明，市内保存大量的文物古迹，韩城文庙是陕西现存的大型古建筑群之一。2017年黄金周期间，韩城市累计接待游客158.69万人次，旅游综合收入4.13亿元。

柞水溶洞旅游区自然环境灵秀典雅，景点多且集中，发现的溶洞有115个，被誉为"北国奇观"和"西北一绝"。

三　旅游媒介

旅游媒介是旅游三要素的重要组成部分，是旅游活动实现的工具。旅游媒介是联系旅游资源，满足旅游者旅游服务需求及旅游活动实施的凭借，即通常说的旅游业，一般包括旅行社、旅游住宿业、旅游交通、旅游购物品等。旅行社、旅游饭店和旅游交通是旅游媒介的三要素。旅游媒介表现出显著的经济性，不论是旅行社、旅游饭店还是旅游交通，通过向旅游者提供隐性的旅游服务或显性的旅游产品，获得经济收益。

1. 旅行社

旅行社的出现是社会分工和旅游发展的必然结果。旅行社是从事有关旅游业务的行业总称。旅行社在旅游活动中既是旅游产品的组合者，又是旅游产品的销售者。作为旅游产品的组合者，旅行社在规划各种旅游线路的基础上，将旅游活动中的交通、住宿、餐饮和游览等服务项目整合，提供满足旅游者吃、住、行、游、购、娱等需要的一揽子旅游产品；作为旅游产品的销售者，旅行社招徕旅游者，推销旅游产品，所以，旅行社是旅游活动中旅游者和旅游资源的信息媒介。

2009年实施的《旅行社经营条例》规定：旅行社是指从事招徕、组织、接待旅游者等活动，为旅游者提供相关旅游服务，开展国内旅游业务、入境旅游业务或者出境旅游业务的企业法人。欧美国家旅行社主要分为两大类，第一类是旅游批发经营商。旅游批发经营商是主要经营批发业务的旅行社或旅游公司。批发业务是指旅行社根据自己对市场需求的了解和预测，大批量地订购交通运输公司、饭店、目的地经营接待业务的旅行社、旅游景点等有关旅游企业的产品和服务，然后将这些单项产品组合成不同包价旅游线路产品，最后通过一定的销售渠道向旅游者出售。第二类是旅游零售商。旅游零售商是指主要经营零售业务的旅行社。旅游零售商以旅游代理商为典型代表，也包括其他有关的代理预订机构。一般来讲，旅游代理商的角色是代表顾客向旅游批发经营商及各有关行、宿、游、娱方面的旅游企业购买其产品；反之，也可以说旅行代理商的业务是代理上述旅游企业向旅游者销售其各自的旅游产品。①

依据不同的标准，我国旅行社分为不同的类型。早期按照级别分为一类社、二类社、三类社，分别类属于国家旅游局和各地旅游局。按照经济性质，分为全民所有制和集体所有制两类旅行社。按照旅行社经营业务的范围，分为国际社和国内社，国际社经营对外招徕并接待外国人、华侨、港澳台同胞，归国或回内地的旅游业务的旅行社；国内社是经营中国公民国内旅游业务的旅行社。按照招徕游客和接待游客分为组团社和地接社，组团社是指在出发地招徕游客，并与旅游者签订旅游合同的旅行社；地接社是指旅游目的地接待出发地组团社游客的旅行社。截至 2014 年年底，我国旅行社总数为 26650 家；2014 年全国旅行社组织出境旅游 3914.98 万人次、20911.77 万人天；全国旅行社出境旅游营业收入 1331.33 亿元，占全国旅行社旅游业务利润总量的 37.59%②；2015 年，全国纳入统计范围的旅行社共有27621 家，比上年末增长 3.6%，招徕入境游客 1416.3 万人次、6023.3 万人天，共组织国内过夜游客 13676.1 万人次、43596.3 万人天。③

另外，随着互联网和旅游电子商务的发展，在线旅游业务快速发

① 李天元：《旅游学概论》，南开大学出版社 2003 年版。

② 《国家旅游局关于 2014 年度全国旅行社统计调查情况的公报》，2015 年 10 月 8 日，中华人民共和国文化和旅游部官网，http://www.cnta.gov.cn/zwgk/tzggnew/gztz/201510/t20151008_748708.shtml。

③ 《2015 中国旅游统计调查情况的公报》，2016 年 10 月 18 日，中华人民共和国文化和旅游部官网。

展。在线预订和支付成为新的旅行社业务，进而也形成了经营在线旅游业务的"旅行社"，代表性的旅游电子商务在线机构是携程网、途牛网和同程网，这方便了旅游者选择并购买各类旅游产品。《2015—2016年中国在线旅行社市场研究报告》显示，2015年，中国旅行社市场总交易规模约为3652.9亿元，较2014年3285.1亿元同比增长11.2%。其中在线市场规模达735.5亿元，较2014年429亿元同比增长71.4%。在线渗透率为20.1%，较2014年13.1%增长约7个百分点，在线渗透率持续扩大。[①] 因此，旅游电子商务不仅对传统旅行社及其业务经营带来了巨大挑战，同时旅游电子商务化也是未来旅行社发展的趋势。

作为旅游媒介的重要组成部分，旅行社在旅游活动中具有重要作用。首先，旅行社是旅游活动的组织者。从托马斯·库克开始组织旅游活动起，旅行社的这种组织作用便不断加强。旅游者无须担心旅游活动的安排，也不用担心旅游活动中可能出现的各种问题。旅行社的这种作用推动了现代大众旅游的迅速发展。此外，旅游活动中的各种产品交替与衔接，仍是由旅行社进行组织与协调，因此，旅行社不仅是旅游者和旅游资源的联结者，也是各类旅游媒介的联结者。其次，旅行社是旅游产品和旅游服务的销售渠道。旅游交通、旅游饭店等其他旅游产品供给部门虽然也直接向旅游者出售旅游产品，但其相当数量的产品是通过旅行社出售给旅游者。在现代大众旅游发展中，旅游供给组成部分的生产者既可以借助线下旅行社，也可以借助线上旅游电子商务完成其产品的销售。尤其是长途旅游的潜在者，一般是借助旅行社的这种功能购买或预订各项旅游产品。最后，旅行社能较为迅速地传递各类信息。一方面，因为在旅游媒介的各组成部分中，旅行社最接近客源市场并且首先直接同旅游者接触，能够快速获得旅游需求信息；另一方面，由于旅行社是各类旅游产品的整合者，因而能够将旅游供给的信息传达给旅游者，所以旅行社联系供求双方的这种功

---

① 《2015—2016年中国在线旅行社市场研究报告》，2016年2月26日，电子商务研究中心，http://b2b.toocle.com/detail-6314639.html，2016-02-26。http://www.cnta.gov.cn/zwgk/lysj/201610/t20161018_786774.shtml。

能决定了旅行社在各类旅游媒介中具有价值传导作用，成为旅游媒介的三要素之一。

2. 旅游住宿业

住宿业是旅游媒介的三大组成部分之一。国内外住宿业企业的类型多样，且名称各不相同，一般有饭店、酒店、宾馆、旅馆、旅社、度假村、客栈、民宿、度假营地、驿站、帐篷基地等。这些企业向不同的旅游者提供住宿与餐饮等基本旅游服务。

住宿业的发展与演进同旅游的发展密不可分，从历史的角度研究，住宿业的发展可以划分为三个时期。一是从商业性住宿设施开始出现一直到19世纪中叶，大多数旅行与商务相关，而且一般是国内范围的旅行活动。从市场规模看，参加旅行活动的人数较少，仅仅是国内人口的一小部分。从旅行的方式看，大多数旅行者是徒步出行，能够利用的交通工具也大多是马车。人口流动规模小、交通工具简陋等决定了旅行者对住宿的要求程度不高，主要表现在数量需求较少，质量需求标准低。在这一时期，住宿业主要沿大道、主要城镇分布，住宿业的规模小，经营层次低。

二是从19世纪中叶至20世纪中叶这一时间段，这一百年是住宿业快速发展。19世纪中期后，随着近代旅游的发展和旅行社的出现，旅游活动的规模和出行方式都发生了巨大变化。铁路和轮船成为主要的交通工具，这极大地方便了人们出行。因此，传统的住宿业因旅游客源市场的快速增长开始变革，以适应规模逐渐壮大的旅游市场及其住宿要求。饭店在19世纪中叶后，接待设施与接待能力不断改进和提高，饭店和宾馆在住宿业占主要地位。

三是从20世纪中叶开始，住宿业进入发展的第三个阶段。第二次世界大战后，交通工具的现代化推动了旅游市场的扩大和需求层次的提高。旅游业进入大众旅游，特别是现代旅游时代，以度假、消遣为目的的旅游者数量增长加快，他们对旅游住宿标准的提高具有促进作用。因此，汽车旅馆、度假村、度假营地以及各种自助接待设施在世界各地涌现，住宿业垄断与竞争并存的发展态势基本形成，具有典型代表性的就是饭店连锁集团占有越来越大的市场份额，其余小部分市场份额则由成千上万的独立经营的饭店企业和小型饭店共享。

　　我国住宿业的演进基本与上述三个阶段吻合，所不同的是，19世纪中叶至20世纪中叶，我国住宿业发展缓慢，但中华人民共和国成立后，特别是现阶段，我国住宿业进入快速发展通道。根据《2015年中国旅游统计公报》数据显示，截至2015年年末，全国纳入星级饭店统计管理系统的星级饭店共12327家；其中10550家星级饭店，拥有客房146.3万间，床位259.4万张；全年平均客房出租率为54.2%；这10550家星级饭店中：五星级饭店789家，四星级饭店2375家，三星级饭店5098家，二星级饭店2197家，一星级饭店91家。①调研发现，当前我国住宿业发展主要表现为：一是星级饭店运行平稳；二是中端酒店持续快速发展；三是客栈民居短租是新型亮点；四是不断进行的酒店收购和合并。基于旅游市场的不断扩大和旅游消费水平的提高，我国住宿业总体发展较好。

　　旅游住宿业是旅游发展的重要物质基础。各类旅游住宿企业的规模大小、数量多少，反映了一个国家发展旅游的物质基础，是一个国家或地区旅游发展和接待能力的重要标志之一。一般来说，旅游住宿发展较快的国家或地区，其旅游发展也较快。旅游住宿中的旅游饭店不仅为旅游者提供旅游住宿和餐饮服务，同时还是旅游目的地居民和旅游者的文娱、社交、购物、保健的物质条件。尤其是星级饭店，能够满足旅游者高消费需求，其本身也是一个有吸引力的旅游资源。另外，旅游住宿企业是国家积累建设资金和外汇收入的渠道之一。根据《2015年中国旅游统计公报》，2015年年底，全国纳入星级饭店统计管理系统的星级饭店共计12327家，其中10550家完成了2015年财务状况表的填报，并通过省级旅游行政管理部门审核。其中，全国10550家星级饭店，拥有固定资产原值5461.3亿元；实现营业收入总额2106.8亿元；上缴营业税金136.5亿元；全年平均客房出租率为54.2%；全国2426家国有星级饭店，2015年共实现营业收入503.4亿元，上缴营业税金27.4亿元；全国外商和港澳台投资兴建的383家星级饭店，全年共实现营业收入203.1亿元；上缴营业税金

---

　　① 《2015中国旅游统计调查情况的公报》，2016年10月18日，中华人民共和国文化和旅游部官网。

11.3 亿元。① 再次，旅游住宿业是当前解决就业的主要方式之一。以饭店为例，饭店的建设和经营为相关行业创造了业务市场，因此，饭店既能提供直接就业岗位，也推进了其他行业的用工需求。最后需要强调的是旅游饭店在完成旅游活动的过程中，也是目的地国家或地区文化、科学、技术交流和社会交往的重要场所。

3. 旅游交通

旅游交通是实现旅游者空间转移的重要手段和途径。不论是短途旅游还是长途旅游，旅游活动都是旅游者离开常住地前往目的地国家（地区）的游览参观活动，任何一种旅游活动都具有空间变化的特征。早期人类经济社会欠发达，科学技术水平较低，旅游规模小的原因之一是受到旅游交通的限制。第二次世界大战后，科学技术的快速发展，飞机作为新式交通工具开始用于旅游业，促成了国际旅游和远距离旅游的迅速发展，这不仅解决了空间转移的途径问题，也因为这种新式交通工具大大节约了交通时间。因此，旅游交通对旅游活动具有重要意义。

旅游交通的作用表现在多个方面。首先，从需求的角度衡量，旅游交通是旅游者完成旅游活动的先决条件。旅游者在外出旅游时，第一要解决的是到达目的地的问题，通过采用适当的旅行方式抵达旅游地。同时，采用不同的交通工具所耗费的时间，也是需要考虑和解决的问题。其次，从供给的角度分析，旅游交通是旅游发展的基本条件。当代中国旅游的发展，印证了该观点。旅游交通的便捷和顺畅是衡量旅游目的地旅游可进入性的唯一指标。改革开放以来，我国政府不断加快交通建设和发展，不仅加速了交通道路的建设，也为旅游者出行提供了各种交通工具，极大地推动了国内旅游的扩张。最后，旅游交通是旅游业的重要组成部分，其本身也是旅游收入和旅游创汇的重要来源。人们离开常住地外出旅游期间，无论是从居住地到旅游目的地，还是在目的地不同地点的往来，都需要借助各种交通工具，需要支付交通费用。这些费用属于基本旅游消费，是旅游者在旅游活动

---

① 《2015 中国旅游统计调查情况的公报》，2016 年 10 月 18 日，中华人民共和国文化和旅游部官网。

中必须支付的项目，因此是旅游收入的稳定来源。

汽车、飞机、火车和轮船是主要的交通工具。乘汽车外出旅游表现为自驾游、包车游、租车游等多种形式。2017 年国庆、中秋双节期间，全国自驾游（跨市）游客达到 3213 万人次，自驾游客平均出游时长达 54.44 小时，平均出游距离达 234.87 公里。[①] 根据神州租车大数据和神州租车的《2017 国庆自驾游大数据》显示，近五年国庆期间租车预订量持续增长，2017 年国庆黄金周基本有六成用户用车需求集中在 10 月 1—3 日和 5—8 日这几个时段之间，同时国内订单的平均租期约为 4.5 天。[②] 旅游者选择汽车作为交通工具，主要原因有以下几点：一是私家车的普及；二是高速公路的建设，各高速公路网的发展，尤其近些年不同地区不断改造和延伸旅游交通；三是旅游区内景点间的公路连接，汽车是便捷的转乘工具；四是汽车出游自由灵活，旅游者可以随机停车停留，这也是近些年自驾游出行的重要原因之一。

飞机是长途旅游较好的交通工具。第二次世界大战后，随着喷气技术在民用航空运输领域的应用以及大型客机的广泛使用，同时航空运输价格不断下调，航空旅游市场的规模迅速扩大。航空旅行的优势是快捷高效。一般大中型客机的飞行时速为 700—800 公里，是汽车、火车速度的数倍。因此，选择航空出行时，旅途中所花费的时间相对最少；另外，航空座位设计舒适、设备先进、服务周到，且耗时短，旅游者可以比较舒适地度过旅途生活。航空客运业务分为定期航班服务和包机服务两类。定期航班服务是指在既定的国内或国际航线上按照既定时间表提供客运服务。包机服务是一种不定期的航空包乘服务。随着 20 世纪 60 年代大众旅游的兴起，旅游包机业务发展很快。民航行业市场调查分析报告表明，我国民航发展突飞猛进。90 年代初期我国民航旅客周转 230.48 亿人公里，开辟 437 条航线，其中国内航线 385 条；到 2015 年，全民航旅客周转量翻了 30 倍，实现旅客

① 《旅游对泛消费行业综合贡献度已超 70%》，《中国旅游报》2017 年 10 月 18 日，光明网，http://travel.gmw.cn/2017-10/18/content_26536158.htm。

② 《2017 国庆自驾游大数据》，2017 年 9 月 21 日，人民网，http://gz.people.com.cn/n2/2017/0921/c372080-30760140.html。

周转 7270.7 亿人公里，年复合增速达到 15%，总航线达到 3142 条，其中国内航线 2652 条。①

火车在世界旅游发展史上，对旅游活动发展有过重大影响。从全世界范围看，铁路问世后的百余年中，火车在提供客运交通服务方面发挥巨大作用。虽然 20 世纪 50 年代后，火车在客运交通的地位逐渐被飞机和汽车所取代，但随着现代高速铁路技术的飞速发展，火车又成为大多数旅游者出行首选的交通工具。截至 2013 年年底，我国高速铁路营业里程 11152 公里，其中时速 300—350 公里线路 6354 公里，时速 200—250 公里线路 4798 公里。"四纵四横"构架中，京沪、京广、哈大、东南沿海、沪汉蓉、陇海郑宝段等线路已开通运营。②2017 年国庆假期，全国铁路发送旅客 1.32 亿人次，同比增加 1364 万人次。③ 随着人们环保意识的增强和对可持续发展的关注，越来越多的游客选择火车作为出行工具。

水路客运服务包括远程定期班轮服务、海上短程渡轮服务、游船服务和内核客运服务。有固定航线的远程定期班轮服务自 20 世纪 50 年代以后衰落。目前，这种服务在世界各地存在较少，少数存在的远程定期海上客运班轮一般只是季节性经营。同远洋客运服务相比，短程海上渡轮服务自第二次世界大战以来，特别是自 20 世纪 60 年代大众旅游兴起以后，有相当长一段时间较快发展。同时作为度假形式的海上巡游也开始发展。在远洋客运衰落时，一些轮船公司转而经营巡游服务。显而易见，游船已经基本不再是解决交通问题的旅游工具，而是转变成一种特殊形式的旅游项目。根据世界邮轮协会（CLIA）数据，2014 年全球邮轮游客数达到 2210 万人次，增速 3.76%④；据中国交通运输协会邮轮游艇分会（CCYIA）统计，2015 年我国有 10

---

① 《中国航空航天行业分析综述》，2017 年 3 月，文档网，https：//max. book118. com/html/2017/0330/98005337. shtml。

② 《基于信令分析的高铁 wcdma 用户感知评估的新方法》，豆丁网，http：//www. do-cin. com/p－1278938887. html。

③ 《铁路累计发送旅客突破 1.3 亿人次》，2017 年 10 月，新浪网，http：//news. sina. com. cn/c/2017－10－10/doc－ifymrcmm9766858. shtml。

④ 《2016 年中国邮轮队运力现状及邮轮市场规模分析》，2016 年 12 月 12 日，中国产业信息网，http：//www. chyxx. com/industry/201612/480345. html。

个港口接待过邮轮，全国共接待邮轮629艘次，同比增长35%；邮轮游客出入境2480454人次（124.0227万人）。① 2016年上半年中国邮轮市场的出游人次达180.3万人次，收入34.2亿元，其中来自在线邮轮市场的收入达18.6亿元，占比54.4%。② 我国邮轮产业发展处于培育期、粗放式的起步发展阶段，发展力量主要集中在邮轮政策制定、邮轮码头建设、邮轮船队引进、邮轮旅游观光和接待等方面，在邮轮管理、邮轮产业规划、邮轮制造、邮轮服务体系、邮轮市场机制、邮轮消费理念等方面还存在许多空白和不足；未来我国邮轮产业发展需要相关政策扶持发展本土邮轮船队、加快推动中国本土邮轮制造业起步发展等。

---

① 《2015中国邮轮产业发展报告》，2016年3月2日，中国网，http：//www.china.com.cn/travel/txt/2016－03/02/content_ 37913080.htm。

② 《2016年上半年在线邮轮市场规模18.6亿元OTA占比超七成》，2016年7月12日，凤凰资讯，http：//news.ifeng.com/a/20160711/49333314_ 0.shtml。

第二章　旅游生产力与旅游影响

第一节　旅游生产力

一　旅游经济要素的转化

旅游经济要素成为现实的旅游生产力，需要有一个转化过程，这个过程受到诸多因素的影响和制约，包括旅游需求、经济体制、管理体制等。

1. 旅游经济要素转化的条件

首先，旅游需求是旅游经济要素转化的必需条件，有强烈的旅游需求，才会有满足这种需求的生产，才能形成完善的生产力系统。目前，我国进入大众旅游时代，旅游需求旺盛，为旅游生产力形成奠定了坚实基础。

其次，不同的经济体制和经济运行方式对旅游经济要素向旅游生产力转化会产生不同的影响。传统的计划经济体制难以实现旅游资源的合理配置，旅游企业缺乏内在的动力、激励与自律机制。只有在市场经济条件下，旅游企业产权明晰、自负盈亏，才能自觉运用价值规律，在分析旅游者需求的基础上，开发适销对路的旅游产品，独立组织旅游产品的生产和经营，达到利润最大化。同时，旅游企业通过相互之间的参股和控股，组建以资本为纽带，跨地区、跨行业、跨部门的旅游企业集团才能对旅游资源进行合理开发，对旅游设施进行配套建设，从而逐步实现旅游产品和旅游服务的规模化、有序化和标准化，推动旅游要素在更高层次上转化。

最后，旅游管理体制是旅游经济要素顺利转化为现实生产力的重要条件，它对旅游经济要素转化的规模和效能有重大影响。随着旅游业规模的扩大和行业壁垒的消除，出现了全国办旅游和全民办旅游的局面，旅游业发展速度明显加快，但宏观管理的难度也成倍增加。以地区、行业和部门分割为特征的旅游管理体制使游离于地区或部门之外的旅游经济要素难以向旅游生产力转化，资源浪费严重，生产力体系不完善，生产力水平也不高。因此，有必要进一步深化旅游管理体制的改革。

2. 合理组织旅游经济要素的转化

旅游经济要素的转化是一个十分复杂的过程，科学地组织这一过程，对旅游经济活动的正常运行、旅游经济效益和社会效益的增长具有重要意义。我国旅游经济活动的实践表明，旅游经济要素向旅游生产力转化的过程中存在两方面问题。一是游离问题，即有相当部分旅游经济要素游离于旅游生产力系统之外，没有转化为现实的旅游生产力。主要是因为旅游管理体制的条块分割和宏观管理职能的弱化，这使旅游生产力的增长、旅游经济效益的提高都会产生消极影响。二是无序问题，即由于旅游投资利益的差别和总体规划的无力所引起的旅游经济要素及各要素的组成部分在质和量上的均衡性与比例性遭到破坏。例如，重视对旅游服务设施的建设，忽视对旅游基础设施的建设；重视文化古迹等旅游资源的开发，忽视民族性、参与性资源的开发；重视硬件建设，忽视软件开发等。旅游经济要素转化过程中的无序性极大地阻碍了旅游经济向高质量、高效益和高功能的发展目标。

二　旅游生产力

旅游生产力是由旅游资源形成的吸引力、旅游服务形成的服务能力和旅游设施形成的接待能力三者共同构成的综合能力。

1. 旅游吸引力

旅游吸引力是指旅游目的地凭借其丰富的旅游资源和鲜明的旅游特色，影响旅游者在目的地选择时所发挥的作用力。

$$旅游吸引力 = f（旅游资源、旅游特色）$$

旅游吸引力越大，意味着目的地国家（地区）潜在的旅游者越多；旅游吸引力越小，则潜在的旅游者会越少。另外，旅游吸引力是旅游生产力形成的先决条件，由旅游吸引力刺激的旅游客源市场及其规模直接影响一国（地区）旅游经济发展。

2. 旅游服务力

旅游服务力是指旅游目的地满足旅游者需求而提供的服务能力。这里的服务能力指满足旅游者吃、住、行、游、购、娱的旅游服务需求的能力，主要表现为：导游服务、餐饮服务、交通服务、购物服务、住宿服务等。旅游服务力决定旅游活动的品质，旅游服务力越强，一般旅游者越满意，会产生二次旅游或口碑效应。

旅游服务力 = f（导游服务、餐饮服务、住宿服务、交通服务、购物服务等）

3. 旅游接待力

旅游接待力是指旅游目的地接待旅游者展开旅游活动的能力。

旅游接待力 = f（旅游目的地包容度、环境承载度、交通的便捷度等）

旅游接待力是旅游生产力的重要组成部分，目的地包容度是从客观和主观两个方面描述旅游接待力。客观层面是指旅游目的地空间的容纳能力，主观层面是指目的地社区居民参与旅游的能力；环境承载度描述旅游目的地能容纳的最大旅游者数量；交通便捷度指旅游目的地的可进入性。因此，旅游接待力决定旅游活动的时空转换的顺畅度。

旅游生产力是一个完整的系统，内含旅游资源、旅游设施、旅游服务三个子系统，三个子系统紧密结合、不可分离，任何一个子系统的变化必然引起旅游生产力系统的整体变化，旅游生产力系统就是在这种变化中运行的。

一个完整的旅游生产力系统，要求系统内的各子系统至今保持质的均衡性和量的比例性。质的均衡性要求旅游资源、旅游设施和旅游服务的类型与功能相互协调，做到项目配套、功能适应、总质量统一。量的比例性要求数量与容量相互协调，达到数量适中、容量适合。只有当各个子系统在质上保持均衡、在量上比例合理的条件下，才能形成一个完整有效的旅游生产力系统。旅游生产力越发达，越要求旅游吸引力、旅游服务力和旅游接待力之间保持质的均衡和量的比例。

同时，旅游生产力用来衡量一国（地区）旅游经济发展的程度。一般情况下，旅游生产力越发达，目的地旅游经济发展越发达。

第二节 旅游的影响

旅游活动对旅游输出国和旅游接待国（地区）在社会文化、环境和经济三个方面既有积极影响，又存在消极影响。从社会文化和环境两个层面的影响看，一般不会对客源地造成影响，但接待国（地区）则易受到旅游活动的影响，有的方面是积极的影响，有的方面是消极的影响；从经济层面的影响分析，旅游活动对客源国和目的地国家（地区）会产生积极和消极的影响。本书主要研究旅游活动对目的地国家（地区）产生的社会文化、环境和经济方面的影响。

一 旅游的社会文化影响

旅游对目的地国家（地区）社会文化的影响表现在多个方面，例如，王妙等认为旅游接待地的居民向旅游者模仿，同时指出这种模仿不仅反映在当地居民，在旅游企业的从业人员身上也有明显反映。郑本法认为旅游使目的地居民有更强的经济观念。刘丹青分析了旅游地居民文化心理的若干外在表现形式及其变化。李星明认为接待地居民尤其是年轻人模仿游客的消费方式和行为。李祝舜等通过研究欠发达旅游接待地的社会文化变迁过程指出，旅游者的示范效应在引起当地居民的心理和当地的社会心理变化。同时也有学者指出，旅游也带来了目的地社会成员结构的变化。例如，郑本法认为旅游业为当地妇女创造了就业机会，改变了她们原有的经济地位和社会地位；周宵认为旅游活动的开展使接待地的社会组织基础发生改变，社会分层扩大；

旅游开发吸引了外来人员务工，在某种程度上加速了那些处于边远地带的旅游接待地的城市化进程。[①] 旅游活动的社会文化影响是双向的，有的有利于目的地，有的则需要在旅游发展的过程中加以引导与规范。

1. 旅游社会文化影响分析

首先，从国家和地区层面看，旅游有助于增进国家间、地区间的相互交流。旅游活动通过考察、游玩、会议、演讲、报告等各种形式，使旅游从业者、旅游者、社区居民、其他旅游群体或个体，直接了解目的地的山川地貌、风土人情、生产生活方式、习俗、建设成就、文物古迹、民族传统、道德法律等，实现不同地域的人们之间的交流。还有利于促进民族文化的保护与发展。随着旅游活动的进行，一些几乎被遗忘的民风民俗和文化活动重新得到开发和恢复；传统的民间手工艺品因为旅游需求重新纳入旅游产品体系；民间音乐、舞蹈、戏曲等进行旅游开发和利用；长期濒临湮灭的古建筑得到保护和修缮。旅游也有助于推动科学技术的交流。一些旅游活动主要内容或形式就是学术交流、座谈、考察，还有一些商务旅游活动也是以科技交流、谈判为内容和目的开展的。在旅游活动的过程中，旅游者和接待地展开面对面的科学技术、学术考察、商务谈判等的交流，达到各自目的。同时旅游还有助于促进公共设施和旅游设施的改善，加快目的地国家（地区）文明程度。为更好地满足旅游者的需求，吸引更多的游客前来旅行，目的地最直接的措施就是加快硬件设施和软件服务投资与建设，从而提高目的地整体形象。

从目的地居民的层面看，旅游有助于提高居民素质与素养。旅游互动的经济贡献激励目的地政府和居民共同致力于形象与涵养建设。政府不仅借助行业规范、职业道德等大力约束和提高旅游从业人员的素质与素养，同时从区域形象、旅游参与等角度引导和激励本地居民实行自我约束，并提升素养。例如社区居民在旅游旺季参与旅游志愿服务，或在本地旅游节事活动中承担志愿工作，或一些社区主动开展

---

① 《旅游对目的地社会文化影响研究综述》，2013 年 5 月 29 日，中大网校，http：//www.wangxiao.cn/lunwen/9480425266.html。

文化活动等，既吸引了大量外来游客，又培养和提升了社区居民的自我修养。因此，旅游有助于提高目的地居民素质与素养。

从文化变迁的角度分析旅游的影响，许多学者认可旅游能够影响目的地社会文化变迁的进程。李蕾蕾系统地分析了旅游作为一种跨文化传播的方式对旅游接待地地方文化认同的各种影响。陈延超、马建钊以旅游业对三亚回族传统文化的影响为例进行调研，发现传统文化既不会全部保留，也不会全部消失，并且提出适应现代需求的传统文化会得到传承和发展，不适应经济社会发展的传统部分将会被改造或减弱甚至消失。张晓萍认为旅游的文化影响需要辩证分析，对与错、好与坏不能描述旅游的社会文化影响；同时提出对传统文化的保护，并不意味着传统文化不能改变它。宗晓莲对旅游开发背景下的民族文化变迁进行了研究。田敏对旅游对民族社区的文化变迁影响及其关系进行了归纳和辩证分析。张波认为旅游能够促进地方文化的再构建、加大旅游地对外开放的程度、强化旅游地民族认同的意识。郭山提出民族传统文化的变迁是不以人的意志为转移的、客观的历史过程，传统文化传承当下的"有用性"。刘迎华等以广东海陵岛闸坡镇和海陵镇两镇为例，研究发现旅游比较成熟的闸坡镇社会文化在旅游发展的冲击下已经发生明显的变迁，而海陵镇由于涉足旅游业较少，当地社会文化没有产生实质变化。[①]

2. 旅游社会文化影响表现

旅游对社会文化变迁的影响主要体现在四个方面：一是旅游会对社会文化变迁产生影响；二是旅游发展的过程中，优秀的和契合时代需要的传统文化得到传承与发展；三是旅游能够加快目的地社会文化变迁的范围、进程；四是旅游加速了目的地文化传播的深度和广度，加快了文化创新的步伐和文化产业发展的速度。

在跨文化的旅游活动中，在旅游者大量涌入带来外来文化与旅游地文化碰撞交融过程中，旅游地社会文化变迁中必然存在不良或不利

---

① 《旅游对目的地社会文化影响研究综述》，2013 年 5 月 29 日，中大网校，http://www.wangxiao.cn/lunwen/9480425266.html；王璐璐：《国内旅游对目的地社会文化影响研究的理论综述》，《黔东南民族师范高等专科学校学报》2006 年第 1 期。

于目的地社会文化的方面。例如，旅游发展导致民俗风情同质化和庸俗化；民俗旅游发展中的民俗风情粗糙低俗现象；传统文化旅游资源商品化等。同时，旅游活动中的不良"示范效应"影响目的地居民和从业人员的价值观和社会观。另外，任何旅游目的地的承载能力都是有限的。外来游客的大量涌入在一定程度上影响了社区居民的生产生活空间，甚至产生物价上升等不利于目的地居民的问题与现象①。

因此，旅游地在旅游发展中通过建立科学合理的管理机制强化旅游积极的社会文化影响，加快目的地文明程度的不断提高；同时，通过经济、财政、法律等手段，按照市场规律的要求，规范民族文化、传统文化等的旅游开发与利用。

二　旅游的环境影响

旅游与环境密不可分，旅游发展依托目的地自然和人文旅游资源的开发与利用。随着旅游活动大发展，旅游对环境表现出积极和消极两个方面的影响。

1. 旅游对环境的积极影响

首先，旅游发展能够带动目的地总体旅游环境的改善。地方政府加大对基础设施和公共环境改善、加大绿化面积、加快园林城市建设、科学规划区域总体发展等，这些措施总体上促进目的地空间环境改善。例如，2013年西安开始水生态文明城市建设试点，通过拉大城市空间、完善城市功能、保护城市环境、推动国际化大都市建设，推行严格的水资源管理制度，实施生态恢复"八水绕长安"的规划，促进人与水、人与城、水与城相互和谐，基本形成了城东的浐灞广运潭、城西的沣河昆明池、城南的唐城曲江湖、城北的未央汉城湖、城中的明清护城河的美丽水生态环境。

同时，地方政府在全域旅游理念指导下，引导社区、企业等相关部门加入旅游环境改善中，尤其是旅游交通"最后一公里"问题的解决，例如，关中环线旅游廊道建设，陕西沿黄公路等既有利于旅游的快速发展，也全面改善了陕西省的交通环境。

----

① 　马勇：《旅游学概论》，高等教育出版社1998年版。

另外，随着大众旅游的推进，在旅游竞争激烈的市场环境中，旅游地在完善整体环境的同时，旅游景区开发与建设向可持续发展转变，旅游资源开发与经营从之前的粗放式向精细化转变。例如，各景区在黄金周启动"景区承载力"模式；景区开发模式强调与自然环境、生态环境等匹配，在索道、酒店、餐饮等旅游服务设施建设时，充分论证其环境匹配性；景区还加强环境管理，加大景区厕所的建设等，这些手段在不同程度上保护、改进、完善了旅游景区环境。

最后需要强调的是，随着旅游对目的地经济发展的促进作用，人们普遍形成了创建美好环境和维护优良环境的意识，越来越多的社区居民加入到环境改造的队伍中。

2. 旅游对环境的消极影响

旅游发展不可避免地造成了对目的地环境的破坏。主要表现：一是旅游地，尤其是热点旅游地存在噪音污染、水污染、空气质量下降等问题。随着旅游者的大量涌入，各种排污量增加，例如污水排量、汽车尾气排量、用电量增大导致的发电燃油废气增多，同时人流量和娱乐活动带来的光污染和噪音污染显著扩大。二是对旅游区环境带来不利影响。旅游活动对旅游区环境的影响主要在于旅游活动过程产生的垃圾对景点环境的污染以及旅游活动本身对景点自然生态平衡及旅游意境的影响。目前许多旅游区水体都遭到了不同程度的污染，其中相当一部分旅游水体的透明度、色度、嗅味等指标均超过国家规定的旅游水体标准。人文景区也存在开发不合理，或游客的随意涂画，不仅缩短了历史古迹寿命，也造成了不可逆的损失。另外，无限制的旅游接待，使旅游区生态系统结构发生变化，旅游功能丧失。三是旅游开发和建设损坏了生态环境和文化的和谐性。例如，景区内开发建设酒店、娱乐设施、购物点等破坏了自然景观的美观；传统民间改建、重建，降低乡土旅游资源的价值等。总之，旅游快速发展的过程在趋利模式的指引下，必然导致环境的破坏。[①]

近些年，可持续的发展观促使了这种不利局面的改善，同时提

---

① 李天元：《旅游学概论》，南开大学出版社 2003 年版；马勇：《旅游学概论》，高等教育出版社 1998 年版。

出：强化人们对旅游所产生的环境影响的理解，强化生态意识；倡导科学合理开发以旅游资源的永续利用为前提；保护未来旅游开发赖以存在的环境质量；强调关键是建立并执行旅游承载力管理模式等，以期实现可持续的旅游发展。

三　旅游的经济影响

1. 旅游对经济的积极影响

对目的地国家（地区）来讲，旅游对经济的积极影响主要表现在：一是赚取外汇。旅游地通过接待入境旅游者直接赚取外汇。旅游创汇与传统商品出口创汇相比，是一种高效的创汇形式。旅游地不需要出口旅游产品，通常是货币随入境旅游者进入目的地，就地创汇。这种创汇成本较低，节省了商品出口中的运输费用、仓储费用、保险费用、相关税金等项目，同时不会发生运输中的损耗问题；旅游创汇不受关税影响。传统商品出口，进口国对进口商品实行配额限制，超过配额的商品设置较高的关税。另外，国家间往往因为贸易保护，调高关税；旅游创汇采取预付或现付形式结算。同一数量的外汇收入，现值或利息差额意义重大，快速实现结算能够发挥外汇更大的意义。[①]

二是加速商品流通，回笼货币。旅游是有效的回笼货币的手段。旅游活动中，旅游者购买各类旅游服务满足吃、住、行、游、购、娱的需要，这种旅游消费不仅降低了积蓄，加速了商品流通的同时，还加速了货币流通，调整了使货币流通量与商品供应量的比例，稳定了物价，避免了更多的结余存款，达到回笼货币的目的。

三是带动相关行业发展。旅游活动是旅游者离开常住地达到旅游目的地不同常规的生活形态。在这种形态中，旅游者的需求从空间位移起，就包含了交通、住宿、餐饮等方方面面，需要旅游地各方联合起来提供。例如，旅游者购买土特产品，开展采摘活动，进行农业观光等带动了农业发展；旅游者住宿与游玩则带动了建筑行业的发展；旅游娱乐、探险、医疗保健则需要目的地设备制造、医疗等的配合。正是基于旅游的关联性和带动性，专家学者提出了广义旅游业的概念。

---

① 李天元：《旅游学概论》，南开大学出版社 2003 年版。

四是带动或刺激就业。作为第三产业的重要组成部分，旅游行业在提供就业机会和解决就业问题方面有重要作用。旅游行业相对来讲属劳动密集型产业，大量工作需要从业人员手工操作，需要面对面提供服务。例如，乡村旅游为大量农闲时节的村民提供了就业机会；三次产业在与旅游的融合中吸纳了大量就业者；旅游商品的制作、宣传、流通等需要大量的从业人员；旅游酒店轮换工作制下也需要大批工作人员。

从入境旅游的角度分析，旅游地直接赚取外汇收入；从国内旅游的角度分析，随着国内旅游者的空间流动，货币在不同地区重新分配，对于旅游地而言，这是外来的经济注入，促进目的地经济收入增加。因此，旅游对于目的地国家（地区）有重要的经济作用。但是旅游地如果片面强调旅游发展会激发旅游业可能带来的负面影响。

2. 旅游对经济的不利影响

首先，过度依赖旅游的地方经济，会产生经济结构的不利变化。例如，农用地的旅游化、农业劳动力的转移、因劳动力缺失的农田闲置，进而间接产生的农产品价格上涨等一系列问题。另外工业旅游开发的同时也存在影响工业发展的因素。因此，过度强调并发展旅游，往往导致旅游地经济结构畸变。

其次，旅游活动表现出淡、旺季。旅游旺季供不应求，不断投入；旅游淡季，劳动力和资产闲置，给旅游地带来严重的经济和社会问题。例如，目前我国黄金周期间，旅游地人潮涌动，各类供应紧张；短途旅游方面，周末两天客流量较大，但工作日游客稀疏。同时，旅游需求本身与居民收入水平、旅游休闲流行时尚、旅游闲暇时间等紧密相连，任何一种因素的变化都可能造成旅游地的萧索。

最后，值得一提的是，随着旅游者大量涌入，一方面，因为旅游者相对较强的旅游支付能力可能会引起旅游地物价上升，不利于本地居民的日常生活；另一方面，随着旅游的发展，地价会迅速上升，影响当地居民的住房需求和购买能力。

尽管旅游对地方经济不可避免带来负面影响，但就整体而言，旅游对经济发展的促进作用以倍数效应的形式扩张，因此，可以通过有效的规划与管理，消除不利方面，扩大积极影响。

第三章 旅游经济及其效应

第一节 旅游业与旅游产品

一 旅游业的含义

关于旅游业的界定，人们有不同的认识，这些认识大致上有两种见解。一种认为，旅游业就是旅行社业，即招徕、组织、接待旅游者，并为旅游者代办出、入境和签证手续、车船票等有偿服务的行业。另一种认为，"旅游业是为国内外旅游者服务的一系列相互有关的行业。旅游关联到游客、旅行方式、膳宿供应设施和其他各种事物。它构成一个综合性的概念——随着时间环境不断变化的、一个正在形成统一的概念"[①]。长期以来，世界上绝大多数国家在颁布标准产业分类时，包括联合国在公布《国际标准产业分类》中，都没有将旅游业列为单独的立项产业。我国过去的《国民经济部门分类标准》中，也没有旅游业的字样，是将与之有关的经济活动划归"住宅、公用事业和居民生活服务业"一类。[②] 究其原因，主要是因为从管理学产业标准去衡量旅游业时，它不符合产业标准的规定。但在实践中，旅游业是一项实际存在的产业。在很多国家，旅游业实际上已成为国民经济中举足轻重的力量。尽管各类旅游企业的主要业务或产品严格地讲存在差异，但在涉及旅游业务方面，它们都有共同之处，这便是服务于旅游活动的开展，通过提供各自的产品和服务满足同一市场即旅游市场的需求，从而它们的不同产品也在旅游产品的旗帜下集合在一起。

---

① 李天元：《旅游学概论》，南开大学出版社 2003 年版。
② 同上。

因此，旅游业的定义是指以旅游者为对象，为其旅游活动创造便利条件并提供所需商品和服务的综合性产业。旅游业客观存在在国民经济产业构成中。一般认为，从旅游业务经营的具体部门分析，旅游业主要由三部分构成，即旅行社、旅游交通和旅游住宿部门。同其他传统产业相比较，旅游业的定义有两点明显的不同：一是旅游业的定义是从需求角度确定，而非供给角度；二是旅游业作为一项产业，其服务的对象是旅游者，而不强调其业务或产品。[①] 不论如何界定旅游业，旅游业都是将旅游者和旅游供给联系起来的媒介，在一国（或地区）经济中，扮演了重要角色。

现代旅游快速发展影响一国或一个地区经济发展。旅游业已经成为最具活力的现代产业之一。旅游业的综合性被普遍认可，例如，美国标准工业分类系统的一项调查指出，有 30 多种主要工业部门为旅游者提供服务，如铁路、城乡交通系统，包括机场运输和城市汽车系统、观光车辆和高级出租车、游览船等。[②] 根据《国内旅游和入境旅游对促进我国经济发展的比较研究》判断，国内旅游每增加 1 个百分点，国内生产总值增加 0.554628 个百分点，入境旅游每增加 1 个百分点，国内生产总值增加 0.346883 个百分点。[③] 旅游业的经济影响具体表现在对经济增量的影响、就业的影响、外汇收入的影响等方面。例如，常见的说法有：1 个旅游部门的就业可以提供 4 个其他部门的就业机会；旅游业每收入 1 元，能够带动相关部门生产经济效益 4—5 元。[④]

二　特征旅游产品和特征旅游活动

尽管旅游业在很多国家作为支柱产业，但是其独立的产业地位仍然没有得到国际社会的广泛认可。因此，评价单个旅游企业相对比较

---

① 李天元：《旅游学概论》，南开大学出版社 2003 年版。

② 黎洁：《旅游卫星账户与旅游统计制度研究》，中国旅游出版社 2007 年版，第 23—90、129—195 页。

③ 刘迎辉、郝索：《国内旅游与入境旅游对促进我国经济增长的比较研究》，《统计与决策》2009 年第 14 期。

④ 黎洁：《旅游卫星账户与旅游统计制度研究》，中国旅游出版社 2007 年版，第 23—90、129—195 页。

容易，即评价其经济效益就可以，但是在评价整体旅游业和旅游经济时，困难重重。为了评价操作的需要以及与国民经济其他产业评价相一致，以便于比较，旅游卫星账户提出特征旅游产品和旅游特征活动的概念。根据这两个概念，对现有旅游业的行业范围进行梳理，方便旅游业的产业界定。

这里引用卫星账户中"特征生产者"的概念。"特征货物和服务在该研究领域里具有代表性，而生产特征货物和服务的活动称为特征活动，进行特征活动的生产者就是特征生产者。"① 因此，在整体旅游业的范围中，尽管不同的旅游企业提供不同的产品以满足旅游者的需求。有些旅游企业的大量销售完全依靠旅游消费，而有些企业提供的产品只满足少量旅游消费。甚至有的生产活动仅仅是旅游消费满足的中间环节。但是，根据特征产品和特征生产活动，能把旅游业具体分为旅游特征企业和相关旅游企业，对应于旅游消费的细目产品，完成旅游业的产品和产业范围规定，使得旅游业能够像其他产业，如农林畜牧渔业、采矿业、制造业、建筑业等有自己的产业产品范畴，进而可以衡量其产业产出等。后文评价旅游经济效应按图3－1产品规定进行。

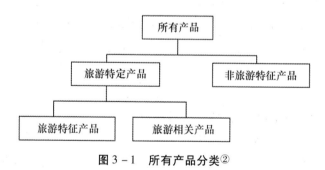

图3－1　所有产品分类②

附注：《旅游卫星账户与旅游统计制度研究》，中国旅游出版社2007年版。

对应所有产品的分类，国民经济产业范围可以进行划分，寻找与

---

① 黎洁：《旅游卫星账户与旅游统计制度研究》，中国旅游出版社2007年版，第23—90、129—195页。

② 同上。

旅游消费有关的产品。在这个产业范围中，有特征旅游产业和相关旅游产业。特征旅游产业的生产和销售完全取决于旅游消费，即没有旅游消费，这类产业产品将显著减少。而相关旅游产业则不完全取决于旅游消费。其生产活动的动力并不仅仅与旅游有关，还与其他社会消费项目相关。这样，在评价旅游经济效应时，依据不同的方法，既可以评价旅游特征产业的经济水平，也可以评价旅游消费引起的整体经济影响。一般的，旅游特征产业提供旅游特征产品，其生产活动被称为特征旅游生产活动，例如，旅游饭店、餐馆、铁路运输、航空运输、水路运输、公路运输、旅行社、文化机构、体育服务等；相关旅游产业提供旅游相关产品，其生产活动被称为相关旅游生产活动，例如，保险、金融、租赁等。[①] 需要指出的是，本书旅游业的范围是广义的旅游业，即对应旅游特征产业与相关旅游产业，而非狭义旅游业（旅行社业）的概念。广义旅游业一般包括国民经济产业类型中的交通运输业、批发和零售业、餐饮和住宿业、文化娱乐业、邮电通信业、旅行社业、居民服务业以及其他服务业等。

第二节　旅游经济系统

一　旅游消费与旅游需求

1. 旅游消费

旅游消费是旅游经济活动的起点，所谓的旅游消费指旅游者或旅游者的代表因旅行引起的或在其他旅程和目的地期间所发生的总消费支出。只要是旅游者所花费的或与旅游目的有关，无论是旅行前、旅行后或旅行期间的支出都可以定义为"旅游消费"[②]。

按照旅游卫星账户的原则与建议，旅游消费被分为三类：

（1）从消费的发生时间进行分类，分为旅行前消费、旅游期间消费和旅行后消费。即旅游消费＝旅行前消费＋旅行期间消费＋旅行后

---

① 左冰：《中国旅游产出乘数及就业乘数的初步测算》，《云南财贸学院学报》2002年第18期。

② 张德红：《TSA框架下的旅游消费特征及其影响》，《消费经济》2006年第4期。

消费。

（2）从消费的发生地进行分类，分为入境游客消费、国内旅游消费和出境旅游消费，即国内游客和入境游客的境内消费以及出境游客的境内消费。

（3）与 SNA93 保持一致，旅游消费包括游客最终消费支出、旅游实物社会转移、游客实际最终消费。

根据上述旅游消费的分类及内容发现，旅游消费包含不同消费主体的消费，不同的消费主体参与旅游活动的不同消费项目与内容。本书分析的引起旅游经济效应的旅游消费则是以上三类旅游消费，后文不再说明。但是旅游经济体系中的旅游消费远不止上述内容。旅游经济体系中的旅游消费表现在以下方面：

首先，旅游者消费是指旅游者因旅行引起的或在旅游过程中和目的地期间所发生的总消费支出。也就是只要是旅游者所花费的或与旅游目的相关的，无论是旅行前、旅行后或旅行期间的支出都可以包含在旅游消费中。这部分消费属于最终消费范畴，具有深刻的经济意义。需要指出，目前我国旅游消费统计一般是对旅游期间的花费的调查统计，在评价旅游经济效应时，往往忽略了旅游前、后花费部分的经济意义分析。例如，我国公民出境游之前，为旅游所做的所有准备都应当计入旅游消费中。

其次，旅游消费还包括带有旅游性质的消费品和资本品的出口，即满足国外旅游者的消费需求。

再次，就是政府旅游消费。包含三部分：一是旅游者消费而政府购买的旅游公共消费，例如博物馆、公园等；二是政府部门用于旅游业的行政花费；三是政府机构购买基础设施、旅游设施设备消费。

最后，包括旅游企业购买基础设施、旅游设备设施的消费项目，即通常所说的旅游投资。

其中，第三项（不包括旅游者消费而政府购买的旅游公共消费）和第四项是目的地因为旅游而产生的第一轮生产性消费，在连续的满足现有和未来旅游者消费的过程中，进而产生第二轮、第三轮、第四轮等循环渐进的经济增长。

根据以上概念的陈述，上述消费范围构成旅游需求。即旅游需求指旅游者、政府、企业等的消费需求，可见旅游需求的内涵要比旅游消费的内涵大。根据旅游消费和旅游需求勾勒出旅游经济体系的范畴如图3-2所示。

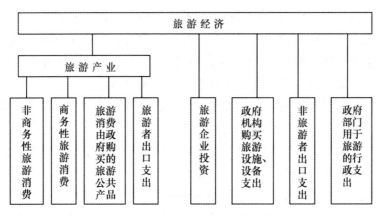

图3-2 旅游经济与旅游产业①

根据图3-2显示，旅游业是指广义的旅游业范畴，包括满足各类旅游者消费需求的行业；旅游经济则是扩展的消费主体构成的经济体系。旅游经济效应核算的旅游消费属于最终消费，核算价格为购买者价格，根据SNA93，对旅游消费支出的货物和服务核算采用商品流量法。

2. 旅游需求

从经济学意义上讲，需求是指消费者在一定时期内，依照一定价格购买某一商品或服务的欲望。旅游需求则是指人们购买旅游产品的欲望。即有一定支付能力的人购买某种旅游产品的欲望。②

旅游者的旅游需求表现出对旅游产品多个方面的需求。由于旅游活动是一种临时的、短暂的生活方式。为完成或享受这种生活方式，旅游需求就表现为出游前旅游需求，一般表现为旅游活动准备的旅游需求，包括食品、服装、日用品、旅游设备等的购买。出游中旅游需

① 李志青：《旅游业产出贡献的经济分析》，《上海经济研究》2001年第12期。
② 郝索：《旅游经济学》，中国财政经济出版社2008年版，第44—62页。

求，一般表现为对吃、住、行、游、购、娱的需求。旅游活动结束后的旅游需求通常表现为看望亲朋好友、照片处理等需求。

不仅作为旅游活动的主体，旅游者的需求表现为多个方面，同时企业和政府，为保证企业运转、公共产品提供，同样也产生旅游需求。因此，广义旅游需求是指因旅游活动而产生的多种需求。从而旅游需求与广义旅游消费的概念是一致的。但是，一般旅游统计在对旅游需求进行统计时，主要根据旅游者花费状况，即旅游者需求的统计。现有统计仅仅根据狭义旅游消费的相关数据。

面对不同的旅游主体，旅游需求表现出多样性，这就加大了旅游需求的统计难度。在统计过程中，首先必须要筛选有效的旅游需求，同时实现对有效需求的计量。我国现有统计计量都是事后计量，是针对事后现实旅游消费的统计。如 2005 年陕西省旅游收入 353.3 亿元。353.3 亿元描述了 2005 年全年来陕旅游的国内旅游者和入境旅游者的旅游消费。从这个角度提供的数据实际上是将旅游者旅游消费视为旅游需求。很显然，这个旅游需求的范围是有限的。①

二 旅游供给

经济学意义上的供给是指在一定时期内以一定价格向市场提供的商品数量。旅游供给则是指在一定时期内以一定价格向旅游市场提供旅游产品的数量，具体包括旅游业经营者向旅游者提供的旅游资源、旅游设施和旅游服务。②

按照与旅游需求的密切和相关程度，旅游供给划分为两大类，即基本旅游供给和辅助旅游供给。基本旅游供给是指直接针对旅游者需要而提供的旅游产品，如旅游景区、旅游设施、旅游服务。其供给主体一般是旅游企业，即旅游饭店、旅行社、旅游景区、旅游娱乐等。辅助旅游供给是指旅游地的基础设施，主要包括交通、通信、医疗、能源系统和城市公用设施。它是旅游活动得以进行的前提，是旅游供给中不可缺少的组成部分，其供给主体一般是政府。

---

① 王晶：《我国旅游统计现状分析》，《统计实践》2008 年第 1 期。
② 葛宇青：《旅游卫星账户的发展与方法研究》，《旅游学刊》2007 年第 7 期。

由于旅游产品具有综合性、不可转移性、无形性、生产和消费的同一性等特点，因此旅游产品的供给必须通过一定时期、一定地区或部门接待的游客人数和人均支出来计量。[①]

实体经济中的旅游相关行业种类众多，如何判断该行业供给了旅游产品，该行业总供给中旅游供给占多少比例，这些问题的解决不仅仅取决于供给研究，还需要联系旅游需求与消费。因此，特征旅游行业的供给统计相对简单，现有统计提供了相关数据，但是相关旅游行业的供给在实际研究中就需要进行剥离。

三　旅游需求和旅游供给的统一

旅游需求是从旅游者的角度研究旅游经济，判断旅游经济的发展能力。旅游供给是以满足旅游者需求程度研究旅游经济，判断某一国家或地区旅游经济的吸引能力。而由旅游需求和旅游供给综合形成的经济发展影响能力，则是从外生的角度判断旅游的经济效应。

首先看简单的旅游需求与旅游供给的关系，如图3-3所示。

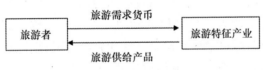

图3-3　简单经济形态下的旅游交换

假设简单社会经济单位，只存在一位旅游者，该旅游者可以直接联系并购买所需旅游产品，在一次旅游活动后，旅游者消费 n 元等于旅游特征产业获得毛收入 n 元。现在扩大社会经济单位，有 x 位旅游者，其他条件不变，全社会因旅游消费获得 nx 元毛收入。

在存在扩大再生产、旅游规模不断扩大的社会，尽管表面旅游消费流入旅游特征产业和相关产业，即旅游需求引起的货币消费数额和这些旅游产业毛收入相等。但是旅游产业也要组织生产，购买物资，其生产性消费流入到其他产业。

---

① 王晶：《我国旅游统计现状分析》，《统计实践》2008 年第 1 期。

其他产业又开始生产性消费，社会经济在一轮又一轮的组织生产中持续进行。最终旅游消费的一定货币实现所有企业组织生产、实现营业收入等扩大化形式，见图 3 - 4。用公式表示为：

$$Z = k \cdot F(y) \tag{3.1}$$

Z 表示全社会产值，

k 表示旅游经济效应系数，

F（y）表示全社会生产总值是旅游消费 y 的函数。

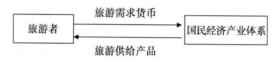

图 3 - 4　扩大再生产经济形态下的旅游交换

核算旅游的经济效应既可以从需求的角度，也可以从供给的角度进行。早期自发的旅游活动逐渐催生了旅游供给，随着社会生产力的发展，有组织的旅游活动加快了旅游供给的发展，现代旅游更成为人们日常生活的需求之一。广泛而具有活力的旅游活动产生了多种需求的旅游者，需求成为产生供给的动力。例如，休闲度假、疗养医疗、探亲访友、商务会议、体育修学、文化宗教等是现代旅游者出行的一般目的，同时还出现了后现代旅游现象。后现代旅游注重回归、参与、体验、冒险刺激等。于是丰富内涵的旅游激发了多种形式的旅游供给。正因如此，左冰的《旅游的经济效应分析》一文中，从消费的视角对中国旅游的经济效应进行了分析。[①] 实际上，仅仅强调旅游需求与旅游消费，是有弊端的。

也有学者坚持"供给产生需求"，就是因为旅游目的地有满足旅游目的的资源形态，旅游者才会决定选择去某一地方旅游。因此，强调从供给的角度分析旅游经济效应。新疆大学博士生张滢就是从供给角度分析了乌鲁木齐市旅游的经济效应。[②] 但是，这种观点也存在弊

① 左冰：《旅游的经济效应分析》，硕士论文库，旅游教育出版社 2001 年版。

② 张滢：《旅游经济的效应与实证研究——以乌鲁木齐市为例》，硕士学位论文，新疆大学，2006 年。

端，例如，旅游供给如何判断？经济数量是多少？依据是什么？又例如，由于资源的垄断性，尽管旅游供给非常有限，仍然有旅游者选择该目的地，这也是供给决定旅游需求吗？这种现象该如何解释呢？可见不能从单一的角度分析旅游的经济效应。

在整体经济活动中，需求与供给实际上是统一的。从货币价值角度判断，实际具有支付能力的需求与以一定价格供给的内涵是一致的。正如本节对不同社会形态下旅游的分析那样，需求在一次循环中产生了等量的供给；在扩大再循环中，不同供给满足不同层面需求，最终扩大产值。因此，旅游需求与供给是统一的。本书主张将供给与需求融合，由需求判断各类供给，从而获得因旅游消费而引起的经济效应，即旅游增加值。旅游增加值是指由旅游业和经济体的其他产业为响应境内旅游消费而产生的增加值。即包括所有向游客和未来游客或为了其利益的第三者提供货物和服务的过程中所产生的增加值。旅游业增加值是指所有特征旅游产业和相关旅游产业增加值的合计，不管其产出是否全部提供给游客，也不管其生产过程中的转化程度如何。他不计游客消费对可能服务于他们的其他生产活动（如旅游相关产业或非旅游特征产业）的影响。由于旅游增加值和旅游业增加值的核算范围不同，因此，二者的核算方法也就完全不同。

第三节　旅游经济效应

从早期的旅游需求激发旅游供给，到现代的旅游供给刺激旅游需求，旅游活动进入持续蓬勃的发展时期。旅游消费比以往任何一个历史时期所带给目的地国家或地区更显著的作用，许多国家和地区都把旅游业作为经济发展的支柱之一。首先，入境旅游活动使目的地得到外汇收入。这些外汇从经济收入的角度分析，是目的地经济总量的增加。其次，国内旅游者的旅游消费，是在一国范围内的财富的重新分配。虽然从表面上看，没有增加一个国家总的财富总量，但是在经济的不断循环发展中，这种旅游消费和旅游收入却是影响经济发展的重要动力。西方经济学乘数效应理论描述："增加一笔投资会带来大于这笔增加额数倍的国民收入增加——即国民收入的增加额大于投资本身的增加额。"① 国内旅游正是这种经济助推器,加快了货币的循环速度,增加了不同阶层的收入,最终使得地区经济产值增加。不论是旅游外汇收入,还是国内旅游收入,对于目的地的影响是显而易见的,旅游收入直接或间接地参与并引发了目的地经济的扩大再循环,在经济体系连锁效应的带动下,导致社会收益的增加。

一 旅游收入和分配

1. 旅游收入

旅游收入是衡量某一国家或地区旅游业发展程度和旅游经济收益的重要指标。它对平衡国际收支、促进经济发展有着重要作用。它是指旅游目的地在一定时期内(以年、季度、月为计算单位),通过销售旅游产品所获得的全部货币收入,属于事后统计。

旅游产品是一种组合产品,由此决定旅游收入是多样的。它不仅包括旅行社向旅游者销售整体旅游产品所获得的收入,也包括各类旅游企业向旅游者提供交通、住宿、饮食、游览、娱乐等单项旅游产品所获得的收入,还包括旅游目的地通过向旅游者出售旅游商品和其他劳务所获得的收入。从旅游消费的阶段看,旅游收入包括旅游活动出发前旅游消费收入,旅游活动中旅游消费收入和旅游活动结束后旅游消费收入。因此,对应不同旅游产品、不同消费区域,旅游收入流入到不同的收入主体。

2. 旅游收入的分类

按照旅游收入的性质,分为基本旅游收入和非基本旅游收入。基本旅游收入是指旅游部门和交通部门向旅游者提供旅游设施、旅游物品和旅游服务等所获得的货币收入的总和,即旅游者在旅游过程中必须支出的费用。如果没有旅游者以及旅游者的这种消费,旅游企业和部门将出现严重的滞销和明显的收入减少。因此,这部分旅游收入是旅游经济效应的支撑。非基本旅游收入是指其他相关部门向旅游者提供设施、物品和服务所获得的货币收入,即旅游者在旅游过程中可能发生的消费支出,如邮电通信费、医疗保健费、修理费、咨询费及购

---

① 高鸿叶:《西方经济学》,中国人民大学出版社 2007 年版。

物的费用等。旅游者及其消费的下降不会明显影响这些部门和企业旅游收入的降低。

按照旅游收入的来源，分为国内旅游收入和国际旅游收入。国内旅游收入是指经营国内旅游业务所获得的本币收入。它来源于国内居民在本国的旅游，实质上是一部分产品价值的实现过程，属于国民收入再分配范畴，不会增加国民收入。国际旅游收入是指经营入境旅游业务所获得的外国货币，通常被称为旅游外汇收入。它来源于外国旅游者在旅游目的地的境内旅游消费，是社会财富在不同国家之间的转移。它表现为目的地国家或地区社会价值总量的增加。在实际统计中，国内旅游收入与国内旅游消费是相等的。国际旅游收入与国际旅游消费则不相等。

国际旅游收入 = 国际旅游消费 − 国际交通费 − 外国旅游商利润

衡量旅游收入有两个重要指标。一个是旅游收入总额，即一定时期旅游目的地销售旅游产品所获得的货币收入的总额，是一项综合性指标。另一个指标是人均旅游收入，即一定时期内每个旅游者在旅游目的地的平均支出额。通常通过人均旅游消费结构作为旅游收入在不同行业、部门旅游收入划分的比例原则。

3. 旅游收入分配

与国民收入分配方式相同，旅游收入也是经过初次分配和再分配两个过程。

一是旅游收入的初次分配。旅游收入的初次分配主要是在直接经营旅游业务的部门和企业之间进行，即在饭店、旅行社、交通运输、游览和娱乐等核心旅游企业之间进行，见图 3 − 5。旅游收入包括：生产旅游产品所耗费的物化劳动和活劳动的价值补偿部分、上交的税金和旅游企业利润。

二是旅游收入的再分配。旅游收入的再分配是指在间接从事旅游服务的部门间或企业间进行，见图 3 − 6。其主要形式和内容是：

（1）旅游企业为了进行再生产，补偿消耗掉的物质设备和原材料，进而购买有关生产资料。特征旅游企业的再生产运动将一部分旅游收入转移到了供应生产资料的有关部门和企业。

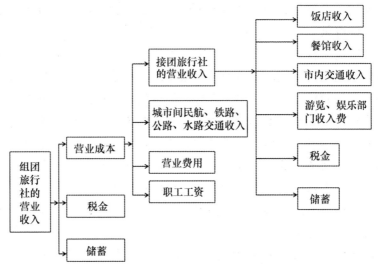

图 3 - 5　旅游收入初次分配图①

（2）旅游企业为了进行再生产，还必须补偿活劳动的消耗，企业职工要购买各种生活资料，来满足他们的物质和文化需求。因此，直接从事旅游业务的企业和部门与供应生活资料的部门发生经济联系，在初次分配中以工资形式存在的一部分旅游收入转移到供应生活资料的有关部门企业。

（3）在旅游收入的初次分配中，特征旅游企业上缴的税金构成国家财政收入的一部分，国家财政通过预算支出的方式实现旅游收入再分配，其中一部分用于旅游公共产品供给，进一步促进旅游业的扩大再生产。

（4）在旅游收入的初次分配中，旅游企业的纯利润为公积金、公益金和投资者的回报三部分。公积金主要用于企业追加投资以及开发新产品或新技术的改造；公益金主要用于提高职工福利或津贴等；投资者回报主要用于个人消费。因此，初次分配中以利润形式存在的一部分旅游收入就转移到供应生产资料和生活资料的有关部门和企业。

---

①　参见郝索《旅游经济学》，中国财政经济出版社 2009 年版，第 44—62 页。

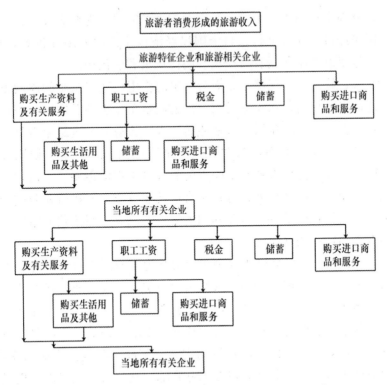

图 3 - 6　旅游收入在目的地经济中的流动示意图①

（5）在再分配中，旅游收入还有一部分流向金融部门以支付贷款利息、支付给保险部门。因此，又有一部分旅游收入转移到这些相关部门。

旅游收入在初次分配的基础上，在全社会范围内又进行了再分配，众多部门得到相应收入，这是旅游业再生产过程的客观结果，同时也反映了旅游经济对国民经济的推动作用。

4．旅游经济推动国民经济的表现

图 3 - 7 表明，旅游收入参与国民经济循环发展时，从不同方面推动经济的发展。主要表现在以下方面：

首先，旅游实现了国民经济所有有关产业的旅游产出。第一轮分配表明，旅游特征企业和旅游相关产业产出得到实现；随着第二轮的

① 参见李天元《旅游学概论》，南开大学出版社 2003 年版，作者有改动。

进行，其他企业因为满足第一轮企业的生产需要，这些企业的产出实现；国民经济的往复进行，整个国民经济体系产出实现并倍数增加。当然，这里的产出包括直接产出、间接产出和引致产出。

其次，旅游在实现就业方面有突出的作用。现代旅游的蓬勃发展使旅游需求与旅游供给不断升级。旅游的触角几乎涉及国民经济的所有产业。例如，工业旅游、农业旅游、太空旅游等。满足旅游需求的生产活动形成众多的岗位与职位，上至管理岗位，下至一线服务岗位，解决了许多隐性失业和下岗再就业人员工作的需要。一般地，旅游就业效应包含两个层面，分别是直接就业效应和间接就业效应。所谓直接就业指在旅游特征行业和相关行业的就业；间接就业指所有与旅游有关的行业的就业。

最后，旅游的发展既需要国民经济其他产业的支持，同时又可以带动相关产业的发展。例如，旅游供给的实现需要工业、建筑业、化工业、制造业等产业的支持。以某一旅游风景区建设为例。在项目完成的过程中，需要建筑材料、科学技术、设施设备等。不论是旅游基础设施还是旅游服务设施的建设与完善，都离不开其他产业的支持。旅游最显著的产业相关性表现在工业旅游、农业旅游的出现。现代旅游将旅游与工业、农业完美结合，使得生产线路、厂房、流程、工艺成为旅游产品的组成部分。现代旅游需求已不仅仅是旅游业组织生产，满足旅游者的需求，而是需要国民经济体系所有关联产业密切配合，从而形成一个庞大的供给体系，以满足旅游者的多样化需求。这个复杂而庞大的体系的源头很简单，是一种人类特殊的需求——旅游活动，正是它产生了这样的效应。

二　旅游经济效应的内涵

旅游收入分配与再分配参与经济社会往复不断的循环过程，犹如不断的货币资金注入，产生了 $Z = k \cdot F(y)$ 的价值贡献。理论界最早关注旅游经济效应始于人们对乘数的认识。乘数是经济活动中某一变量与其引起的其他经济量以及经济总量变化的比率。乘数理论说明，在经济活动中，一种经济变量的变化可以引起其他经济变量的变化，最终使经济总量的变化倍数于最初的经济变量。在经济活动中，之所以会产生乘数效应，是因为国民经济各个行业相互关联、相互促进。例如，某一地区增加一笔旅游消费，不仅会增加旅游企业的收入，而且会在相关部门引起连锁反应，最终整个地区会获得数倍于这笔旅游消费的国民收入。

1. 旅游乘数

旅游收入是旅游经济效应的起点。旅游收入在整个国民经济遵循初次分配和再分配。随着旅游收入分配的进行，意味着旅游消费的完成和下一轮旅游经济的启动。由此产生旅游的收入乘数。如果从不同角度衡量旅游乘数，还会有产出乘数，即单位旅游消费同其所带来的接待国全部有关产业经济产出水平增长程度之间的比例关系。就业乘数，即某一特定数量旅游消费所创造的就业人数，或者是表示由某一特定数量的旅游消费所带来的直接就业人数与继发就业人数之和同直接就业人数之比。直接乘数，即表示某产业的增加值与该产业总产出的比例关系。直接乘数说明从各产业的单位产量所获得的增加值。间接乘数，即表示所有产业增加值与所有产业总产出的比例关系。间接乘数说明最终消费增加一个单位产品所引起的完全增加值。[①]

总之，旅游乘数表明，旅游活动（自发旅游活动与被动旅游活动）所引发的消费、投入、支出等均会使国民经济总量倍数地增长，即本书所说的旅游经济效应。例如，假设入境旅游者在目的地消费100万美元使当地产生250万美元的产出，同时使当地净收入增加50万美元，并创造了200个直接就业和180个间接就业，则产出乘数为2.5，收入乘数为0.5，就业乘数为3.8。

2. 旅游经济效应的含义

旅游经济效应就是旅游的经济影响。即旅游活动引发的消费、投入、支出等在接待国经济中的渐次渗透，该国的经济产出总量、就业机会和家庭收入等产生变化，尤其是经济总量的倍数增加。

以旅游收入及其分配为例。旅游经济效应表现在三个阶段。第一阶段是直接影响阶段，是旅游者在旅游目的地的各项消费，将消费资金直接注入各个特征旅游企业和部门，饭店、旅行社、商店、景区、

---

① 李天元：《旅游学概论》，南开大学出版社 2003 年版。

交通等部门的产出价值实现，并获得收益。第二阶段是间接影响阶段，旅游特征企业将新增加的营业收入用于补充原材料、维修设备、交纳税金、支付其他营业费用，从而其他部门产出价值实现，获得收益。第三阶段是引致影响阶段，由于员工工资收入的消费，进一步推动旅游影响，刺激整个经济活动扩大。引致影响的作用非常客观，对一些国家和地区的计算表明，引致影响相当于间接影响的三倍。

旅游经济效应能从根本上发掘旅游活动的经济价值。这与通常所说的旅游经济效益是不一样的。效应指在有限环境下，一些因素和一些结果而构成的一种因果现象。效益则不同，它是指项目对国民经济所做的贡献，它包括项目本身得到的直接效益和由项目引起的间接效益。效应和效益是旅游经济的两种陈述，二者的范畴、衡量标准等不同。

3. 旅游经济效应与旅游经济效益的比较

旅游经济效应是旅游活动对经济的倍数促进影响。旅游经济效益是人们在旅游经济活动中的投入与产出之比，用价值形式表示就是生产旅游产品的费用和销售旅游产品的收入之间的比较，即二者的差额为旅游经济效益。① 旅游经济效应与旅游经济效益的差别表现在以下几个方面：

一是范畴不同。旅游经济效应的研究源于经济学中乘数以及乘数效应的概念，是对旅游消费引起的外生经济变量的判断，包含价值判断和非价值判断。旅游经济效益是基于投入产出来判断相对于成本而言的产出比例。成本相同，产出大则意味着效益高；产出相同，成本高则意味着效益低。因此，旅游经济效益是流量，属于价值判断。

二是出发点不同。旅游经济效益的提出在于由于旅游企业的经济活动，不仅带来本企业经济收入的增加，也带来了社会经济收入的增加。即从劳动生产率的角度评价收益。一般强调相同的投入，产出越大，效益越好。而旅游经济效应则不同，它是从旅游活动开始，因为旅游活动的消费性而导致的这种消费现象的经济成果评价。因此，这种评价既有消费引起的产出增加，又有消费引起的连锁反应评价。因此，它的评价范围大于旅游经济效益的评价。

---

① 向蓉美：《投入产出法》，西南财经大学出版社 2007 年版，第 116—120 页。

三是衡量标准不同。旅游活动对某一国家或地区的经济影响表现在经济运行中分配与再分配的过程中。随着经济循环的前进发展，旅游消费不仅创造了数倍于消费的国民收入，同时在创造就业，资本形成等方面表现出旅游业的重要产业作用。因此，全面衡量旅游经济效应需要一套完整的指标体系。这些指标一方面能反映旅游促使的国民经济总量的增加值，即旅游业 GDP 和旅游 GDP；另一方面又能反映旅游业发展过程中，特征旅游产业和相关旅游产业自身发展的能力，以及产业间的关联能力。这正是本书研究的重点。

旅游经济效益包括两大范围：一是各类旅游企业在旅游活动中投入和产出的比较，即微观经济效应；二是一个国家或地区在旅游经济活动中的劳动消耗与劳动成果的比较，即总投入与总收入的比较，通常称为宏观经济效益。衡量旅游企业经济效益的指标有销售利润率、总资产报酬率、资本收益率、资本保值增值率、资产负债率、流动比率、应收账款周转率、社会贡献率和社会积累率。衡量宏观经济效益的主要指标有投资效果、投资回收期、劳动生产率、就业率、外汇收入能力、接待能力和边际收益率。

从衡量指标的组成看，旅游经济效应注重产业影响，旅游经济效益注重产业内部微观构成。旅游经济效应的直接影响恰巧是特征旅游企业增加值，即旅游业增加值，所以，旅游经济效应包含旅游经济效益的价值体现。

四是旅游经济效应的分类。根据旅游收入在经济体系的持续流转，旅游活动对某一国家或地区经济影响有以下几类。

首先是直接影响，即旅游经济直接效应。一般通过计量旅游业增加值衡量直接效应的货币增量影响能力；其次是间接影响，即旅游经济间接效应。通过计量旅游增加值衡量间接效应的货币增量影响能力；最后是引致影响，即旅游经济引致效应。这里主要强调旅游经济效应对一国经济总量的促进。在分析时，引进有关比例关系能计量旅游就业、旅游业固定增产形成等相关项目评价[①]。

---

①　黎洁：《旅游卫星账户与旅游统计制度研究》，中国旅游出版社 2007 年版，第 23—90、129—195 页。

三　旅游经济效应评价

旅游经济效应评价是从货币和实物的角度分析旅游消费带给经济体的全面变化。理论上已经证实旅游业能够增加目的地经济收入，能够带动相关行业发展，能够使国民经济收入倍数于旅游消费。实际计量验证并为旅游经济发展提供依据，则是旅游经济效应评价的目的。

1. 旅游经济效应评价的含义

旅游经济效应评价是指在理论基础的指导下，通过实证分析，全面系统客观地对旅游消费形成的收入，在参与一国（或一地区）经济往复循环发展过程中产生的所有影响的评价。

2. 旅游经济效应评价的内容

根据旅游经济效应的含义，其评价内容包括：构建评价指标体系，描述旅游产生的不同层面的经济影响；对三层次影响的经济价值进行计量，分析旅游对目的地经济总量的贡献、就业的贡献、资本形成的贡献以及对其他产业带动的能力。评价涵盖了宏观经济活动和微观经济活动两个方面。

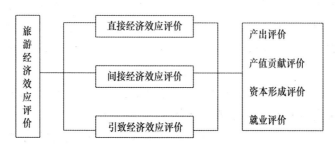

图 3-7　旅游经济效应评价的内容

目前现有的关于旅游经济效应分析的成果都是从单方面评价旅游经济效应。例如，旅游卫星账户评价的是旅游业的增加值（直接效应）和旅游就业以及产业资本形成。旅游乘数评价的是旅游消费的乘数系数。投入产出评价的是旅游产业的产业关联和产业带动以及根据完全消耗系数测算的旅游增加值（间接效应）。不同评价方法有不同的评价视角，用以说明旅游经济的某一方面产业影响。为全面评价旅游的经济效应，则必须首先明确旅游经济效应评价的目的和内容，在此基础上再寻找相应的评价方法并建立系统的评价指标体系指标。

3. 旅游经济效应评价的必要性与可行性

旅游日益快速地发展，不仅影响旅游地经济的发展，同时对全球经济发展也产生了重大作用。尽管进入近代旅游后，人们已经意识到这种作用，但是定量分析仍然比较落后。现代旅游引发的诸多现象，引起理论界更加关注旅游的定量分析。例如，旅游究竟能带来多大的GDP贡献，旅游的就业作用如何，旅游业与其他产业到底存在什么样的关系等。另外，全球很多国家和地区将旅游业作为支柱产业或是经济增长点，从政策方面引导激励旅游发展。例如，每一年我国政府都会为旅游发展提出一个方向性的口号，从政策层面形成旅游发展的势头。这种政策的依据又是什么？很显然，挖掘旅游深层次的内涵和意义是非常必要的。

由自发到有意识，再到有组织、大规模，旅游发展需要适应市场的规律，也要遵循政策的指导，评价旅游带给目的地的影响解决了几个问题：一是能从本质上证明旅游的经济性；二是从实证分析的角度说明旅游的经济贡献；三是全面地分析旅游的经济效应，能够为决定旅游业的产业地位提供政策依据。因此，评价旅游经济效应是必要的，也是迫切的。

早期已经出现了一些关于旅游经济效应评价的理论与模式。为分析研究提供了充分的理论基础。现在，评价旅游经济效应的分析工具、数据支持等都有很大的进步。例如，旅游卫星账户的出现，标志着旅游经济效应评价进入一个新的阶段。它为旅游业形成了一个独立的账户，并且描述了旅游特征产业和相关旅游产业发展的状况。如果结合投入产出理论，则能够形成比较完善的旅游经济效应评价模式。旅游经济效应评价是可行的。

第二篇　方法篇

第四章　旅游经济效应评价综述

旅游经济效应是旅游活动对目的地经济总量的影响，是当前国内外旅游经济学界研究的热点问题之一。旅游经济效应是指旅游消费对旅游目的地经济所产生的各种收益影响，包括旅游收入、旅游就业、旅游目的地经济增长、相关企业收入、相关行业就业、目的地居民生活水平提高、目的地财政收入增加以及旅游业 GDP、旅游经济 GDP 等。准确测评旅游对一国或一地区的经济影响一直是一件比较困难的事情。目前衡量旅游经济影响的工具主要是：一种是旅游乘数和投入产出理论，一种是旅游性卫星账户，还有一种是从国民经济核算支出法的角度衡量旅游经济效应。关于这些方法的理论与实践研究有以下发展。

第一节　旅游乘数与投入产出研究综述

一　旅游乘数理论与模型

乘数是经济学中的一个概念，乘数效应反映了现代经济的特点。利用乘数原理，凯恩斯得出了国民收入（Y）与投资量（I）之间的确切关系，并将这种经济理论导向经济政策，指导经济实践。所谓乘数，就是指在一定边际消费倾向的条件下，投资的增加（或减少）可导致国民收入和就业量若干倍的增加（或减少）。收入增量与投资增量的比值即为投资乘数，公式表示为 $K = \Delta Y / \Delta I$。

经济学家巴奇霍特运用乘数这一概念，在 1882 年分析了紧缩产业对经济体中其他产业带来的负面影响；并表明，如果在某一个经济体系内，某个产业出现萧条将会对体系内其他产业造成连锁反应。随后经济学家格兰杰（N. Johansen）在1908年和1925年用乘数理论描述经济活动［阿彻尔（Archer，1982）］。20世纪20年代末30年代初掀起一股乘数理论研究的高潮，如皮古（Pigou，1929）、博塞拉浦（Boserup，1930）、吉布林（Giblin，1930）和沃明（Warming，1929，1930）等经济学家都从不同角度提出了各自的乘数分析方法。[1]

1931年，英国经济学家卡恩（Hahn）发表《国内投资与失业的关系》一文，第一次提出了乘数理论。他认为政府支出的增加会产生直接效应和间接效应，并把这种直接效应定义成"由支出所创造的直接就业加上为进行新的投资所必需的原材料生产和运输导致的间接就业"。他同时提出，次生就业是"为了适应与直接就业相关的工资和利润支出的增加而形成的消费品生产所造成的就业"。英国经济学家凯恩斯进一步完善了卡恩提出的乘数理论，并在卡恩就业乘数的基础上提出投资乘数，用来说明一个行业得到的一笔投资或收入不仅能够增加本行业的收入，而且会在整个国民经济中引起一连串的反应，最终产生最初国民收入的数倍。在他的乘数模型，k为乘数，c为边际消费倾向，m为边际进口倾向，公式表示为$k = 1/(1 - c + m)$。凯恩斯模型告诉我们，边际消费倾向对乘数的大小具有非常重要的作用。一个比较大的边际消费倾向表明新增加的一单位收入中的大部分将被消费掉，因此引起在需求上的一个较大的引致增加。换句话说，边际消费倾向越大，乘数也就越大。在凯恩斯乘数模型的基础上，西方经济学者又提出了许多专门的乘数，如国际贸易乘数、连续周期乘数、就业乘数等。现代乘数理论主要是沿着凯恩斯乘数模型和里昂惕夫投入—产出模型两大主线发展起来。旅游经济学者以凯恩斯的乘数理论为基础，根据旅游业的具体情况，提出了旅游乘数理论，用以指导旅游经济效应的研究。[2]

1955年，意大利经济学家特罗伊西发表了《旅游及旅游收入的

---

① 张滢：《旅游经济的效应与实证研究——以乌鲁木齐市为例》，硕士学位论文，新疆大学，2006年。

② 同上。

经济理论》，开启西方经济学界研究旅游经济效应的先河。随后，国际上许多知名的旅游经济学家，如 B. H. 阿彻尔（Archer）、P. 墨菲（Murphey）、H. 金德尔（Zinder）、E. 斯莫拉尔（Smeraml）、J. 布莱丹（Bryden）、E. 劳威克（Lowyck）、J. 奥哈根（O'Hagan）、D. 穆尼（Mooney）、R. 塞尔贝克（Saerbeck）、T. D. 安德森（Anderson）、G. 高德曼（Goldman）、A. 纳卡扎瓦（Nakazava）、D. 泰勒（Tailor）等分别利用凯恩斯的乘数理论研究旅游活动对目的地的经济影响，提出了各种评价旅游乘数的模型，以测算出当地的旅游收入乘数、旅游就业乘数等，并根据计量结果向目的地政府提供发展旅游产业的政策性建议。[①]

1. 旅游乘数定义的研究

英国著名旅游经济学家 B. H. 阿彻尔指出："从根本上说，区域旅游收入乘数就是度量增加的一个单位旅游支出所产生的个人收入数量的工具。区域旅游收入乘数应该是一种关于增加的一个单位出口收入和由它所引起的当地家庭的直接收入、间接收入和诱导性收入的数量之间关系的数学表示方法。"阿彻尔把旅游乘数分成旅游交易乘数、旅游产出乘数、旅游收入乘数和旅游就业乘数四个类型，并指出："所有这些乘数存在着内在的联系。"一笔旅游花费的乘数就是这笔花费导致的经济系统直接、间接以及引致变化与最初直接变化的比率。[②] 根据阿彻尔等对旅游乘数的界定以及国外旅游发达国家的旅游经济学家、相关旅游研究机构对旅游乘数的研究方法，得知旅游乘数与一般意义上的乘数不同。通常，旅游乘数效应比其他产业经济活动的乘数效应明显，这主要是因为旅游消费存在必然性，它也与旅游产业及其产品的综合性、无形性、同步性、不可贮存性等特点以及旅游乘数研究的原则、立场和方法等有关。

2. 旅游乘数的相关研究

阿彻尔总结了他的研究结果，并依据凯恩斯的乘数理论，结合旅

---

① 张滢：《旅游经济的效应与实证研究——以乌鲁木齐市为例》，硕士学位论文，新疆大学，2006年。

② Brian Archer, "The Value of Multiplier and Their Policy Implication", Managing Tourism, Ed. by S. Medlik, Butterworth – Heineman Ltd, UK, 1991.

游经济的特点，提出了旅游乘数的理论框架，归纳出七种旅游乘数，分别是：营业收入乘数、产出乘数、旅游收入乘数、旅游就业乘数、旅游企业收入乘数、政府收入乘数和居民收入乘数。伦伯格以阿彻尔的旅游乘数理论为基础，于 1976 年出版了《旅游业》（*The Tourist Business*）一书，系统全面地描述了旅游收入乘数。他指出："旅游产品自给率越高的国家或地区，旅游收入在其国民经济体系内流转的时间越长。一般的，旅游业发达国家或地区的旅游自给率较高，因而旅游乘数也就越大。相对的，全国性的旅游乘数大于地区性的旅游乘数。"墨菲在 1985 年出版了《国外旅游规划研究进展及主要思想方法》（*Tourism—A Community Approach*）一书。他在书中对旅游活动在目的地产生的经济影响进行了阐述。他指出："旅游者的支出只代表了对旅游目的地社会造成了第一阶段的经济影响，因为随着外来收入在一个地区的经济中不断流动，旅游活动所产生的贡献将会成倍增长。"同时他认为旅游消费的经济影响还会随着经济产业间的关联产生第二、第三阶段等的影响。①

此后，国外的一些旅游经济学家相继运用阿彻尔的模型对许多国家和地区的旅游乘数进行了实证研究。比较著名的有 J. 布莱丹和 M. 费伯尔对西印度群岛的支提瓜进行了旅游乘数分析、G. 理查德斯对英国和爱尔兰的国家旅游收入乘数的研究、R. 罗夫格罗夫和 D. 罗迪对美国科罗拉多格兰德县的旅游乘数的研究、H. 金德尔对东加勒比海各国的旅游乘数研究。1967 年，美国学者哈姆斯顿（F. Hamston）对美国密苏里州旅游消费诱导效应的研究说明，旅游消费的诱导效应导致的区域内货币流量是间接效应的三倍多。②

3. 旅游乘数的相关模型

西方旅游经济学家对旅游发达国家和地区的旅游经济效应运用乘数理论进行了实证分析，形成了不同的旅游乘数模型。例如有爱德华兹模型、伦伯格模型、阿彻尔模型和布朗瑞格—安德森模型。其中，

---

① 张滢：《旅游经济的效应与实证研究——以乌鲁木齐市为例》，硕士学位论文，新疆大学，2006 年。

② 同上。

伦伯格模型是对旅游收入进行计量；阿彻尔模型关注旅游经济效应三阶段旅游收入的计量；布朗瑞格—安德森模型则由两个子模型组成，包括旅游收入乘数模型和旅游就业模型。

综合以上理论与研究，旅游活动是一项复杂的、存在多种需求的人类社会活动。这种活动因为其消费给目的地带来了第一阶段、第二阶段和第三阶段的影响，不同阶段影响分别对应理论界提出的旅游的直接经济效应、间接经济效应和引致经济效应。这三个阶段的影响共同构成了旅游乘数。旅游者在目的地的消费越大，旅游乘数越大，二者呈现正相关的关系。

二 投入产出理论与模型

研究旅游活动对目的地经济影响的另一个重要理论基础是投入产出经济学理论。以旅游乘数理论作为理论基础的旅游经济效应分析方法在描述最终经济效应时，一般不考虑哪些具体的部门从旅游活动产生的直接效应中获益，也不考虑哪些具体行业能够从旅游活动产生的最终经济效益中获益。而根据投入产出经济理论形成的分析方法则因为是建立在对经济体系中每个具体部门的消费倾向分析的基础上，因此比较关注旅游对不同产业产生的效应研究。

1936 年，美国经济学家 W. 里昂惕夫（Leontief）在他的《美国经济体系中投入—产出的数量关系》一文中，提出并阐述了投入产出经济理论。里昂惕夫构建了一个能够反映总体经济活动的矩阵，即投入—产出表，用矩阵的形式记录了一个国家在某一时期内国民经济各部门的全部经济活动。

最早进行旅游投入产出研究的是美国经济学家 F. K. 哈姆斯顿。他在研究美国怀俄明州西南部地区旅游乘数时，使用了一个 24 部门的模型，并将家庭和当地政府作为内生变量包含于矩阵中。后来，他在研究美国密苏里州的旅游乘数时，计算了一个由 22 部门组成的交易矩阵。他先将家庭和当地政府作为内生部门进行运算，然后在重新计算矩阵时，又将家庭和当地政府作为外生部门，用以区分间接效应和诱导效应。通过这种处理方法，他计算出当地的旅游诱导效应为间接效应的三倍。[①]

H. 甘伯尔（Gamble）和 W. A. 斯特朗（Strang）将家庭完全作为内生部门纳入矩阵。甘伯尔使用了两个 29 部门组成的投入产出矩阵，计算出美国宾夕法尼亚州的旅游乘数。他首先在矩阵中增加了新的一列和一行，然后重新运行该模型来预测将旅游活动引入当地经济后产生的效应。他还利用更改某些内部系数的方法以预测"由于一个水上度假村产权的变更"导致对当地经济的影响。斯特朗使用的是一个 19 部门构成的投入产出矩阵，他以此来计算威斯康星州各个经济部门的产出乘数。另外，他还用一个旅游支出的向量乘以里昂惕夫交易逆矩阵获得了旅游乘数 。[②]

B. H. 阿彻尔在《国内旅游的影响》（*The Impact of Domestic Tourism*）一文中，提出了研究旅游收入乘数的区域性旅游投入—产出模型。这个模型后来被广泛应用于旅游经济研究中，并扩展到对其他旅游乘数如旅游就业乘数、居民收入乘数、政府收入乘数等的研究中。[③]

其后，弗莱彻（Flether，1989），布瑞阿苏里斯（Briassoulis，1991），克恩和方（Kim & Phang，1995），布阿德和马斯松（Baade & Matheson，2004），克姆、钟和邹（Kim & Chon & Chung，2003）等分别对不同地区旅游活动进行了投入产出分析。[④] 目前，运用投入—产出分析比较著名的模型有：戴蒙德模型和阿彻尔模型。阿彻尔模型以传统的投入—产出模型为框架，包含一个消费反馈机制，本章以阿彻尔模型为指导，进行陕西旅游投入—产出分析。

根据上述总结，应用投入—产出分析旅游的经济效应，能够分行业判断不同产业的旅游产出、旅游就业。同时运用投入—产出还可以分析有关行业的旅游乘数，所以投入—产出是一种有效的分析工具。

---

① 张滢：《旅游经济的效应与实证研究——以乌鲁木齐市为例》，硕士学位论文，新疆大学，2006 年。

② 同上。

③ Brian Archer, "Economic Impact Analysis", Annals of Tourism Research, 22, 1995.

④ 郝索：《旅游经济学》，中国财政经济出版社 2008 年版，第 44—62 页。

三　我国旅游乘数与投入产出的研究

自 20 世纪 70 年代末实行改革开放政策以来，我国旅游业迅速发展。国内旅游经济学界积极展开对旅游活动经济作用的研究，涌现出了一批重要的理论文章和著作。从研究内容来看，可以分为两个阶段。第一阶段为 80 年代初至 90 年代初，期间主要是介绍国外发达国家旅游经济学界的研究成果。第二阶段是 90 年代初至今，主要是利用定性的方法对我国的旅游经济问题予以探讨和研究。目前，尽管存在使用定量方法研究旅游经济效应，但是没有形成系统化的研究。

楚义芳是较早研究旅游经济效应的国内学者，她比较详细地介绍了部分国外旅游经济效应的相关研究成果。[①] 其后，李天元、王洪滨、林南枝、陶汉军等旅游学者也对旅游乘数理论进行了介绍，还有其他学者对旅游乘数在旅游目的地经济发展的作用做了相应的定量分析。例如，闫敏发表了《旅游业与经济发展水平之间的关系》[②]，李江帆和李美云发表了《旅游产业与旅游增加值的测算》[③]，这是国内最早定量分析中国旅游经济效应的专门著作。左冰首次运用旅游乘数模型对中国的旅游乘数进行了测算。[④] 其后，还有李志青、乔玮、魏卫和陈学钧、刘益、黎洁、张华初和李永杰、万义荣和苏兆荣等都引用了投入产出分析法，计量不同地区旅游经济效应。

1. 旅游乘数的研究

李天元在《旅游学概论》一书中对旅游收入在目的地经济中的流转做了分析，并专门介绍了旅游乘数理论。他认为旅游乘数是用来测量单位旅游消费对旅游接待地区各种经济现象影响程度的系数；并把旅游乘数分成四种类型：营业额或营业收入乘数（Sales Multiplier 或 Transactions Multiplier），这一乘数测定单位旅游消费对接待国经济活动的影响程度，表示单位旅游消费额同由其所带来的接待国全部有关

① 楚义芳：《旅游的空间经济分析》，陕西人民出版社 1992 年版。
② 闫敏：《旅游业与经济发展水平之间的关系》，《旅游学刊》1999 年第 5 期。
③ 李江帆、李美云：《旅游产业与旅游增加值的测算》，《旅游学刊》1999 年第 5 期。
④ 左冰：《中国旅游产出乘数及就业乘数的初步测算》，《云南财贸学院学报》2002 年第 18 期。

企业营业收入增长量之间的比例关系；产出乘数（Output Multiplier），测定的是单位旅游消费同由它所带来的接待国全部有关企业经济产出水平增长程度之间的比例关系；收入乘数（Income Multiplier），表示的是单位旅游消费同其所带来的接待国净收入变化量之间的比例关系；就业乘数（Employment Multiplier），用于表示某一特定数量的旅游消费所创造的就业人数或表示由某一特定数量的旅游消费所带来的直接就业人数与继发就业人数之和同直接就业人数之间的比例关系[①]。

林南枝和陶汉军也对旅游乘数理论进行了论述，认为旅游收入通过分配和再分配，逐渐渗透到国民经济活动中，对综合经济的发展产生三个阶段的作用：一是直接影响阶段。在这一阶段里，旅游收入最初注入与旅游活动密切相关的一些部门和企业，如旅行社、饭店、餐饮业、交通部门、旅游景区等，他们都会在旅游收入的初次分配中获益；二是间接影响阶段。在这个阶段，直接受益的各旅游部门和企业，在提供旅游产品过程中要向有关部门和企业购进原材料、物料、设备；各级政府把旅游中缴纳的税金投资于其他企事业、福利事业等，从而使这些部门在不断的经济运转中获得了收益；三是诱导影响阶段。在这个阶段，直接或间接为旅游提供服务的部门或其他企事业的职工，把获得的工资、奖金用于购买生活消费品或用于服务性的消费支出，从而促进了相关部门和企业的发展。另外，那些从旅游收入的分配及再分配运转中受到间接影响的部门和企业，在再生产过程中又不断购置生产资料，从而又推动了其他相关部门生产的发展。[②]

旅游收入乘数表明，旅游消费转变而成的收入经过参与多次不同环节的分配与再分配，对国民经济各部门产生了连锁的经济作用，即旅游收入乘数表明旅游目的地对旅游行业的投入所造成的本地区综合经济效应最终量的增加。无论是入境游客还是国内游客在某旅游目的地的消费都是对旅游行业的投入，当这笔资金流入到目的地的经济系统中时，就会直接或间接地引起一系列生产资料和生活消费资料生产部门和提供服务的企事业的经济运转，从而借助旅游经济运行和全社

---

① 李天元：《旅游学概论》，南开大学出版社 2003 年版。
② 林南枝、陶汉军：《旅游经济学》，南开大学出版社 2000 年版。

会经济活动循环，导致社会经济收益倍数增加。如果一个地区把旅游消费收入的一部分储蓄起来或用来购买外地或进口物资，使资金离开了本地区的经济系统或流失到国外，那么就减少了旅游活动对本地区经济发展的作用。也就是说边际储蓄倾向和边际进口物资倾向越大，对本地区的经济发展的乘数效应就越小；相反则旅游收入乘数越大，旅游经济效应越显著。

王洪滨的《旅游学概论》一书中陈述，由于游客是从一个国家或地区流向另一个国家或地区，从而形成了旅游接待国或地区的"无形输出"。游客输入意味着旅游收入增加，这对旅游接待国或地区来说是一种外来的经济注入。旅游者通过消费，将该国或地区的一部分国民收入带到旅游接待国或地区，进而形成了国与国、地区与地区之间的财富转移，并且通过旅游收入的增值效应刺激旅游接待国或地区的经济发展。他同时指出，旅游收入对国民经济作用的大小，取决于旅游收入参与国民收入分配与再分配的过程，也即旅游收入不断用于生产消费和生活费用的比例状况。如果用于不断再生产的部分越大，那么退出流通领域的旅游收入部分越小，对经济的推动就越大。旅游收入在旅游目的地的经济领域中进行流通，不断地进行分配和再分配，直至其数额减小到不能再分配为止。在这个过程中，最初的旅游收入就会产生一种增值效果，即旅游乘数效应。①

2. 旅游乘数测算研究

2000 年，云南大学左冰在《旅游的经济效应分析》一文中，以旅游消费需求为视角，运用马克思政治经济学理论对旅游经济效应产生的机理进行了分析，并对中国的旅游产出乘数和旅游就业乘数进行了测算。② 2005 年，上海师范大学旅游学院的乔玮在《用投入产出模型分析旅游对上海经济的影响》一文中，用投入产出法分析了上海的旅游产出乘数、旅游收入乘数以及旅游消费引起产出增长的乘数效应所引致的范围，并将上海的旅游乘数与王琳计算的天津的旅游乘数、张帆计算的

---

① 王洪滨：《旅游学概论》，中国旅游出版社 2004 年版。
② 张凌云：《国际上流行的旅游定义和概念综述》，《旅游学刊》2008 年第 1 期。

秦皇岛的旅游乘数进行了比较分析。[1] 这是我国旅游经济学界运用乘数理论和投入产出法对旅游经济效应进行的量化分析研究。然而，由于以旅游消费需求作为分析视角，所以只能对个人旅游消费需求在旅游目的地的经济效应进行分析和测算，无法解释在目的地旅游经济活动中占有很大比重的商务旅游、公务旅游、奖励旅游和会议旅游等类型的旅游消费需求产生的经济效应，因此计算结果不是非常完整。

从以上的综述中可以看出，中国的旅游乘数研究成果不仅数量少，且主要是介绍性研究和定性研究，缺少定量分析。这种状况导致人们无法客观、全面地衡量旅游活动对目的地经济的影响。同时旅游乘数由于自身应用条件等因素，运用时受到很大的限制，各国和地区的政府在应用旅游乘数理论制定的旅游发展政策往往受到质疑。人们对于旅游业在国民经济中地位和所起的作用始终不能准确的衡量，因此，随后的旅游账户的理论与实践得到广泛的关注。

第二节　旅游卫星账户综述

旅游卫星账户作为一种新型、权威、有效的衡量工具，具有不可替代的优越性。旅游卫星账户目前已经被全球很多国家使用。该理论的发展经历了三个阶段：概念发展阶段、探索阶段与融合深化阶段[2]。下面分阶段评述旅游卫星账户的重要文献和研究成果。

一　旅游卫星账户的三个研究发展阶段

1. 概念发展阶段

关于旅游卫星账户概念的讨论开始于 20 世纪 80 年代。在此之后，旅游卫星账户从一个学术概念逐渐发展为现实的旅游统计系统。

---

① 乔玮：《用投入产出分析旅游对上海经济的影响》，《经济地理》2006 年第 12 期；天津社会科学院与天津旅游局联合课题组，王琳执笔：《天津旅游产业对国民经济的影响力和贡献度研究》，见张小明等：《2005 年中国文化产业发展报告》，社会科学文献出版社 2005 年版；张帆、王雷晨、李春光：《旅游业对秦皇岛市社会经济的贡献度研究》，见张广瑞、魏小安、刘德谦：《2002—2004 年中国旅游发展：分析与预测》，社会科学文献出版社 2003 年版。

② 葛宇青：《旅游卫星账户的发展与方法研究》，《旅游学刊》2007 年第 7 期。

在这个阶段里，三个国际性组织和一个国家对旅游卫星账户的发展贡献很大。它们分别是世界旅游组织（UNWTO）、经济合作组织（OECD）、欧盟统计处（Eurostat）和加拿大。1978年，联合国出版了《国际旅游统计临时手册》；1981年5月，世界旅游组织会议通过了关于国际游客的界定。国际游客包括国际旅游者和一日游游客（当时称短途旅游者）。[①] 1983年，世界旅游组织发表关于旅游业重要性，以及它与经济、社会的相互作用的报告。报告建议将旅游业作为一个独立的产业直接纳入国民经济核算体系，并且指出了旅游统计发展的新方向。同时论证了旅游在国民经济核算体系中的重要性，强调旅游统计要与国家统计系统相衔接。戎勒特在1988年讨论了通过修改国民经济账户体系评估特殊行业的可能性。他专题讨论了与旅游相似的教育行业，并且强调国民经济账户需要显示各种行业的资金流动情况，以便为管理提供依据。同时，他还建议卫星账户应包含一些非货币数据，例如产业就业规模、固定资产等。[②]

2. 探索阶段

这一阶段的标志是加拿大旅游卫星账户的草案和经济合作组织的旅游卫星账户手册的形成。1991年世界旅游组织在渥太华召开了议题为"旅游与旅游统计"的国际会议。世界旅游组织强调，旅游信息系统必须与国民经济账户体系相结合，旅游卫星账户是旅游信息系统发展的现实途径。同时，与会代表一致通过国际通行的旅游定义标准：一是全世界通用；二是定义应简单、明确；三是严格地满足统计的需要为目标；四是与现行的国际标准和分类相一致；五是定义应简单可测量。[③]

法国是第一个建立了旅游卫星账户体系的国家，加拿大则是世界

① UNWTO, World Tourism Staistics Yearbook（Vol. 34）, Madrid, UNWTO, 1981.

② Teillet, Pierre, "A Concept of Satellite Account in the Revised SNA", Review of Income and Wealth, 1988, 34（4）.

③ Commission of the European Communities Eurostat, Organization for Economic Cooperation and Development, World Tourism Organization and United Nations Statistics Division, Tourism Satellite Account: Recommended Methodological Framework, Luxembourg, Madrid, New York, Paris, UNWTO, 2001.

上第一个旅游卫星账户的发布国。① 在 1991 年世界旅游组织的年会上，加拿大统计局宣读了题目是"卫星账户与旅游信息系统"的研究报告。② 1994 年世界旅游组织出版了《旅游统计建议》《旅游活动国际分类标准》。前一成果是对 1991 年年会成果的总结，并正式提出一套国际通用的定义，这一定义一直沿用至今。③ 1999 年，作为对多年研究探索的初步总结，世界旅游组织出版了《世界旅游组织旅游卫星账户：概念性框架》。

经济合作组织也极大地推动了旅游卫星账户体系的发展。经济合作组织在这方面的尝试开始于 1991 年。该组织发布了旅游经济账户手册，并在成员国内部推行。旅游经济账户是最早的度量一个国家旅游产业规模的系统之一。这个系统与后来旅游卫星账户的主要区别在于，旅游经济账户局限于所谓的旅游特征产业，即与旅游有直接关系的产业，如饭店、旅行社、民航、交通等。而旅游卫星账户则还要考虑到所有与旅游者消费有关的产业，如汽油、服装等的零售、文化消费等，并不局限于传统认识的旅游特征产业。从 1997 年开始，经济合作组织开始建议其成员国从旅游经济账户系统转向旅游卫星账户。1999 年经济合作组织旅游委员会编制完成了新版本的旅游卫星账户以及旅游就业测算方法，并在 2000 年出版了《经济合作组织旅游测算方法》。④

另外，欧盟统计局在 1995 年也开始专项研究讨论了旅游的产出和供给在一个具体区域的平衡问题。正是以上三个国际组织最终促成

① Lapierre J. , Wells S. , Lal K. , Campbell K. , Joisce J. A. , Proposal for Satellite Account and Information System for Tourism, UNWTO and Tourism Canada, International Conference on Travel and Touris Statistics, Ottawa, Canada, 1991, 18.

② Smith S. L. J. , Wilton David, "TSA and WTTC/WEFA Methodology: Different Satellites or Different Planets?", Tourism Economics, 3 (3) .

③ Commission of the European Communities Eurostat, Organization for Economic Cooperation and Development, World Tourism Organization and United Nations Statistics Division, Tourism Satellite Account: Recommended Methodological Framework, Luxembourg, Madrid, New York, Paris, UNWTO, 2001.

④ OECD, Measuring the Role of Tourism in OECD Economics: the OECD Manual on Tourism Satellite Accounts and Employment, France, OECD, 2000.

了旅游卫星账户方法的融合。①

3．融合深化阶段

费彻林1999年在他的"关于旅游卫星账户方法讨论"时提出，"三个组织都在促进旅游卫星账户的发展，各个国家也都在尝试建立自己的旅游卫星账户，这会不会带来旅游卫星账户发展的分歧呢?"②同年，"量度旅游经济影响"的国际大会形成了一个国际通行的旅游卫星账户，从而解决了费彻林提出的问题。2001年，由三大组织共同研究并颁布了《旅游卫星账户：推荐方法框架》，这是现在最通行的旅游卫星账户文本。在2001年以后，旅游卫星账户的编制成为研究的重点。例如，具体讨论数据的收集③、编制的过程与经验。④ 对旅游卫星账户研究的另一个深化是旅游卫星账户的区域化。例如，加拿大、法国就在国家旅游卫星账户的基础上编制了省级旅游卫星账户。琼斯教授在2005年讨论了区域旅游卫星账户的发展和特殊问题。⑤

在这一阶段，国外的学者还就由WTTC（世界旅行与旅游协会）提出的"国家卫星账户"与"旅游卫星账户测度的旅游业"作出了比较分析与说明⑥。加拿大学者史密斯（Smith）还分析了国家卫星账

---

① 葛宇青：《旅游卫星账户的发展与方法研究》，《旅游学刊》2007年第7期。

② Frechtling, Douglas C., The Tourism Satellite Account: Foundations Progress and Issues, Tourism Management, 20.

③ Frechtling, Douglas C., TSA Information Options: Data and Models, CTC, UN, Eurostat and UNWTO, the Conference "Tourism Satellite Accounts – Credible Numbers for Good Business Decisions", Vancouver, Canada, May 2001; Smith S. L. J., New Development in Measuring Tourism As an Area of Economic Activities, Trends in Outdoor Recreation, Leisure and Tourism, Oxon New York, CIBI Publishing, 2000, 225–234.

④ Sharma Amit, Olsen Michael D., Tourism Satellite Accounts: Implementation in Tanzania, Annals of Tourism Research, 32 (2); Fleetwood Stan, TSA – the Australian Experience, CTC, UN, Eurostat and UNWTO, the Conference "Tourism Satellite Accounts – Credible Numbers for Good Business Decisions", Vancouver, Canada, May 2001.

⑤ Jones Calvin, Tourism Satellite Account: the Regional Perspective, UNWTO Conference, The Tourism Satellite Account (TSA): Understanding Tourism and Designing Strategies, Iguazu Falls, Argentina/Brazil/Paraguay, October 2005.

⑥ WTTC/WEFA, Principles for Travel& Tourism Nationa Satellite Accounting, WTTC, London, 1996.

户的缺陷等问题等。①

二 我国旅游卫星账户理论的研究

我国的旅游卫星账户研究正在经历本土化的过程。从 20 世纪 90 年代后期，旅游卫星账户的研究在我国迅速推开，出现一大批关于旅游卫星账户理论的研究。例如，赵丽霞（厦门大学计划统计系）连续发表了五篇关于我国旅游卫星账户研究的文章，系统介绍了国民经济核算和旅游卫星账户、旅游卫星账户的基本构成与原则、旅游业务统计的国际化以及我国旅游卫星账户本土化的问题与困难。同时她主持的科研项目以厦门市为例，构建了厦门市旅游卫星账户。② 另外，潘建民主持了"旅游业发展对国民经济贡献率研究"课题，成果之一是构建了 2001 年广西旅游卫星账户。③ 黎洁主持了"江苏旅游卫星账户研究"课题，成果之一是构建了 2002 年江苏旅游卫星账户。④

黎洁还出版了《旅游卫星账户与旅游统计制度研究》，介绍了旅游卫星账户的兴起、发展与旅游经济影响评估；旅游卫星账户的研究内容、特点与意义；如何测评旅游卫星账户中的旅游消费与旅游供给；国内外旅游卫星账户编制的比较研究；国内外旅游统计制度的比较研究等内容⑤。

另外一大批理论研究集中于我国区域旅游卫星账户的研究。李红艳的《构建国家及区域性旅游卫星账户》⑥、张卫与伊娜的《区域旅游卫星账户编制方法简介》⑦、邹炜与李兴绪的《构建云南旅游卫星

---

① Smith S. L. J. , New Development in Measuring Tourism As an Area of Economic Activities, Trends in Outdoor Recreation, Leisure and Tourism, Oxon New York, CIBI Publishing, 2000, 225 – 234.

② 赵丽霞、魏巍贤：《旅游卫星账户（TSA）—1998 的构建》，《统计研究》2001 年第 8 期。

③ 潘建民：《中国创建与发展优秀旅游城市研究》，中国旅游出版社 2003 年版，第 91—126 页。

④ 黎洁：《旅游卫星账户与旅游业的产出核算研究》，《统计与决策》2007 年第 1 期。

⑤ 郝索：《旅游经济学》，中国财政经济出版社 2008 年版，第 44—62 页。

⑥ 李红艳：《构建国家及区域性旅游卫星账户》，《合作经济与科技》2005 年第 11 期。

⑦ 张卫、伊娜：《区域旅游卫星账户编制方法简介》，《浙江统计》2006 年第 11 期。

账户　合理测度云南旅游经济》①等。关于如何借鉴世界旅游组织提出的《建议》，建立并测评我国旅游经济效应的研究，也取得了一些成果。西北大学康蓉系统介绍了旅游卫星账户含义、特点及旅游业增加值的测算，旅游卫星账户对发展旅游业的促进作用，旅游卫星账户与旅游需求信息数据采集，加拿大旅游卫星账户的编制等。②此外，在旅游卫星账户理论研究方面，还有关于我国旅游卫星账户与国外旅游卫星账户的比较研究。主要成果有《世界旅游组织与我国旅游统计体系的比较研究》③《国内外旅游卫星账户（TSA）研究比较及启示》④。

　　最重要的是，在注重理论研究的同时，我国学者对 TSA 的实践研究也是广泛进行。杨炳铎、米红、吴逊运用旅游卫星账户的测评原理，建立了北京市旅游卫星账户，并计算得到，2002 年，北京市旅游收入为 1188 亿元，在旅游总收入中，只有 665.18 亿元收入给北京创造价值。直接的旅游增加值 255.63 亿元，占总 GDP 的 6.60%；间接的旅游增加值为 265.04 亿元，占总 GDP 的 6.84%，合计贡献为13.44%。⑤郝志敏与王琪延对 2004 年北京旅游 GDP 做了测评，结果是，旅游增加值 592.863 亿元，占总 GDP 的 10.8%。⑥2007 年，北京卫星账户编制组利用 TSA 计算出 2007 年北京旅游产业增加值为

　　①　邹炜、李兴绪：《构建云南旅游卫星账户　合理测度云南旅游经济》，《昆明大学学报》2007 年第 18（2）期。

　　②　康蓉：《旅游卫星账户及旅游业增加值的测算》，《商业时代》2006 年第 5 期；康蓉：《论旅游卫星账户对发展旅游业的促进作用》，《商业时代》2006 年第 11 期；康蓉：《旅游卫星账户与旅游需求信息采集体系》，《统计与信息论坛》2004 年第 19（6）期；康蓉：《加拿大旅游卫星账户供求数据的调整及启示》，《经济管理》2006 年第 8 期；康蓉：《加拿大旅游卫星账户的编制》，《中国统计》2005 年第 11 期。

　　③　常莉、康蓉、李树民：《世界旅游组织与我国旅游统计体系的比较研究》，《统计研究》2005 年第 7 期。

　　④　张广海、马永健：《国内外旅游卫星账户研究比较及启示》，《统计与咨询》2005 年第 6 期。

　　⑤　杨炳铎、米红、吴逊：《北京市旅游卫星账户 2002》，《统计与信息论坛》2006 年第 21（2）期。

　　⑥　郝志敏、王琪延：《旅游 GDP 核算研究——以 2004 年北京为例》，《统计与决策》2006 年第 10 期。

287.1 亿元，旅游活动对特征产业部门经济增长的贡献率达到 56.2%。① 在各地运用旅游卫星账户测评旅游经济效应的同时，中国国家旅游局首先在个别省份进行旅游卫星账户的理论与实践的试点研究，分别是江苏、广西、浙江和贵州。

值得一提的是，旅游卫星账户在我国的理论与实践研究也取得了成果的创新，刘益的《基于投入产出模型的旅游卫星账户研究》讨论将投入产出模型与旅游卫星账户结合，以测评旅游业直接增加值、旅游业完全增加值、旅游业产出乘数、旅游业就业贡献。并以广东为例，测评广东 1997 年旅游业的有关指标。结论是，1997 年广义旅游业每一个就业岗位，可以推动三大产业 4.97 人就业；广义旅游业一万元增加值，可以带动国民经济增长 229 万元，这一数据与李江帆测算的数据有差异，造成差异的主要原因是统计范围不同。② 前者测评的是广义旅游业，后者测评的是狭义旅游业。

第三节　国民经济核算支出法综述

尽管旅游卫星账户已经形成一整套系统的账户、能够从理论上测评旅游经济效应，但是获得旅游卫星账户的原始数据资料对各国的旅游统计提出了严峻考验。在我国，有些学者对应用旅游卫星账户计算旅游业增加值与旅游增加值以度量旅游经济效应提出质疑。因此，提出从国民经济核算支出视角进行旅游经济效应测评。③ 国民经济核算是从国民经济统计发展而来。国民经济核算体系发展经历了三个阶段。④

第一阶段从威廉·配第估算国民收入到第一次世界大战结束（1665—1918 年）。威廉·配第是国民收入一词的首创者。1664 年他

---

① 北京卫星账户编制组：《北京旅游附属账户（BJ-TSA）编制理论与实践》，中国旅游出版社 2007 年版，第 11 页。

② 刘益：《基于投入产出模型的旅游卫星账户研究》，《暨南学报》2006 年第 3 期。

③ 魏小安、厉新建：《旅游产业的统计视角思考》，《北京第二外国语学院学报》2000 年第 5 期。

④ 钱伯海：《国民经济核算原理》，中国人民大学出版社 2001 年版，第 5—98 页。

提出国民收入的概念并进行国民收入的估算，1665 年进行了英国国民收入的实际估算，并在估算中把收入与支出联系起来。G. 金是配第的后继者，为英国国民收入各个项目下了明确的定义，把英国的国民收入与法国、荷兰的国民收入进行了比较。法国经济学家 F. 魁奈 1758 年提出了"经济表"，他把国民收入看作部门间的流量，并重视资本存量在扩大再生产中的作用。法国化学家 A. L. 拉瓦锡补充了魁奈研究中的不足，将中间产品与最终产品分别处理，避免了部门之间的重复计算。美国经济学家 G. 特克尔 1843 年利用国会提供的商品价值总量资料，估算了美国的国民收入，其计算结果为 10.45 亿元，其中一半以上来自农业[①]。

第二阶段大致是从第一次世界大战结束到第二次世界大战（1918—1938 年）。这一时期有两个显著特点，一是国民收入受到了各国政府的重视，很多国家确定由政府直接负责本国国民收入估算；二是在理论和方法上为国民收入核算建立了概念结构。1939 年有 33 个国家进行国民收入核算；有很多统计学家专门研究有关国民收入统计的问题，例如美国的 S. 库兹涅茨、英国的克拉克、加拿大的 R. H. 科茨、瑞典的 E. 林达尔和挪威的 R. 弗瑞希。[②] 他们对国民收入统计的理论与方法，做出了巨大贡献。

第三阶段从第二次世界大战开始到国民经济核算体系 SNA 的诞生。1939 年，凯恩斯主持并最终发表了英国国民收入；同时在 1947 年，凯恩斯领导的国民收入核算小组正式采用复式记账法，编制了六张核算表。美国经济学家 W. 里昂惕夫提出，国民收入仅仅是国民核算的一个方面，还应进行投入产出核算，并于 1936 年发表，1941 年修订完善使用。康奈尔大学教授柯豪兰出版了《美国货币流量研究》，书中提出，把资金流量和国民收入结合在一起，可以提供更为全面的货币收支情况。随后很多组织成立了专门的国民收入统计的分会，积极研究国民经济核算的体系及内容。1953 年，联合国经济与

---

①　钱伯海：《国民经济核算原理》，中国人民大学出版社 2001 年版，第 5—98 页。

②　高敏雪、李静萍、许健：《国民经济核算原理与中国实践》，中国人民大学出版社 2006 年版，第 55—201 页。

社会事务统计处，在斯通的领导下，制定出版了《国民经济账户体系及其辅助表》供各国参考。此后，所有发达国家和众多发展中国家都采用这个体系。1993 年《国民经济账户体系及其辅助表》被进一步改进，最终形成了 SNA93。[1]

我国原先的核算体系是物质产品平衡表，只对物质生产进行国民收入的再生产核算，其内容很不完整，核算的方法仅限于现有的平衡表。1984 年国务院成立专门的国民经济统一核算标准领导小组，经过长期的改革与修正，制定了我国的《新国民经济核算体系（试行方案）》，并于 1992 年开始实施。[2] 我国新国民核算体系有两大部分，一部分为社会再生产核算表，一部分为经济循环账户。前者是国民经济核算的主要内容，后者是国民经济核算的表现形式，把国民核算的主要内容通过循环账户联系起来。

综合国民收入核算的理论，在 SNA 体系中，有生产账户、收入分配与使用账户、资本账户、金融账户、国外账户和资产负债账户。其中生产账户和收入分配与使用账户对 GDP 进行核算，即存在 GDP 的三种核算方法：生产法、收入法和支出法。1937 年，美国经济学家库兹涅茨指出，如果没有统计上的困难，这三者的结果必然是相等的，这就是"三面等值"原则。[3] 生产法强调总产出、中间投入和增加值的关系。支出法 GDP 是总产出与中间投入的差值；收入法 GDP 强调从增加值的组成中核算 GDP，即收入法 GDP 是劳动者报酬、生产税净额、固定资产折旧和营业盈余的和；按支出法计算的 GDP 等于最终消费、资本形成总额、货物和服务净出口之和。

目前，国内有学者认为，无须分解旅游消费的去向，只从最终消费出发，研究旅游消费和对应的旅游进出口等，计量旅游 GDP。实际上，对应该方法，根据数据的可得性，将计算简化为：按支出法测算的旅游产业总值 = 常住居民国内旅游消费 + 旅游产业资本形成总额 + 海外入境旅游花费。魏小安和厉新建认为，该方法较投入产出法和旅

① 韩云虹：《国民经济核算与分析》，经济科学出版社 2005 年版，第 11—24 页。

② 钱伯海：《国民经济核算原理》，中国人民大学出版社 2001 年版，第 5—98 页。

③ 韩云虹：《国民经济核算与分析》，经济科学出版社 2005 年版，第 11—24 页。

游卫星账户法有很多优势。一是存在旅游产业的特性与支出法 GDP 核算理论基础的天然耦合。二是基于现行旅游统计方法是实际上的支出法统计，所以数据的可得性较强。三是更全面地反映了旅游产业的经济带动作用，且从现阶段实证分析结果看，有助于提高旅游产业的产业地位。四是有利于旅游产业统计指标进入正在改革完善中的国民核算体系。①

但是该理论还没有运用于旅游经济效应测评实践，本书试图以陕西省为例，检验该方法的可实践性与可操作性，并将计算结果与其他方法的结果进行比较。

---

① 魏小安、厉新建：《旅游产业的统计视角思考》，《北京第二外国语学院学报》2000年第 5 期。

第五章　旅游经济效应评价方法及应用

第一节　旅游卫星账户法及其实践

一　旅游卫星账户及评价目标

旅游卫星账户是 SNA93 所推荐的附属账户之一。它是旅游统计报表和指标体系公认的标准，是国民经济核算体系在旅游业的延伸，能最终反映旅游活动的经济作用和贡献率。2000 年 3 月，联合国统计署正式批准了世界旅游组织提交的《旅游卫星账户：建议的方法和框架》，标志着旅游卫星账户理论基本成熟。

1. 旅游卫星账户的核算思想

作为国民经济账户之外，按照国际统一的国民账户概念和分类要求单独设立的一个虚拟账户，旅游卫星账户通过将所有旅游消费引致的产出部分分离出来，单列成虚拟的账户，以准确评价旅游业的经济影响。旅游卫星账户的核算方法、概念框架、编制内容、表式设计等是以国际通行的规范性文件《旅游卫星账户：建议的方法框架》和 SNA93 为依据、原则和指导思想，运用商品流量法进行编制，并依托于编制国的国民经济核算体系。[①]

从内容和本质上看，旅游卫星账户是在现有的国民经济体系内，为适应旅游分析的需要，提出有用数据，并将数据分离和再整理。因此，旅游卫星账户是专门衡量旅游经济影响的国民经济账户体系。从

---

① 黎洁：《旅游卫星账户与旅游统计制度研究》，中国旅游出版社 2007 年版，第 23—90、129—195 页。

整体上看，旅游卫星账户没有改变传统经济核算的方法与范围，只是围绕"旅游"这一主题，重新汇集数据。换句话说，这些数据其实隐含在国民经济核算中，旅游卫星账户把这些数据显性化了。此外，由于旅游卫星账户描述了旅游活动和旅游消费所产生的对服务和货物的需求和它们供给的总体关系，所以从经济学的角度看，旅游卫星账户描述了一个与旅游经济活动相关的事后市场均衡。

2. 旅游卫星账户的主要内容

一个完整的旅游卫星账户能提供宏观经济总量，如旅游消费总额、旅游消费所产生的旅游业增加值、旅游就业状况；旅游消费的详细数据，这种消费是通过哪些产业、如何通过国内供给和进口加以满足，将它们综合在 SNA93 所表述的国民账户的供给和使用表中，并考察这些消费与供给是如何连接的；旅游业的详细生产账户，旅游就业、旅游业与其他生产性经济活动的联系；为与其他产业数据相比较提供依据。

《旅游卫星账户：建议的方法和框架》包括四章和相关附件。第一章是各项建议的一般性说明。第二章是"需求角度：概念和定义"，说明游客、游客消费的定义和计量、游客消费地点和一些特别问题和旅游总需求的构成。第三章是"供给角度：概念和定义"，研究向游客提供商品和服务、界定生产活动以及处于核心位置的产品与供给相关的有关经济变量。第四章是"表、账户和总量"，是旅游卫星账户方法设计的核心部分，包括十个表格。[①] 这些表分别是："旅游消费核算表""入境旅游消费表""国内旅游消费表""居民出境旅游消费"和"按产品和游客种类分列的境内旅游消费"，后四个表格的主栏是以旅游特征产品分类的旅游消费项目，宾栏则反映现金最终消费情况等；"旅游产业和其他产业的生产账户"这个表与 SNA93 体系中的供给和使用表的编制基本相同，表内行向表示产品，列向表示产业，总体反映与旅游消费有关的产业的总产出；"国内供给和境内旅游消费表"是旅游卫星账户的核心，反映了以购买者价格表示的事后旅游供给与需求的平衡；最后是"旅游就业表"，旅游业固定资本形成总额、旅游公共消费和旅游业的事物指标。

---

① 郝索：《旅游经济学》，中国财政经济出版社 2008 年版，第 44—62 页。

需要强调的是，"旅游生产账户"和"国内供给和境内旅游消费账户"是两个非常相似的表格，表格的基本形式与内容相同。不同的是，国内供给和境内旅游消费账户中，反映了一个概念——"旅游消费比例"，即旅游消费占该种产品总供给的份额。

3. 旅游卫星账户所采用的产品与产业分类方法

由于旅游业是从需求的角度定义并进行统计，现行的旅游统计不能反映旅游经济的活动过程。旅游卫星账户弥补了这种统计缺陷，将旅游需求与消费分解，寻找其供给来源，在此基础上分析供给。为达到这种目的，旅游卫星账户采用产品和产业分类的方法，即旅游特征产品与旅游特征活动。旅游特征产品和旅游特征活动是旅游卫星账户的两个基本概念。根据 SNA93 第 21.98 条，在卫星账户考察生产时，重点是分析特征活动和特征生产者。特征产品和生产活动在该领域中具有代表意义。

旅游特征产品和特征生产活动是卫星账户对国民经济产品和产业部门按照旅游活动需要重新分类，形成新的产品和产业目录表。这两个表格直接影响旅游业的产出范围核算以及旅游卫星账户的核算结果。根据这样的产品和产业分类，达到全面分析旅游经济的目的。同时，《旅游卫星账户：建议的方法和框架》给出了一个特征产品和产业目录的参考。

遵照第三章提到的特征产品、特征生产活动的概念，我们已经知道旅游特征产品是指在多数国家，如果没有游客，将不再存在富有意义的数量或消费水平将大幅度降低的那些产品，而且通过统计可以获得其基本信息。需要指出的是，"旅游业有关产品"指剩余一类，由编制国旅游业决定，但是属性是在全国范围内没有认可的一些产品。旅游业特定产品包括上述两类产品。非特定旅游产品是剩余的其他产品。

卫星账户中，旅游特征活动的确定是依据其是否与旅游活动有紧密联系，即是指生产一种具有旅游业特征的主要产出的生产活动，这种生产活动会因为旅游者的显著减少而出现产品滞销或其他相似现象。在实际编制旅游卫星账户时，可以根据研究需要，旅游特征活动采用产业部门分类法或是产品部门分类法。

旅游相关产业指与旅游者的密切程度低于旅游特征活动的产业。根据世界旅游组织的建议，相关旅游产业可以包括：度假型地产/不动产的出租服务；当地公共交通业；未包括在旅游特征活动里的交通设备出租服务；外币兑换和其他金融服务；车辆停泊；其他未包括在旅游特征活动内的娱乐和文化服务，其他杂项服务。[①]

4. 旅游卫星账户的评价目标

编制旅游卫星账户主要是用来评价旅游消费与旅游供给事后平衡的旅游业产出核算，即旅游业增加值及其构成比例、旅游就业、旅游业固定资本形成总额等。这里的旅游业增加值实际上是各个旅游特征产业和旅游相关产业因为旅游消费而引致的产出供给比例的加权结果。

表 5 - 1　　　　　　　　旅游卫星账户核算目标[②]

项目	核算内容
游客消费核算	1. 游客实际最终消费 2. 旅游业务费用
旅游需求核算	旅游需求＝游客实际最终消费＋旅游业务费用＋旅游业公共消费＋旅游固定资本形成
旅游供给核算	饭店、餐饮、航空客运等旅游特征产业的旅游增加值及其构成情况
旅游统计指标	游客实际最终消费、旅游业增加值及其构成比例、旅游特征产业增加值、旅游就业、旅游业固定资本形成
核算 范围的总结	1. 旅游消费和旅游供给的核算范围 2. 提供了旅游业增加值等国民经济核算指标 3. 核算过程中，按照国民经济核算原则采用了一些数据处理方法，如包价旅游的净值计算、旅游耐用消费品的核算、增加了旅游业务费用

二　旅游卫星账户的应用

自 20 世纪 70 年代末至今，旅游卫星账户已经发展了近 40 年，在很多国家和地区被广泛应用，尤其是在加拿大。1995 年加拿大统计局

①　黎洁：《旅游卫星账户与旅游统计制度研究》，中国旅游出版社 2007 年版，第 23—90、129—195 页。

②　黎洁：《旅游卫星账户与旅游统计制度研究》。

发布了第一份旅游卫星账户，它显示出旅游业是加拿大国民经济中一个关键的战略部门。六个月后，政府给旅游的联邦基金增加了五倍。[1]

表 5-2　　　　　　　1995 年加拿大旅游经济的基本情况[2]

项目	数额
旅游业 GDP（直接）	192 亿加元
占总 GDP 比例	2.5%
旅游业 GDP（直接和间接总和）	312 亿加元
占总 GDP 比例	4.1%
旅游业在经济部门中的排序	第 12 位
直接吸纳就业人数	518000 人
旅游业税收	141 亿加元
旅游花费	470 亿加元

美国商务部于 1998 年提出了旅游卫星账户，以 1992 年的国民经济账户为基础，核算旅游经济的基本情况。

表 5-3　　　　　　　1998 年美国旅游经济基本情况[3]

项目	数额
旅游业占 GDP 的比例	4.6%—5.3%
旅游就业占总就业比例	3.3%—3.7%
旅游花费	2840 亿—3330 亿美元

多米尼加共和国于 1993 年开发出一个专用于小岛国的旅游卫星账户。在此之前，当地仅把饭店业和餐馆业收入作为旅游收入，占全国 GDP 的比重仅为 4%。在引入新方法对旅游的经济影响进行全面研

---

① 任佳燕、刘赵平：《用旅游卫星账户测度旅游业对经济的影响》，《中国统计》1999 年第 10 期。

② 同上。

③ 同上。

究之后，该国政府以此为依据对旅游发展提出新的政策。

表5-4　　　　　1993年多米尼加共和国旅游经济基本情况①

项目	数额
旅游产出	2380亿多米尼加元
旅游占总出口比例	20.5%
旅游花费占GDP比例	68.5%
旅游业税收	560亿多米尼加元

1995年，挪威按照联合国推荐的标准对国民经济账户进行了一次大调整，因而成为OECD成员国中第一个完成此项工作的国家。以此为基础，挪威建立了1988—1995年的旅游卫星账户。

表5-5　　　　　1995年挪威旅游经济基本情况②　　　　单位:%

项目	数额
旅游占GDP比例	3
旅游就业比例	3
旅游占出口比例	5

表5-6　世界旅游理事会利用TSA估计1999年旅游对全球经济的影响③

项目	数额
旅游业GDP	13280亿美元
占总GDP比例	4.4%
旅游经济GDP	35499亿美元

---

① 任佳燕、刘赵平：《用旅游卫星账户测度旅游业对经济的影响》，《中国统计》1999年第10期。

② 同上。

③ 同上。

续表

项目	数额
占总 GDP 比例	11.7%
旅游业就业人数	6780 万人
占总量比例	3.1%
旅游经济就业人数	19230 万人
占总量比例	8.2%

我国一些地方也进行了旅游卫星账户编制工作，如江苏、浙江、厦门、广西等。

表 5-7　　　　我国四个地区旅游卫星账户的主要数据①

项目	厦门旅游卫星账户 1998 年	广西旅游卫星账户 2001 年	江苏旅游卫星账户 2004 年	浙江旅游卫星账户 2004 年
旅游消费（亿元）	75.2	199.67	949.97	1322.7
入境旅游消费（亿元）	19.8	未明确	87.066	128.3
区域国内旅游消费（亿元）	55.4	未明确	861.43	1130.3
旅游业增加值（亿元）	20.65	72.91	446.63	562.1
旅游就业（万人）		55.06	100.98	146.3
旅游业增加值对地区生产总值的贡献（%）	4.94	6.7	4.2	4.83
旅游就业贡献（%）	未明确	未明确	8.54	4.89

旅游卫星账户在国内外都得到实践与运用。陕西是旅游大省，旅游业一直是陕西省的支柱产业之一。本章运用旅游卫星账户的基本方法来评价陕西旅游的经济影响。

---

① 黎洁：《旅游卫星账户与旅游统计制度研究》，中国旅游出版社 2007 年版，第 23—90、129—195 页。

三　基于 TSA 的陕西旅游经济效应的评价

1. 陕西省旅游产品和旅游生产的界定

根据《旅游卫星账户：建议的方法和框架》对 2008 年陕西旅游经济活动运用卫星账户法进行分析与评价。在评价时选用 2007 年出版的《陕西投入产出表》和 2008 年陕西旅游的统计数据进行模拟运算。因为投入产出表每五年编制修订一次，因此评价 2008 年陕西旅游经济借助 2007 年的投入产出表。另外，运用卫星账户法评价旅游经济效应时，尽管要求账户的编制应与投入产出表的基年一致，但是由于数据的限制，没有采用 2007 年陕西旅游发展的相关统计数据。因为在数据采集过程中，2008 年陕西旅游经济统计数据比较全面，不仅有基础旅游数据，还有旅游收入构成的数据。因此，计算过程根据经济发展的增长速度对数据进行调整，尽量缩小误差。

旅游卫星账户评价旅游经济的出发点是旅游消费，落脚点是相对应旅游消费的旅游生产活动增加值，因此，这里从旅游消费分析开始，寻找旅游消费的相关产品及其对应的旅游生产活动。《旅游卫星账户：建议的方法和框架》中，"旅游消费项目的界定不是依据游客所消费的产品，而是依据游客需要达到的特定目标（比如离开家）"，实际数据证实了这种陈述，所有获得数据以及相关统计在对旅游消费项目分类时，使用了模糊方式，将旅游消费一般分为九类，分别是长途交通、住宿、餐饮、购物、游览、娱乐、市内交通、邮电通信和其他。[①] 有差异的是，2007 年陕西投入产出表提供 9 部门投入产出、42 部门投入产出以及 142 部门投入产出。在 142 部门投入产出表中，产业分类详尽，提供了 142 类产业的投入产出比例等数据。[②]

旅游卫星账户从消费出发，要求把旅游消费与旅游供给协同起来。消费的笼统分类和详尽的 142 个子产业，如何协同这二者。两权相宜，只能按照消费项目的粗略分类将 142 个子产业中，依据它们与

---

① 乔玮：《用投入产出分析旅游对上海经济的影响》，《经济地理》2006 年第 12 期。

② 陕西省统计局、陕西省投入产出办公室：《2007 年陕西投入产出表》，陕西省统计局 2008 年版。

旅游的亲密程度，以整体进入的原则得以协同。根据上述方法，在2007年陕西142部门投入产出表中，将28个子产业进行归类。

因为数据采集的原因，实际分析评价将28个子产业按照"整体进入"原则，与9类旅游产品（长途交通、住宿、餐饮、游览、娱乐、商品销售、邮电通信、市内交通和其他）协同一致。[①]

在实际计量中，因为数据资料有限，例如，在获得的2008年陕西入境旅游消费构成中，游览娱乐的统计数据结合在一起；在2008年的陕西国内旅游收入构成中，邮电通信、市内交通和其他则全部归于其他项目，因此，不能按照某一比例关系进行分割。在评价时为保证准确性，将游览和娱乐作为一类产品，邮电通信、市内交通和其他作为一类产品。因此，这里运用TSA评价陕西旅游经济效应时，产品类别归纳为6类，而与相关产业一一对应。

表5-8　　　　　　　　与旅游消费对应的子产业再归类

旅游生产活动提供的旅游产品		旅游生产活动涉及的投入产出表的旅游特征产业和旅游相关产业	数量
长途交通		铁路运输业、道路运输业、水上运输业、航空运输业	4
住宿		住宿业、房地产经营与开发、商务服务业	3
餐饮		餐饮业	1
购物		批发业、零售业	2
游览娱乐业	游览	环境管理业、公共设施管理业、广播电视电影和音像业、文化艺术业	4
	娱乐	娱乐业、体育业、其他服务业	3
其他	邮电通信	邮政业、电信通信业	2
	市内交通	市内交通业	1
	其他	银行业、保险业、租赁业、居民服务业、旅游业、教育、卫生	7
合计			27

2. TSA评价陕西旅游经济效应的基本核算条件

2007年陕西投入产出表；

---

① 曾博伟：《旅游的基本概念及其测度》，《旅游调研》2005年第11期。

2008 年陕西入境旅游消费统计；

2008 年陕西国内旅游消费统计；

2008 年陕西分行业从业人员人数；

2008 年陕西分行业从业人员劳动报酬；

2008 年陕西国民经济行业城镇投资和按照主要行业分的全社会固定资产投资等。

3. 基于 TSA 的旅游消费账户和生产账户

一是旅游消费账户。根据 2008 年陕西旅游统计资料建立旅游消费账户。特别需要指出的是，现有旅游统计的局限，目前不能获得出境旅游前的省内消费项目的具体数据。因此，消费账户中不包含这类消费。2008 年，陕西国际旅游收入 45.11 亿元，国内旅游收入 561 亿元，旅游总收入 606.11 亿元（美元与人民币的兑换率按年末价 1:6.83 计算）。[①]

根据表 5-9 显示，陕西旅游经济中长途交通所占比例最大 20.46%，其次顺次分别是购物、住宿、餐饮、游览娱乐和其他项目，符合旅游消费的一般比例构成。

表 5-9　　　　　　　　2008 年陕西旅游经费账户　　　　　　单位：亿元

旅游产品类别		入境旅游收入及构成		国内旅游收入及构成		旅游总收入及构成	
		收入	比例（%）	收入	比例（%）	总收入	比例（%）
长途交通		12.58	27.89	111.47	19.87	124.05	20.46
住宿		5.68	12.60	103.33	18.42	109.02	17.98
餐饮		3.69	8.20	98.17	17.50	101.87	16.80
购物		11.46	25.40	98.51	17.56	109.97	18.14
游览娱乐	游览	2.61	5.80	54.52	9.72	93.59	15.44
	娱乐			36.46	6.50		
其他	邮电通信	2.07	4.60	61.03	10.88	67.74	11.17
	市内交通	1.35	3.00				
	其他	3.29	7.30				

附注：根据 2008 年《陕西旅游蓝皮书》和《陕西旅游统计年鉴》整理。

---

① 陕西省统计局：《2005—2009 年陕西旅游统计年鉴》，陕西统计出版社。

二是旅游生产账户。在生成陕西省 2008 年的旅游经济生产账户时，数据采样自 2007 年投入产出表。因此对应旅游特征产品的特征旅游生产行业和相关行业 2008 年的生产数据需要进行调整。其中对应行业的产出分别乘国民经济平均增幅（2008 年陕西 GDP/2007 年陕西 GDP），中间消耗因短时期技术水平基本不变化，因此，中间消耗取 2007 年数据。生产中剩余项目调整方式与产业产出调整方式一样，见表 5-10。

三是陕西旅游经济消费生产综合账户。根据《旅游卫星账户：建议的方法和框架》中推荐的将旅游消费账户与旅游生产账户综合，得到旅游经济消费生产综合账户。该账户反映了对应旅游特征产品的旅游特征活动和相关活动在提供旅游产品消费—供应比例。该账户形成过程隐含了 6 类旅游生产活动的国内总产出（基本价格）和境内总供给（基本价格）等同于 6 类旅游产品的国内总产出（基本价格）和境内总供给（基本价格）。

表 5-10　　　　　　　　2008 年陕西旅游经济生产账户　　　　单位：亿元

与旅游特征产品相关产业		总产出	中间消耗	增加值	生产税净额	固定资产折旧	营业盈余
交通运输	铁路运输业、道路运输业、水上运输、航空运输	596.17	222.79	373.38	53.72	103.65	70.88
住宿	住宿业、房地产经营与开发、商务服务业	252.51	113.27	139.24	22.25	8.9	50.68
餐饮	餐饮业	240.95	105.81	135.14	25.47	6.45	-17.71
购物	批发业	689.51	158.89	530.62	218.21	22.78	139.82
	零售业						
游览娱乐	环境管理业、公共设施管理业、广电业、文化艺术业、公管和社会组织、娱乐业、体育业、其他服务业	460.28	143.65	316.63	5.68	8.56	17.17
邮电	邮政业	326.02	216.48	109.54	13.21	70.48	46.775
	电信通信业						

与旅游特征产品相关产业		总产出	中间消耗	增加值	生产税净额	固定资产折旧	营业盈余
市内交通		67.81	23.33	44.48	2.65	11.83	-9.93
其他	银行业、保险业、租赁业、居民服务业、教育、卫生	897.17	313.22	583.95	18	16.62	106.62

附注：根据2007年"陕西投入产出表"整理。

4. 基于综合账户的相关指标计量

一是计算旅游直接经济效应即旅游业增加值及相关指标。

表5-11计算出旅游生产份额，这是TSA评价旅游经济的核心数量关系，根据对应不同旅游产品的旅游特征行业及相关行业进行旅游业直接经济效应即旅游业增加值等相关指标计量。在具体计量过程中，采用旅游供给份额这一概念，意味着旅游产品与非旅游产品供给产出占比是一致的。

表5-11　　　　　　旅游经济消费生产账户　　　　　　单位：亿元

旅游产品	旅游活动产出	对应旅游特征产品产业产出	旅游活动产出占总产出份额（%）
长途交通	124.05	596.17	20.80
住宿	109.02	252.51	43.17
餐饮	101.87	240.95	42.27
购物	109.97	689.51	15.94
游览娱乐	93.59	460.28	20.33
其他	67.75	1290.96	5.2
合计	606.25	3530.38	

根据 $Z = (z_1, z_2, \cdots, z_6)(f_1, f_2, \cdots, f_6)$ 　　　　(5.1)

其中z表示旅游特征行业与相关行业产出增加值，f表示各对应旅游产品行业占比份额，Z表示旅游业增加值。将上述表格中数据代入式（5.1），旅游业增加值 Z = 382.2 亿元,是 1997 年我省旅游业增加值的 12.5 倍,是全省 2008 年 GDP 的 5.57%。另外,2001 年广西旅游业增加值 72.91 亿元,2004 年江苏旅游业增加值 446.63 亿元,2004 年浙江旅游业增加值 562.1 亿元,与这些数据相比较,基本符合旅游经济发展的实际。

相应的旅游业生产净税额 = 69.22 亿元

旅游业固定资产折旧 = 38.62 亿元

旅游业营业额 = 62.90 亿元

二是计算旅游业从业人数、旅游从业人员报酬以及旅游业投资总额。

表 5 - 12　　　　　旅游特征行业和相关行业就业人数　　　　单位:万人

行业	从业人数	对应旅游产品的特征旅游行业和相关行业	调整后总就业人数
交通运输、仓储和邮政业	74.6	交通运输业	70.60
信息传输、计算机服务和软件业	11.8	住宿业	39.11
批发和零售业	216.6	餐饮业	62.85
住宿和餐饮业	79.0	购物业	216.6
金融业	10.7	游览娱乐业	68.76
房地产业	7.8	其他	285.50
租赁和商务服务业	8.6		
水利、环境和公共设施管理业	6.2		
居民服务和其他服务业	17.5		
教育	57.9		
卫生、社会保障和社会福利业	18.0		
文化、体育和娱乐业	7.2		
公共管理和社会组织	48.6		
其他行业	162.8		

根据旅游业占比份额,计算旅游业就业人数 = $(e_1, e_2, \cdots, e_6)$

$(f_1, f_2, \cdots, f_6)$　　　　　　　　　　　　　　　　　（5.2）

　　=121.45 万人

　　旅游业就业占全省就业的 5.79%。

表 5 - 13　　　旅游特征行业和相关行业从业人员劳动报酬　　单位：亿元

行业	从业人员报酬	对应旅游产品的特征旅游行业和相关行业	调整后总就业人员报酬
交通运输、仓储和邮政业	56.95	交通运输业	53.90
信息传输、计算机服务和软件业	18.69	住宿业	18.02
批发和零售业	27.55	餐饮业	6.07
住宿和餐饮业	7.64	购物业	27.55
金融业	41.32	游览娱乐业	133.01
房地产业	10.24	其他	232.71
租赁和商务服务业	6.34		
水利、环境和公共设施管理业	11.47		
居民服务和其他服务业	4.55		
教育	152.35		
卫生、社会保障和社会福利业	40.17		
文化、体育和娱乐业	8.82		
公共管理和社会组织	108.26		
其他行业			

　　根据旅游业占比份额，计算旅游业从业人员劳动报酬

　　= $(m_1, m_2, \cdots, m_6)(f_1, f_2, \cdots, f_6)$　　　　（5.3）

　　=65.07 亿元

　　旅游业从业人员劳动报酬占全省从业人员劳动报酬的 7.46%。

　　同样得到旅游业城镇投资 = $(i_1, i_2, \cdots, i_6)(f_1, f_2, \cdots, f_6)$

　　　　　　　　　　　　　　　　　　　　　　　　　　（5.4）

　　=281.2 亿元，占全省城镇投资的 7.4%。

　　旅游业新增固定资产 164.68 亿元，占全省新增固定资产的 7.84%。

根据旅游卫星账户全面计量我省 2008 年旅游业发展的基本状况，具体见表 5 - 14。

将表 5 - 14 数据与表 5 - 7 数据比较，陕西旅游业增加值 382.2 亿元，小于江苏和浙江的旅游业增加值，大于广西旅游业增加值。同时，陕西旅游业增加值对陕西经济的贡献大于江苏与浙江，这是符合实际的，因为陕西经济总体小于这两个省。

表 5 - 14　　　　　　基于 TSA 的陕西旅游业评价指标体系

指标	数量	备注
旅游业增加值	382.2 亿元	占 2008 年全省 GDP 5.57%
旅游业生产净税额	69.22 亿元	—
旅游业固定资产折旧	38.62 亿元	—
旅游业营业额	62.90 亿元	—
旅游业就业人数	121.45 万人	占全省总就业人数 5.79%
旅游业从业人员劳动报酬	65.07 亿元	占全省从业人员劳动报酬 7.46%
旅游业城镇投资	281.2 亿元	占全省城镇投资 7.4%
旅游业新增固定资产	164.68 亿元	占全省新增固定资产 7.84%

四　旅游卫星账户的优势与局限

根据 SNA93 编制的旅游卫星账户，可以从子账户中得到旅游消费的各类数据。旅游卫星账户的基础就是整理目的地境内旅游消费，且借助旅游消费分离出旅游产出，得到旅游供给比例与旅游业增加值。在旅游卫星账户的子账户中，还可以核算出旅游业就业统计和固定资本形成。可见，旅游卫星账户就是一个通过旅游消费剥离的事后旅游供求均衡表。

旅游卫星账户的核心思想是围绕"旅游"分离国民经济账户中有关旅游经济的数据，对应旅游消费类型，将所有与旅游有关的产业进行重新编排，检验旅游经济影响，这是旅游卫星账户最显著的优势。上述计量过程中，子产业归类表和旅游业生产账户正是这一思想的体现。

依据《旅游卫星账户：建议的方法框架》，旅游卫星账户是通过建立十个子账户来描述与反映旅游的经济影响。在建立旅游卫星账户的过程中，只考虑直接旅游需求，即旅游者消费引起的产出变化和就业增加，而不考虑旅游需求所引致的经济体系内的间接和引致联系。如旅游者所购买的旅游纪念品大多是零售业提供的，旅游卫星账户一般只将零售业列为与旅游消费相关的产业，研究旅游消费对零售业的产出贡献，不考虑为零售业提供货源的批发业和制造业。[①] 这样，旅游卫星账户的分析范围就比较窄。从旅游卫星账户中反映的只是旅游消费的直接经济影响，如果要全面反映旅游的经济效应，比如产业联系波及等，就得使用其他方法。[②]

依据对陕西旅游业评价的过程看，旅游卫星账户评价旅游产业增加值时，因各国旅游特征行业范围不同，计算结果没有比较意义。运用 TSA 只能评价旅游业增加值，即旅游卫星账户评价的范围是旅游特征行业和相关行业，其计量范围比较小。在计算过程中，获得相关数据后，对于一些按照正常状况应该达到供需基本平衡数据要进行调整。数据调整的原则和方法也是评价过程中特别需要注意的，是以供给方还是需求方数据为基准进行调节？这是评价过程中的困难。例如，本计算过程对住宿供求平衡做了调整，实际获得的住宿消费数据大于投入产出表中住宿业的产出，因此，在产业归类时，归入了房地产业和商务服务业。因为 2007 年陕西投入产出表中反映出，旅游业与房地产等 28 个产业相关。

另外，旅游卫星账户是一个事后的评价旅游经济的方法和框架。其数据都是以前数据的调整使用，反映了过去一段时间旅游对目的地的贡献，这也说明编制卫星账户有一定的时滞，因此，不能使用旅游

---

① 黎洁：《旅游卫星账户与旅游业的产出核算》，《统计与决策》2007 年第 1 期。

② 刘益：《旅游卫星账户（TSA）在旅游统计中的应用》，《统计与决策》2007 年第 2 期。

卫星账户来预测或预期目的地未来旅游经济的发展。同时，在使用旅游卫星账户时，尽管有一些内容和概念在理论上是阐述清晰的，但是在实际操作中，如何纳入到旅游卫星账户的编制中，仍然是需要进一步研究的问题，例如旅游业务费用、旅游固定资本形成、出境旅游的境内消费统计等。此外，旅游卫星账户在编制过程中，需要大量的统计数据作为基础。目前，有关于旅游统计的方法、指标设置等没有统一的规定。要获得这些支撑数据，需要付出高昂的成本，因此，我国全国性的旅游卫星账户仍然还在可行性的研究中，只是在一些地区做了尝试。

第二节　投入产出法及其实践

一　投入产出法及评价目标

投入产出法与任何经济数量分析方法或模型一样，是理论内涵与数学模型的有机结合。投入产出分析法借用了社会总产品的理论，并让中间产品在投入产出分析表及模型中担当重要角色。同时，投入产出表依据马克思主义再生产原理，按照产品的使用价值将社会总产品分为两大部类，分别是生产资料和消费资料，再按照产品价值又把它分为转移价值部分和新创造价值部分。在投入产出表中，横向表示产品的使用价值，列向表示产品价值构成。此外，社会产品两部类再生产公式就是两部门投入产出模型。

投入产出分析本身是以科学的方法论为基础，即系统论的思想。它强调分析过程的整体性、结构性、相互依存性以及多级可分性。

1. 投入产出表

投入产出表有两种形式，一种是实物型投入产出表，一种是价值型投入产出表。价值型投入产出表的行反映各部门产品的实物运动过程，列反映各部门产品的价值形成过程，因此，更具有普遍的应用意义。投入产出表有三个部分，分别是内生部分、最终需求部分和毛附加价值部分。[1]

---

[1]　杨公朴、夏大慰：《产业经济学教程》，上海财经大学出版社 2001 年版。

（1）内生部分。这一部分反映经济系统在一定时期内各产业之间发生的相互间的供给与需求关系，是各产业之间经济技术联系的表示。在这一部分的横行和竖列上，分别排列着相互对应的各个产业。横行的数字上反映某一产业向包括本产业在内的各产业提供中间产品的状况。竖列的数字反映该产业从包括本产业在内的各个产业中购进中间产品的状况。

（2）最终需求部分。表中 y 反映经济系统在这一时期向社会提供的最终需求部分。一般的，最终需求部分包括消费、投资和出口等。

（3）毛附加值部分。

表 5 – 15　　　　　　　　　简化的价值型投入产出表①

分配方向 投入来源		中间产品				最终产品	总产品
		部门 1	部门 2	…	部门 n		
中间投入	部门 1	x_{11}	x_{12}	…	x_{1n}		X_1
	部门 2	x_{21}	x_{22}	…	x_{2n}	y_1	X_2
	…	…	…		…	y_2	…
	部门 n	x_{n1}	x_{n2}	…	x_{nn}	…	X_n
初始投入	固定资产折旧 d	d_1	d_2	…	d_n	y_n	
	劳动者报酬 v	v_1	v_2	…	v_n		
	生产税净额和营业盈余 m	m_1	m_2	…	m_n		
总投入		X_1	X_2		X_n		

表中 d、v、m 这一部分反映经济系统在这一时期内实现的毛附加值。这部分包括劳动者报酬、企业盈利、固定资产折旧等。

观察投入产出表得到完整而严密的均衡关系。其中，主要的均衡关系是：

各产业的总产出 = 该产业的中间需求 + 该产业的最终需求

各产业的总投入 = 该产业的中间投入 + 该产业的毛附加值

---

① 廖明球：《投入产出及其扩展分析》，首都经济贸易大学出版社 2009 年版。

2. 投入产出法的假设条件

投入产出表能反映产业结构系统中各产业间的关系，但被其反映的关系是建立在产业间的技术经济联系进行了一定的简化和假设基础上。因此，在利用投入产出表进行产业经济分析时，应充分注意到这种假设前提条件。投入产出表的假设表件包括[①]：首先，产业活动的独立性。产业活动的独立性是指各产业的经济活动除了投入产出的联系外，不再有其他相关的影响。也即任何一产业的经济活动既不会对其他产业带来外部经济性，也不会产生外部不经济性。各产业独立活动的效果总和等于其同时进行活动的总效果。其次，产业产出的单一性。产业产出的单一性是指对于投入产出表中的任何一产业，其产出是单一的，或者说相同的产出只能来自于同一个产业。产业产出的单一性与产业活动的独立性保证了在构建数学模型时不同产业之间的无关性。再次，产业报酬的不变性。规模报酬的不变性是指对任何一个产业而言，对其投入的增减与其产出是成比例的。这一假设条件保证了不同产业投入产出间的线性关系。另外，技术的相对稳定性。为了能反映各产业间的关系，在投入产出表中假设技术在一定时期内总是相对稳定的。在此假设条件下，可以推导出直接消耗系数，并进行相关分析。最后是价格体系的公正性。价格体系的公正性是指在编制价值型投入产出表时，价格体系能公正客观反映各产业的供求状况，从而可以从价值上准确地揭示各产业间的投入产出关系。

3. 消耗系数

在投入产出表中，将产业 i（$i = 1, 2, \cdots, n$）的产出记作 x_i，符号 x_{ij} 从产出的角度看，是表示产业 j 对产业 i 的中间需求，即产业 j 在经济活动中做消耗的产业 i 的产品数量；从投入的角度看，是表示产业 i 对产业 j 的中间投入，即产业 i 的产品在经济活动中作为投入而被产业 j 消耗的产业 i 的数量。而 $a_{ij} = x_{ij}/x_j$ 则表示产业 j 在生产单位产品中消耗的产业 i 的数量。在投入产出分析中，a_{ij} 被称为投入产出系数。将投入产出表中所有产业的消耗系数用矩阵 A 表示，$A =$

---

① 刘益：《旅游卫星账户（TSA）在旅游统计中的应用》，《统计与决策》2007 年第 2 期。

$(a_{ij})_{n \cdot n}$，A 也被称为直接消耗系数矩阵。[①]

对应直接消耗系数，也存在间接消耗系数和完全消耗系数。投入会产生直接消耗是因为在生产中，首先应该有要加工的对象。但是因为这些加工对象的生成又需要相关的生产资料，因此，在经济运动循环中，生产某种产品就出现了对相同生产资料的不断利用。在投入产出分析中，除了在第一轮生产中使用的某种生产资料，且在前、后向关联生产中使用的该种生产资料被称为对该生产资料的间接消耗。把所有消耗的该种生产资料全部计算在一起，就产生了对该种生产资料的完全消耗。完全消耗系数记作 B，经过推导分析，$B = (I - A)^{-1} - I$。

在投入产出表中，若用 Y 表示产业最终需求，$Y = (y_i)_{n \cdot 1}$，用 X 表示总产出，$X = (x_i)_{n \cdot 1}$，联系直接消耗系数与直接消耗矩阵，则有：

$$AX + Y = X \tag{5.5}$$

变换后得到：

$$Y = (I - A) X \tag{5.6}$$

$$X = (I - A)^{-1} Y \tag{5.7}$$

上式说明，在知道最终需求，可以借助投入产出分析，计算总产出。[②]

4. 投入产出法的评价目标

投入产出表提供经济系统一套完整的数据，即某一产业的产出总值、增加值、直接消耗系数等重要数据。因此，利用投入产出法，根据基本旅游统计数据计算获得相关行业的旅游业和旅游增加值等，达到评价旅游对地区经济影响的目标。一般来说，利用投入产出法可以评价旅游经济影响以下内容：一是旅游业增加值、旅游增加值及旅游乘数；二是旅游消费引起的国民经济其他产业产出增加分析；三是旅游业产业波及与关联分析，说明旅游业对国民经济发展的拉动作用；四是旅游就业分析以及相关的中间需求与中间投入分析。

应用投入产出法核算旅游经济增加值以及相关指标时，也必须对

---

① 杨公朴、夏大慰：《产业经济学教程》，上海财经大学出版社2001年版。

② 同上。

旅游消费进行分类，同时在国民经济产业类型分类出相应的产业目录，在产品和产业目录确定后，利用投入产出表计算整理相关评价指标。

二　投入产出法的应用

投入产出法是传统地评价旅游经济效应的方法。在使用它来研究旅游业对地区经济贡献和乘数分析方面，国外已经有相当的使用，如弗莱彻（1989）、布瑞阿苏里斯（1991）、克恩和方（1995）、布阿德和马斯松（2004）、克姆和钟和邹（2003）等。[①] 在国内，闫敏（1992）利用中国投入产出表研究了旅游业与工业化之间存在的关联关系[②]。李江帆（2001）运用投入产出法分析了广东省旅游业与经济部门的产业关联和波及关系。[③] 乔玮（2006）用投入产出法分析了旅游对上海经济的影响。[④] 依绍华（2005）用投入产出分析了旅游的就业效应。[⑤] 魏卫、陈雪钧以湖北省为例，利用投入产出分析了旅游产业经济贡献。[⑥] 韩勇、郑远强以海南省为例，利用投入产出分析了旅游业对经济影响的效果。[⑦] 白斌飞、彭莉莎分析了旅游业的产业波及效应分析。[⑧]

表 5-16 数据显示，1997 年，这 19 省旅游业的经济贡献都低于 5%，旅游业还不足以构成各地区经济发展的支柱产业。另外，旅游业增加值排名靠前的省份分别是广东、江苏、辽宁、福建、河南、上

[①] 黎洁：《旅游卫星账户与旅游统计制度研究》，中国旅游出版社 2007 年版，第 23—90、129—195 页。

[②] 闫敏：《旅游业与经济发展水平之间的关系》，《旅游学刊》1999 年第 5 期。

[③] 李江帆、李冠霖：《旅游业的产业关联和产业波及分析——以广东为例》，《旅游学刊》2002 年第 3 期。

[④] 张凌云：《国际上流行的旅游定义和概念综述》，《旅游学刊》2008 年第 1 期。

[⑤] 依绍华：《旅游业的就业效应分析》，《财贸经济》2005 年第 5 期。

[⑥] 魏卫、陈雪钧：《旅游产业的经济贡献综合评价——以湖北省为例》，《经济地理》2006 年第 26（2）期。

[⑦] 韩勇、郑远强：《海南省旅游业对经济影响效果的实证分析》，《海南大学学报》（人文社会科学版）2003 年第 21（1）期。

[⑧] 白斌飞、彭莉莎：《基于投入产出法的四川省旅游业的产业波及效应分析》，《成都信息工程学院学报》2007 年第 22（3）期。

海、湖北和浙江。1997 年陕西省的旅游业增加值排名比较靠后。

表 5 - 16　　　　1996 年 19 省市旅游增加值的构成和比重①　　单位：亿元

省市	交通	邮电	商业	餐饮	社会服务	旅游增加值	GDP	增加值占 GDP 比重（%）
新疆	13.45	0.89	2.51	17.90	9.46	44.24	912.15	4.85
海南	4.95	0.55	1.46	1.38	9.90	18.24	389.53	4.68
广东	90.48	9.56	14.94	36.86	143.99	295.85	6519.14	4.53
福建	50.17	3.12	6.79	6.62	40.89	107.61	2606.92	4.12
辽宁	42.46	1.68	7.76	27.46	46.23	125.60	3157.69	3.97
上海	28.80	5.33	9.16	4.00	51.98	100.28	2902.20	3.45
陕西	18.87	1.22	1.22	5.52	13.27	40.33	1175.38	3.43
广西	23.78	1.15	5.20	6.41	21.03	57.59	1869.62	3.08
江苏	67.16	3.17	18.09	7.26	71.30	167.00	6004.21	2.78
河南	46.84	1.96	5.96	8.55	39.64	102.97	3683.41	2.79
吉林	17.54	1.11	3.31	1.33	13.28	36.58	1337.16	2.73
山西	19.90	0.55	2.25	2.40	10.57	35.69	1305.50	2.73
湖北	30.54	1.09	8.77	3.53	36.19	80.14	2970.20	2.69
宁夏	2.42	0.13	0.47	0.31	1.57	4.92	193.62	2.54
贵州	4.08	0.55	1.63	0.42	11.34	18.05	719.83	2.50
安徽	21.79	1.14	4.41	7.99	21.25	56.78	2339.25	2.42
湖南	31.41	3.03	1.88	0.36	17.91	54.62	2647.16	2.06
浙江	44.27	4.05	16.89	4.42	9.16	78.82	4146.06	1.90
河北	50.92	1.46	8.85	4.19		65.43	3452.97	1.89
19 省市合计						1490.74	48328.0	3.08
全国合计						1845.19	67559.7	2.73
广东占全国的比重						16.03	9.65	

---

① 李江帆、李美云：《旅游产业与旅游增加值的测算》，《旅游学刊》1999 年第 5 期。

表5-17　　　　　　2000年全国旅游业直接相关产业就业情况①

单位：亿元

产业名称	总产值	旅游业带动部分的总收入	各相关产业的总数就业人数（万人）	旅游业创造的就业人数（万人）
交通运输业	71679.3	1395.66	1915.8	37.3
邮电通信业	11776.2	41.75	113.2	2.37
批发和零售贸易餐饮业	96535	1556.81	4686	75.6
社会服务业	40603.82	1239.97	921	28.13
其他行业	5176.3	291.81	5643	318.1

表5-17表明，旅游业直接相关产业的就业人数461.5万人。计算可以得出2000年旅游业对全社会就业直接贡献率是0.64%，旅游业对第三产业就业贡献率是1.67%②，具体数据见表5-16。

三　基于投入产出法的陕西旅游经济效应评价

这里采用2007年陕西投入产出表和2009年陕西统计年鉴数据定量分析2008年陕西境内旅游对陕西经济的全部影响。

1. 2008年陕西旅游业基本情况

2008年陕西省旅游业总收入607亿元，其中旅游外汇收入6.6亿美元，共接待入境旅游者125.7万人次；国内旅游收入561亿元，接待国内旅游者9056万人次。2008年入境旅游者在陕西的人均消费为3589.17元/人次，国内旅游者人均花费619.47元/人次。基本构成情况如下：长途交通费占19.87%，住宿费占18.42%，餐饮费占17.5%，景点游览费占9.27%，娱乐费占6.50%，购物费占17.56%，其他占10.88%。③

2. 旅游最终需求的增加对2008年陕西生产总值的影响分析

利用陕西省2007年42部门投入—产出表，首先分别计算陕西42

---

① 依绍华：《旅游业的就业效应分析》，《财贸经济》2005年第5期。

② 同上。

③ 张建融、左红丽：《客源国概况》，高等教育出版社2005年版。

产品部门的直接乘数的行向量和直接消耗系数矩阵；其次根据完全消耗系数矩阵计算得到里昂惕夫逆矩阵，即它等于全消耗矩阵＋单位矩阵，或者里昂惕夫逆矩阵＝$(I-A)^{-1}$；再次，由42产品部门的直接乘数行向量乘以里昂惕夫逆矩阵中与旅游消费有关的列向量，从而可以计算与旅游消费相关的各产品部门的直接影响和总影响。由于数据有限，没有计量旅游消费带来的引致影响。

表5-18　　　　2008年陕西省入境旅游增加值及乘数　　　单位：亿元

最终需求部门	产业序号	最终需求变化	增加值乘数			增加值完全影响
			直接乘数	完全乘数	直接影响	
商品销售收入	30	11.460	0.71	1.42	8.13	16.2732
餐饮销售收入	31	3.699	0.44	0.8954	1.62	3.3120
住宿费	31	5.684	0.44	0.8954	2.50	5.0894
旅行社业务费	38	2.344	0.48	0.9686	1.12	2.2703
长途交通费	27	12.587	0.52	1.0783	6.54	13.5725
市内交通费	27	1.353	0.52	1.0783	0.70	1.4589
邮政电信费	28	2.075	0.49	1.0096	1.01	2.0949
文化娱乐费	41	2.616	0.59	1.1860	1.53	3.1025
其他	38	3.293	0.48	0.9686	1.58	3.1895
合计		45.111	0.516	1.1046	24.73	49.3632

直接乘数＝某产业增加值/总产出　　　　　　　　　　　（5.8）
直接乘数说明最终需求增加一个单位对各部门提出的产量要求。
间接乘数＝直接乘数×里昂惕夫逆矩阵　　　　　　　　　（5.9）
间接乘数说明最终需求增加一个单位所引起的完全增加值。由于地区投入产出流量表包括从外地流入的产品，因此，"完全增加值"是指旅游活动在地区内外而引起的增加值（假设地区间产品流入和流出大致相抵）。
完全乘数＝直接乘数＋间接乘数　　　　　　　　　　　（5.10）
直接影响＝对应产业最终需求×直接乘数　　　　　　　（5.11）

这里的直接影响即表示旅游经济的直接效应，也就是通常所说的旅游业增加值。

完全影响 = 对应产业最终需求 × 完全乘数　　　　　　（5.12）

由于引致影响的计算数据有限而略去，因此，这里的旅游完全影响即表示旅游经济增加值，也就是旅游间接效应。

根据表 5 - 18，2008 年陕西省入境旅游直接影响是 24.73 亿元，直接乘数 0.516；完全影响是 49.3632 亿元，完全乘数 1.1046。因此，入境旅游最终需求每增加 1 元，能带来 0.516 元直接增加值，带来完全增加值 1.1046 元。利用 2008 年陕西国内旅游数据得到国内旅游对陕西经济的影响。

表 5 - 19　　　　　2008 年陕西国内旅游增加值及乘数　　　　单位：亿元

最终需求部门	产业序号	最终需求变化	增加值乘数		增加值	
			直接乘数	完全乘数	直接影响	完全影响
商品销售收入	30	98.5716	0.71	1.42	69.98	139.97
餐饮销售收入	31	98.175	0.44	0.8954	43.197	87.90
住宿费	31	103.3362	0.44	0.8954	45.46	92.527
长途交通费	27	111.4707	0.52	1.0783	57.964	120.19
文化娱乐费	41	90.985	0.59	1.1860	53.68	107.90
其他	38	61.0368	0.48	0.9686	29.29	59.12
合计		561	0.525	1.064	299.56	607.6

根据表 5 - 19，国内旅游最终消费每增加 1 元，带来直接增加值 0.525 元，带来完全增加值 1.064 元。

汇总表 5 - 18 和表 5 - 19，综合评价 2008 年陕西境内旅游对陕西经济的影响，具体数据见表 5 - 20。

根据表 5 - 20，2008 年陕西旅游业产值乘数 4.73，旅游产值乘数 9.58。即每 1 元旅游消费带来 4.73 元旅游业产值；每 1 元旅游消费使全社会产值增加 9.58 元。

上述计算过程中，尽管没有分析引致效应，但是在计算过程中也忽略了旅游消费中的漏损部门，同时也是假设陕西经济是一个开放经济体系，即进出口大致相抵的状态。计算直接乘数的方法采用的是增加值率，也就是说 2008 年陕西旅游业的增加值率是 0.524，即 52.4%。这一结果与黎洁计量的 1997 年陕西旅游业增加值相比要大（1997 年，黎洁，旅游业增加值率 36%）①，这是符合实际状况的。因为 1997 年陕西国内生产总值 1326 亿元，2008 年陕西国内生产总值 6851.32 亿元。2008 年陕西经济整体发展状况是 1997 年的 5.16 倍。另外，将计算结果与 2006 年郝志敏和王琪延对北京旅游经济评价结果相比，2004 年北京旅游增加值占 GDP 比重为 10.8%。② 显然，本计算符合实际，陕西旅游在总体上落后于北京旅游经济发展。

表 5-20　　　　2008 年陕西境内旅游增加值、乘数和贡献率

	直接乘数/ 直接增加值	完全乘数/ 完全增加值
1. 2008 年陕西旅游增加值乘数		
入境旅游	0.516	1.1046
国内旅游	0.525	1.064
旅游经济总体	0.524	1.066
2. 2008 年陕西旅游对本省生产总值影响（亿元）		
入境旅游	24.73	49.3632
国内旅游	299.56	607.6
合计	324.29	656.96
3. 2008 年陕西旅游对本省生产总值贡献率（%）		
入境旅游	0.36	0.72
国内旅游	4.37	8.86
合计	4.73	9.58

附注：2008 年陕西生产总值是 6851.32 亿元。

同时上述用投入产出法计算的 2008 年陕西旅游直接增加值，也即旅游业增加值为 324.29 亿元，而前述用旅游卫星账户计算的 2008 年陕西旅游业增加值为 382.2 亿元。比较这两个数据，用旅游卫星账

① 黎洁：《旅游卫星账户与旅游统计制度研究》，中国旅游出版社 2007 年版，第 23—90、129—195 页。
② 郝志敏、王琪延：《旅游 GDP 核算研究——以 2004 年北京为例》，《统计与决策》2006 年第 10 期。

户计算的旅游业增加值要比用投入产出法计算的旅游业增加值多57.91亿元。主要原因是，在用旅游卫星账户计算旅游业增加值时，首先分离国民经济账户中与旅游消费有关的所有产业，然后按照近似归类法，将28个与旅游有关的产业对应于6类旅游消费。其次，利用投入产出表时，因为旅游消费没有详细的比例分配，在求和相关行业总产出时，没有采用加权法，而是各产业产出直接相加得到总产出，再减去各产业中间消耗之和，以求得对应旅游消费的总增加值。而投入产出法则不同，首先计算对应产业的直接乘数，直接乘数计算采用的是相关产业的增加值率，没有对产业归类（例如表5-18中，餐饮与住宿的直接乘数一样），再有直接乘数与对应产业旅游产出相乘，最后加权求和，从而计算结果较小。

3. 旅游消费对其他产业产出影响分析

旅游需求通常表现为对游览活动过程中"吃、住、行、游、购、娱"的需求，对应的旅游产品是交通、住宿、餐饮、游览娱乐以及其他。这些产品一般由交通部门、饭店、旅游景区、旅行社等特征旅游生产活动和相关旅游生产活动部门提供。这些产业在经济往复循环发展的过程中，又对国民经济其他产业的生产活动产生影响，这种影响也称为旅游经济的间接影响，上述旅游经济增加值就是从旅游经济对整个国民经济贡献的角度上分析旅游经济的间接影响。而现在，则是从产业的角度分析，旅游活动不仅对特征旅游生产活动和相关旅游生产活动的产业产出产生影响，而且由于为满足旅游活动的需求，而对国民经济其他产业产出产生影响。

投入产出法提供了计量旅游活动对其他国民经济产业产出计量的方法。由于旅游活动消费的产品一般由特征旅游生产活动和相关旅游生产活动产业提供，要计算最终的旅游需求对其他产业产出的影响，则必须利用里昂惕夫逆矩阵，即通过特征旅游生产活动和相关旅游生产活动产业旅游产出与完全消耗来衡量其他产业因旅游而引起的产出。用公式表示为：

$$X = (I-A)^{-1}Y \tag{5.13}$$

其中，Y表示特征旅游生产活动和相关旅游生产活动产业旅游产出列向量，$(I-A)^{-1}$表示里昂惕夫逆矩阵。通过转化，可由完全消

耗系数表示里昂惕夫逆矩阵，即，

$$(I - A)^{-1} = B + I \tag{5.14}$$

其中，B 表示完全消耗系数，I 表示单位矩阵。2007 年陕西投入产出表不仅提供了直接消耗系数，还提供了完全消耗系数，因此这样的转换简化了计算的难度，可以直接利用投入产出表的基本数据进行演算。

利用 2007 年陕西投入产出 42 部门完全消耗系数（见附录）计算，获得旅游消费对国民经济 42 部门的产出影响。根据表 5-21 数据分析，旅游消费的产出乘数为 2.04，即旅游消费每增加 1 元，所有产业产出增加 2.04 元。

表 5-21　　　　　　旅游消费活动对各行业产出影响　　　　　　单位：亿元

名称	编号	旅游的产出效应	名称	编号	旅游的产出效应
农林牧渔业	01001	45.21	废品废料	01022	2.45
煤炭开采和洗选业	01002	30.33	电力和热力的生产和供应业	01023	33.55
石油和天然气开采业	01003	20.2	燃气生产和供应业	01024	1.32
金属矿采矿业	01004	4.95	水的生产和供应业	01025	5.96
非金属矿和采矿业	01005	1.61	建筑业	01026	4.48
食品制造及烟草加工业	01006	55.50	*交通运输及仓储业	01027	158.29
纺织业	01007	5.51	*邮政业	01028	3.09
纺织服装鞋帽皮革羽绒及其制品业	01008	4.52	*信息传输、计算机服务和软件业	01029	41.04
木材加工及家具制造业	01009	6.60	*批发和零售业	01030	111.69
造纸印刷及文教体育用品制造业	01010	34.47	*住宿和餐饮业	01031	234.90
石油加工、炼焦及核燃料加工业	01011	60.82	金融业	01032	35.33
化学工业	01012	39.52	房地产业	01033	15.66
非金属矿物制品业	01013	6.79	租赁和商务服务业	01034	19.37

续表

名称	编号	旅游的产出效应	名称	编号	旅游的产出效应
金属冶炼及压延加工业	01014	19.11	研究和实验发展	01035	1.01
金属制品业	01015	17.20	综合技术服务业	01036	0.88
通用、专用设备制造业	01016	15.98	水利环境公共设施	01037	1.79
交通运输设备制造业	01017	14.63	*居民服务和其他服务业	01038	46.95
电气机械及器材制造业	01018	10.17	教育	01039	1.68
通信设备计算机及其他电子设备制造业	01019	11.94	卫生、社会保障及社会福利业	01040	6.19
仪器仪表及文化办公机械制造业	01020	6.17	*文化、体育和娱乐业	01041	97.31
工艺品及其他制造业	01021	2.53	公共管理和社会组织业	01042	0.65
合计			1237.45 亿元		
单位消费的产出影响			2.04		

附注：表格中有 * 号表示的是特征旅游生产活动和相关旅游生产活动产业。

旅游消费活动首先对与旅游密切联系的产业产出影响显著，例如交通运输业、住宿餐饮、游览娱乐等；其次，由于旅游消费而对农林牧业、食品制造和烟草加工业、造纸印刷及文教体育用品制造业、石油加工炼焦及核燃料加工业、化学工业、电力热力生产及供应和金融业等产生显著的间接影响；再次，旅游消费也会间接对金属冶炼、设备制造业、房地产业、租赁和商务服务业产生影响；最后，旅游消费对有些产业的间接影响则很小，例如，对技术服务业和公共管理和社会组织的影响分别是 0.88 亿元和 0.65 亿元。

分析表明，旅游消费对支持性产业的间接影响较明显，原因在于现代旅游的综合性和规模性。大规模的旅游消费对交通运输、住宿餐饮和娱乐游览等的消费引起了对化工产品的间接需求，反映在产品上即是对汽油、燃气、热水、电力等的消耗。这与闫敏 1999 年提出的"大规模都市旅游需要化工基础产业的支持"观点是吻合的①，而且

---

① 闫敏：《旅游业与经济发展水平之间的关系》，《旅游学刊》1999 年第 5 期。

2003 年张帆、张文建的研究结果也验证了该观点。①

4．旅游消费对其他产业收入影响

根据前述运算和 2007 年陕西投入产出表，计算所有产业因旅游消费引起的收入增加，得表 5－22。用公式表达为：

对应产业旅游收入 =（该产业营业盈余 + 劳动者报酬）× 对应产业旅游产出/对应产业总产出 　　　　　　　　　　　　　　(5.15)

将所有产业旅游收入求和，即得到旅游消费间接影响的旅游总收入。计算得到全社会旅游总收入为 221.99 亿元，其中旅游直接收入为 108.96 亿元，旅游间接收入为 113.03 亿元，因此，旅游收入乘数为 0.53。

表 5－22　　　　　旅游对陕西经济的各层次产出与收入效应

	产值效应（亿元）	产值乘数	产出效应（亿元）	产出乘数	收入效应（亿元）	收入乘数
直接经济效应	324.29	0.52	324.29	0.53	108.96	0.17
间接经济效应	332.69	0.54	913.16	1.51	113.03	0.36
乘数效应	656.96	1.06	1237.45	2.04	221.99	0.53

将表 5－22 数据与 2006 年乔玮计算的旅游对上海经济的影响进行比较，在总体上陕西旅游消费的产出效应和收入效应比上海旅游消费的产出效应和收入效应都要弱，见表 5－23。这种差距是有实际原因的。首先上海作为全球的大都市，其旅游经济的发展程度远远大于地处内陆的陕西。2006 年上海旅游收入达到 779.63 亿元，陕西 2008 年的旅游收入是 606 亿元。其次，从经济整体比较看，陕西经济总体落后于上海，因此，也就不难理解表中数据的差距。因此，上述数据基本符合实际态势。

---

① 张帆、王雷晨、李春光：《旅游业对秦皇岛市社会经济的贡献度研究》，见张广瑞、魏小安、刘德谦：《2002—2004 年中国旅游发展：分析与预测》，社会科学文献出版社 2003 年版；张文建、阚延磊：《上海市旅游产业关联和产业波及分析》，《社会科学》2003 年第 8 期。

表 5 - 23　　陕西、上海旅游消费产出效应和收入效应比较

	产出效应（亿元）		产出乘数		收入效应（亿元）		收入乘数	
	陕西	上海	陕西	上海	陕西	上海	陕西	上海
直接经济效应	324.29	634.96	0.54	0.81	108.96	165.95	0.17	0.21
间接经济效应	913.16	1616.30	1.51	2.07	113.03	340.56	0.36	0.43
乘数效应	1237.45	2251.26	2.05	2.88	221.99	506.51	0.53	0.64

5．旅游消费引起的全行业就业机会

根据表 5 - 24，2007 年陕西投入产出表和 2009 年陕西统计年鉴关于"分行业从业人员"统计数据，依据公式：

对应产业旅游就业 = 该产业总就业人数 × 该产业旅游产出/该产业总产出

(5.16)

计算旅游消费创造的全行业就业机会。

表 5 - 24　　　　　旅游消费创造的全行业就业　　　　单位：万人

行业	就业合计	旅游消费创造的就业
第一产业	909.3	41.0
第二产业	419.7	2.6
交通运输、仓储和邮政业 *	74.6	20.3
信息传输服务业 *	11.8	1.7
批发和零售业 *	216.0	209.9
住宿和餐饮业 *	79.0	15.9
金融业	10.7	1.2
房地产业	7.8	0.7
租赁和商务服务业	8.6	1.3
科研、技术服务业	12.6	0.1

行业	就业合计	旅游消费创造的就业
水利、环境和公共设施管理业	6.2	0.4
居民服务和其他服务业 *	17.5	7.5
教育	57.9	0.4
卫生、社会保障和社会福利业	18.0	0.7
文化、体育和娱乐业 *	7.2	21.8
公共管理和社会组织	48.6	0.1
其他	162.8	15.5
合计	2068.3	341.1

附注：带 * 号的是特征旅游行业和相关旅游行业。

表 5-24 表明，旅游消费为陕西创造就业 341.1 万人，这既包括特征旅游行业和相关旅游行业的就业，也包括旅游消费间接创造的就业机会。进而得到旅游消费就业乘数为 0.56，即旅游消费 100 万元，全社会增加 56 个就业机会。表中同时表明，旅游消费直接就业效应为 277.5 万元，间接就业效应为 62.6 万元。将 277.5 万元与用旅游卫星账户计算的旅游直接就业效应 121.45 万元比较，二者差别较大，主要原因一是在用旅游卫星账户计算旅游直接就业效应时，使用的是国民经济产业归类法，并且在产业归类后，没有按照加权求和的方式计算总产出，而是运用简单求和法计算总产出；二是计算 2008 年各产业产出时用了环比增长率，可能会放大一些产业的产出，这样计算的旅游产出占比份额就小，从而计算的就业机会就少；三是投入产出在计算各产业产出时，只与完全消耗系数相关，在技术装备短期保持不变的状况下，公式"对应产业旅游就业 = 该产业总就业人数 × 该产业旅游产出/该产业总产出"是有效的；四是表 5-24 各产业旅游产出由里昂惕夫逆矩阵换算所得，它不只为旅游者服务，其产出还被市民消耗，以及作为其他产业的中间消耗被消耗掉了。因此，会发现表 5-24 中带 * 号的特征旅游产业和相关旅游产业产出大于表 5-12 中

对应产业的旅游产出。以上四个方面造成投入产出法计算的旅游就业效应较大，但和实际生产状态更接近。

四　投入产出法的优势与局限

投入产出一般采用价值型投入产出模型。价值型模型是按照部门分类，并以价值（价格）作计量单位而制定的，因此在评价旅游经济效应时能比较全面衡量旅游经济效应。其优势表现在以下方面。

价值型模型包括国民经济所有部门，能反映整个国民经济中所有部门生产和分配使用的全貌，并可以根据分析问题的需要与资料取得的可能，灵活地将部门的分类进行合并和分解。在合并的过程中，除了直接消耗系数的合并外，其他的合并是非常简单的。在价值型模型中，由于统一了计量单位，因此表 5－15 的横向和纵向都是可以相加的。另外，模型可以同时从产品的使用价值和抽象价值两方面反映国民经济各部门的再生产运动，为比较充分地分析和理解有关宏观经济演变过程和问题提供了基础。例如，能建立最终产品的各个项目与相应各部门生产总量之间的关系等。

另外，根据计算过程发现，依据投入产出法可以评价有关旅游经济的旅游业增加值、旅游增加值、旅游产出影响以及波及响应分析，但是能够发现，由于数据的限制，旅游引致效应仍然在评价中难以操作。

尽管投入产出模型被广泛使用，但是仍然不能忽略其严格的假设条件。经济系统是一个复杂的相互影响过程，产业间应该是存在外部性和非外部性；某一产业在活动过程中，并不能保证仅生产一种产品；价格体系的变化在市场经济体系中，尽管是由市场来决定，但不能保证价格的公正性等。而且在使用投入产出法计算的过程中，还假设旅游产出的提供与非旅游提供的生产组织是一致的，因此，投入产出模型在应用中有一定的局限性。[①]

投入产出表中的有些数据是可以相加，但是直接消耗系数并不能

---

① 李剑：《关于我国建立和完善旅游卫星账户必要性的思考》，《当代经理人》2006年第 21 期。

直接相加，否则会导致直接消耗系数不准确，最终将造成投入产出分析的误差增大。模型在运用中，还有一些较为复杂的方法论问题，它们大都是由价格、部门划分引起的，需要进一步研究解决。如模型中，部门划分问题，怎样既能符合模型的要求，又能与现行的计划统计工作的传统分类相对应。总之，投入产出模型是建立于一定假设条件之上并满足一定的求解条件，因此，在利用投入产出模型分析时，应该考虑其条件范围之外的数据结论的调整。

第三节　其他旅游经济效应评价方法及实践

一　国民经济核算支出法 GDP 及实践

1. 国民经济核算

国民经济核算是对国民经济运行的系统描述。它是以一定的经济理论为指导，综合应用统计、会计和数学等方法，对一国（一地区、一部门）在一定时期内交易者集团的经济活动（流量）以及它在特定时候的结果（存量）的各种重要总量指标及其组成部分进行系统的测定，来描述一国国民经济的联系和结构的全貌。2002 年，我国颁布并开始实施《中国国民经济核算体系（2002）》，这套体系由基本核算表、国民经济账户和附属表三部分组成。其中，基本核算表和国民经济账户是核心部分，附属表是对核心表的补充。基本表包括国内生产总值表、投入产出表、资金流量表、国际收支表和资产负债表；国民经济账户包括经济总体账户、国内机构部门账户和国外部门账户；附属表包括自然资源实物核算表和人口资源与人力资本实物量核算表。

国民经济核算提供了一段时间消费对经济总量的影响，即国民生产总值。

国内生产总值（GDP）指按市场价格计算的一个国家（或地区）所有常住单位在一定时期生产活动的最终成果。由于生产活动的最终成果有三种表现形式：价值形态、收入形态和产品形态，由此形成国内生产总值的三种计算方法：生产法、收入法和支出法。三种方法分别从不同方面反映国民经济最终产品价值量及其构成。[①] 一是生产法GDP。生产法是从各产业部门生产的货物和服务总产出剔除生产过程中投入产品价值，得到增加值，再把各个部门增加值相加得到国内生产总值。用公式表示为：国内生产总值＝所有各产业部门增加值。二是收入法GDP。按收入法计算国内生产总值是从生产过程创造收入的角度，对常住单位的生产活动成果进行核算。按照这种方法计算，增加值由劳动者报酬、生产税净额、固定资产折旧和营业盈余组成。三是支出法GDP。支出法是从最终使用的角度反映国内生产总值使用去向的一种方法。最终使用包括货物和服务的最终消费、资本形成总额及货物和服务净出口三部分。即国内生产总值＝最终消费＋资本形成总额＋货物和服务的净出口。

这三种方法是对同一时期国民经济不同角度的核算。因此，从理论上，三种方法计算的GDP总量应该是一致的。国内生产总值是国民经济核算的核心指标，在宏观经济分析中，具有不可代替的作用。经济增长率、通货膨胀率和失业率都和国内生产总值有密切关系。其中经济增长率就是国内生产总值增长率，通货膨胀率就是国内生产总值缩减指数。奥肯定律表明，当国内生产总值增长率大于2.25个百分点，每增加1个百分单位的国内生产总值，失业率就降低0.5个百分点。因此衡量国民生产总值具有重要意义。

由此，我们可以认为作为国民经济活动最终值的GDP就是一段时间经济活动的增加值。因此，按照国民经济核算理论，增加值应该有三种核算方式。由此，在核算旅游经济效应时，可以从上述三个角度分别去衡量。旅游卫星账户和投入—产出实际上使用了国民经济核算的生产法GDP和收入法GDP计量旅游经济的直接与间接效应。那么用支出法能衡量旅游的经济效应（旅游增加值）吗？显然是可以的。目前我国旅游统计提供了按照该思想衡量旅游经济增加值的相关数据。

---

① 任佳燕、刘赵平：《用旅游卫星账户测度旅游业对经济的影响》，《中国统计》1999年第10期。

表 5 – 25　　　　　　　2007 年陕西国内生产总值总表　　　　单位：亿元

生产	金额	使用	金额
一、生产法国内生产总值	5574.77	一、支出法国内生产总值	5594.51
（一）总产出	12804.15	（一）最终消费	2262.45
（二）中间投入（－）	7209.55	（二）资本形成总额	3324.18
二、收入法国内生产总值	5574.77	（三）净流出	1589.18
（一）劳动者报酬	2937.72	流出	8894.70
（二）生产税净额	1328.23	流入	7305.52
（三）固定资产折旧	963.73	二、统计误差	19.74
（四）营业盈余	345.08		

附注：2007 年陕西投入产出表，陕西省统计局。

2. 基于国民经济核算支出法 GDP 的旅游经济核算

支出法 GDP 强调，增加值等于最终消费、资本形成总额以及进出口净额相加。计算方法简单，基本函数关系如下：

$$F_{tgdp} = f_{tgdp}（最终消费，资本形成总额，进出口净额）[1] \qquad (5.17)$$

决定旅游经济增加值有三个基本要素。核算时，只要得到这三个数据就可以计算某一地区或国家一段时间旅游活动的经济贡献。最终消费指境内旅游者的旅游消费；资本形成总额指旅游资本形成总额和旅游业资本形成总额［旅游资本形成包括与旅游者消费有关的所有行业资本形成，旅游业（国民经济产业代码 74125）资本形成主要是指特征旅游行业资本形成］；进出口净额指旅游产品和服务的进出口净额。

根据函数关系，支出法 GDP 核算旅游经济增加值与旅游活动过程没有关系，不涉及产业以及产品类型。因此，避免研究旅游活动过程错综复杂的经济关系，从整体出发，研究旅游者消费所引起的经济总量的变化。支出法 GDP 从总体衡量旅游经济贡献，不关注旅游活动中旅游产业与其他产业的关系，旅游的就业影响等。因此，支出法能够计算出国内生产总值的总量，是通过"终端"来体现，大量作为中间投入的"无名英雄"的"功劳"被一笔勾销。支出法 GDP 核算的局限性就表露出来。魏小安、厉新建用支出法 GDP 核算了旅游

---

[1] 闫敏：《旅游业与经济发展水平之间的关系》，《旅游学刊》1999 年第 5 期。

业增加值，见表 5 - 26。

表 5 - 26　　　　　中国旅游产业在当年国内生产总值的地位①　　　单位：亿元

年份	GDP	旅游业总收入	相当于比重（%）	支出法GDP	旅游业固定资产形成总额	支出法旅游业GDP	占比重（%）
1993	34634	1134	3.27	34500.6	218.53	1352.53	3.92
1994	46759	1655	3.54	46690.7	255.92	1910.92	4.09
1995	58478	2089	3.59	58510.5	268.72	2357.72	4.03
1996	67885	2487	3.66	68330.4	294.68	2781.68	4.07
1997	74772	3112	4.16	74894.3	601.53	3713.53	4.96
1998	79553	3439	4.32	79853.3	426.322	3865.32	4.84

3. 基于国民经济核算支出法 GDP 的陕西旅游经济效应评价

根据支出法 GDP 可以评价陕西旅游经济贡献。2008 年，陕西省旅游外汇收入 6.6011 万美元，国内旅游收入 561 亿元，旅游总收入 607 亿元。旅游业固定资本形成总额和存货增加分别是零。另流出约为 13.4952 亿元，流入为零。根据核算公式，陕西 2008 年旅游增加值是 620.50 亿元。

607 + 13.4952 ≈ 620.50 亿元，占陕西省 2008 年 GDP 的 9.1%。

2007 年陕西省公布的 142 部门投入产出表中独立显示了旅游业的相关统计数据，因此由统计可以得到所需计算数据。且在统计中，独立存在的旅游业无须进行产业范围研究。需要指出的是，这种方法只能评价旅游 GDP。

比较投入产出法与国民经济核算支出法，二者在计算旅游经济效应存在差异。由前者获得的数据是 656.96 亿元，由后者获得的数据是 620.50 亿元。导致这种差异的原因，一是投入产出法从供给角度根据旅游消费剥离产出，其范围涵盖了国民经济所有行业。而国民经济核算支出法强调最终消费，与生产过程无关，在投入产出表的旅游

---

① 魏小安、厉新建：《旅游产业的统计视角思考》，《北京第二外国语学院学报》2000年第 5 期。

业仅指狭义旅游业。二是统计误差往往也会导致生产法与支出法存在误差。运用两种方法计算结果相差 36.46 亿元，符合一般的统计误差范围。

二　可计算一般均衡模型及实践

1. 可计算一般均衡模型

可计算一般均衡模型产生于 20 世纪 60 年代，依据了一般均衡理论。一般均衡分析认为，经济体对任何一部分的冲击能被传导到整个系统，它能够揭示产业间的相互联系，而且能反映出价格变化的影响等。一般均衡模型相比其他方法能更全面地评价旅游活动对于地区经济系统的作用。从可计算一般均衡模型所要描述的经济结构和可计算一般均衡模型所依据的理论看，可计算一般均衡模型的方程组由三部分组成：供给部分、需求部分和供求关系部分。① 上述三部分由不同的方程形成，在它们同时达到均衡或者是有条件的均衡，可以求解。

一个典型的一般均衡模型，用一组方程来描述经济系统中的供给、需求以及市场关系。所有方程中，不仅商品和生产要素是变量，而且所有的价格，例如商品的价格、工资等都是变量，在一系列优化条件的约束下，求解方程，得到市场达到均衡的一组数量和价格。②

可计算一般均衡模型把经济系统作为一个整体，强调的是经济系统各部门、各变量之间的相互作用，能准确描述在经济系统中牵一发而动全身的整体性。同时，可计算一般均衡模型引入经济主体的优化行为，刻画了生产之间的替代关系和需求之间的转换关系，用非线性函数取代了传统的投入产出模型中的许多线性函数，能够模拟在混合经济条件下，不同产业消费者对由于政策变化所引致的相对价格变动

---

① 庞军、石媛昌：《可计算一般均衡理论、特点及应用》，《学术论坛》2005 年第 3 期。

② 黎洁、韩飞：《基于可计算一般均衡模型（CGE）的江苏入境旅游需求变化对地区经济的影响分析》，《旅游学刊》2009 年第 12 期。

的反映①。尽管一般均衡有如此多的优势，但同其他模型一样，仍存在应用上的局限性。一是操作需要大量数据，二是可计算一般均衡模型动态处理机制还有待于进一步完善。

2. 可计算一般均衡模型的应用

一般均衡模型在旅游业的分析中得到广泛应用。昆士兰财政部通过一般均衡模型检验了旅游花费对昆士兰经济的影响②；布莱克应用CGE评价了旅游业对美国国民经济的影响。③ 在我国，应用一般均衡模型研究旅游经济影响的范例很少。目前，黎洁和韩飞基于一般均衡模型对江苏入境旅游需求变化对地区经济影响进行了分析。分析结果表明，入境旅游需求的增长对地区宏观经济起到较为明显的带动作用。当入境旅游需求分别增长10%、20%和30%时，江苏省地区生产总值在2002年10388.31亿元的基础上将分别增长0.114%、0.231%和0.353%，即入境旅游消费每增长1元，地区生产总值分别增长1.36元、1.38元和1.41元。④ 从产业间效应来看，入境旅游需求增长直接推动了旅游相关产业的产出、就业、资本投入、出口、居民消费等各项经济指标的增长，而且带动了与非旅游相关产业的增长，即发展旅游业可以实现对地区经济的全面推动。

尽管应用国民经济核算以及旅游统计等基础数据，尝试一般均衡模型分析旅游的经济影响，但是在实际操作中受限于数据的要求，以及经济制度的要求，一般均衡模型在我国的运用仍然困难重重。尤其它的测算结果往往偏保守，不能反映出投资商、开发商对旅游投资、开发的预期值，因而从投资的角度，投入产出等其他方法更便于

---

① 庞军、石嫒昌：《可计算一般均衡理论、特点及应用》，《学术论坛》2005年第3期；宋涛、牛亚菲：《国外基于CGE模型的旅游经济影响评价研究》，《旅游学刊》2008年第10期。

② Woollett G., Townsend J., Watts G., Development of QGEM – T a Computable General Equilibrium Model of Tour, Queensland: Queensland Government Treasury Office of Economic and Statistica Research, 2001.

③ Blake A., Durbarry R., Sinclair T., Sugiyarto G., Modeling Tourism and Travel Using TSA and Tourism Policy and Forecasting Models, Tourism and Travel Research Institute Discussion Paper, 2000, 4.

④ 庞军、石嫒昌：《可计算一般均衡理论、特点及应用》，《学术论坛》2005年第3期。

接受。

第四节　旅游经济效应评价方法比较分析

一　理论基础

旅游卫星账户核算旅游经济效应的理论基础是旅游需求与旅游供给的一致化。所谓的一致化是指，根据国民经济核算的基础，旅游需求即旅游消费转化为旅游供给即产出。换句话说，旅游卫星账户就是在"旅游"这一主题下，汇集与需求和供给相关的数据，形成一个国家（区域）与旅游经济活动相关的事后市场均衡。

I/O 法是投入产出理论的具体应用，是"把一个复杂的经济体系中各部门之间的相互依存关系系统地数量化的方法"。它借助投入产出表，对各产业间在生产、交换和分配上的关联关系进行分析。用 I/O 法分析旅游经济效应，就是分析旅游消费引起的所有产业产出、收入、产值以及就业影响。

国民经济核算支出法的理论基础则是国民经济核算理论对旅游经济效应分析的应用。因此，比较这三种方法，在理论基础上 TSA 强调事后均衡，而 I/O 法强调生产过程比例分配。国民经济核算支出法强调最终消费的重要性。

二　假设条件

运用 TSA 评价旅游经济效应，必须严格遵循旅游卫星账户的框架体系，即根据 2000 年 3 月世界旅游组织公布的《旅游卫星账户：建议的方法框架》。同时，还必须严格遵循国民经济核算原则和方法论。遵循以上条件后，一般按照整体进入原则实现消费与供给的联合。

I/O 法假设条件则不同。一是产业活动的独立性。即任何一个产业的经济活动既不会对其他产业带来外部经济性，也不会产生外部的不经济性。各产业独立活动的效果总和等于其同时进行活动的总效果。二是假设产出单一。即相同的产出只能来源于同一产业。三是假设规模报酬不变。这一假设是保证不同产业投入产出间的线性关系。四是假设技术相对稳定，以满足消耗系数的确定。五是强调价格能真正反映供求关系，从而准确地揭示各产业间的投入产出关系。

国民经济核算依据两个原则。一是平衡原则，简称国民经济的平衡原则。社会再生产四个环节——生产、分配、流通和使用，其中流通作为生产的继续，流通本身是生产，或生产中包括流通，其他三个环节的活动总量保持平衡，即生产总量＝分配总量＝使用总量。生产、分配和使用相等的原则，称为三方等价原则。三方等价原则要求在国民经济核算时，可以分别采用生产法、收入法和支出法，而这三种方法的结果是相等的。二是系统原则。国民经济是一个包括无以计数部门和单位组成的特大系统，存在极其复杂的纵横交错联系。从横向看，有一、二、三次产业以及其他众多的基层单位。从纵向看，有职司生产、分配、流通和使用等单位构成的再生产环节。纵横交错，相互间有直接联系，也有间接联系，构成一层一层的复杂系统。因此，核算国民经济要遵循各部门的经济比例关系，再生产的平衡关系和发展过程中的速度比例和效益关系。[①]

三　评价指标

运用 TSA 评价旅游经济效应，从编制的十个子账户最终能实现以下评价指标。根据"按照产品分类的国内供给与境内消费"表得到旅游业增加值和旅游产业增加值。根据"旅游产业就业情况"表获得旅游就业人数。依据"旅游产业和其他产业的旅游业固定资本形成总额"表得到旅游业固定资本形成总额。依据"按照政府职能和级别划分的旅游业公共消费"表显示旅游公共消费。最后是"旅游业实物指标"表，以解释表 1 至表 6 的货币信息。I/O 法的评价指标包括旅游业增加值、旅游增加值、各种旅游乘数以及旅游产业与相关产业的关联度等。

特别强调的是，旅游卫星账户所有评价指标以及评价层次注重于旅游业表层次经济影响，即由于旅游消费而导致的各特征旅游活动与相关旅游活动所产生的 GDP、资本和就业等。而投入—产出法的评价

---

① 任佳燕、刘赵平：《用旅游卫星账户测度旅游业对经济的影响》，《中国统计》1999年第 10 期。

指标则更加注重旅游经济深层次经济影响研究，例如旅游增加值是衡量旅游经济的间接效应和引致效应，关联度衡量的是旅游消费对其他产业的感应与波及影响分析。鉴于二者分析评价的层次范围不同，故在旅游经济影响评价时，可以将两种方法进行融合补充。

旅游卫星账户和投入产出法评价范围和指标相对比较丰富，但是国民经济核算支出法的评价指标则少得多，仅仅能从最终消费的角度衡量旅游产值，即旅游增加值。

表 5 - 27　　　　　　　　不同评价方法的评价指标

评价方法	评价指标	备注
旅游卫星账户	旅游产业增加值，旅游业增加值，旅游花费，旅游就业，旅游从业人员报酬，旅游业固定资本形成等	
投入产出法	旅游业增加值，旅游增加值，旅游就业，旅游乘数，旅游收入等	
国民经济核算支出法	旅游增加值	

附注：根据旅游经济效应评价资料整理。

四　统计基础与数据来源

运用旅游卫星账户实现对旅游经济效应的评价，需要大量数据。这些信息有的来自国民经济核算体系，有的来自统计数据。尤其他是建立在广泛的基础研究和大量的一手资料与调研，获得数据的代价与成本较高。同时，数据获得之后，在实际使用中还必须结合旅游经济发展状况进行调整。而 I/O 法一般则是利用投入产出表、旅游消费数据就可以完成相应分析，对一手数据要求较低。

从评价的过程看，国民经济核算支出法的数据采集相对容易与简单。与评价结果相关的直接数据主要涉及最终消费、固定资本形成以及进出口净值。显然，操作的难度与获得数据非常便捷。

这里将旅游卫星账户、投入产出法、国民经济核算支出法和一般均衡模型在总体作比较分析，见表 5 - 28。通过对不同方法的理论分析和实践检验分析看，每种方法的评价指标不尽相同。实际上，国民经济核算支出法 GDP 只是提供了计算旅游产值的一种角度与方法，它并不能分析因为旅游消费而引起的国民经济相关产业的变化。当然，计算旅游 GDP 可以选用该方法。而旅游卫星账户和投入产出法有诸多异曲同工之处，尤其在判断旅游经济效应的层次与深度不同，所以可以将二者融合，形成一种旅游经济效应评价的方法或角度。

表 5 - 28　　　　　　几种评价方法的对比分析①

评价方法	旅游卫星账户	投入产出法	国民经济核算支出法	一般均衡模型
属性	静态	静态	静态	静态、动态
假设	完全遵守 UN/WTO 的旅游与相关活动的定义；遵守 SNA93 中主要经济活动的定义	假设自由、不受限制的资本将流入经济的其他部分中，且各种投入系数是固定不变的	国民经济核算的两个原则，系统性与平衡性	生产者利润优化、消费者效益优化、进口收益利润和出口成本优化等约束条件，所有市场达到均衡
结构	从供给角度讨论旅游的发展状况；从使用角度讨论旅游消费和其他消费	以产品生产投入来源和去向的表格为基础；相应的线性方程组	从最终需求角度讨论产值的去向	表示供给、需求和市场关系的一组方程式，在约束条件下求其优化解
结果	不同时间、地域尺度上的一致性；与国民经济标准测度的可比性	具有预测性：一项经济活动的产出是最初花费的几倍	可以衡量消费总量的客观存在性	捕捉到了经济活动的复杂性，结果复杂，且不具备预测性

附注：根据旅游经济效应评价资料整理。

① 邹伟、李兴绪：《构建云南旅游卫星账户　合理测度云南旅游经济》，《昆明大学学报》2007 年第 18（2）期；庞军、石媛昌：《可计算一般均衡理论、特点及应用》，《学术论坛》2005 年第 3 期。

第六章 旅游经济效应评价方法优化

第一节 旅游经济效应评价视角及其原则

一 旅游经济效应评价的不同视角

现有的研究中，不同学者从不同的视角研究旅游经济效应。就其研究的对象大致可以分为以下几类，分别是旅游事件的经济效应、旅游消费的社会再循环效应、旅游目的地发展旅游的经济效应以及旅游产业经济效应研究。[①]

1. 旅游事件的经济效应视角

旅游需求的多样性决定了旅游供给的多样性。现有旅游产品包罗万象，不同旅游产品选择性和替代性都不一样，因此其对经济的影响程度也不一样。近年来，更多学者关注事件旅游的经济效应研究，这成为旅游经济效应研究的一个重要研究视角。例如，体育旅游经济效应的研究，会展旅游经济效应研究，乡村旅游经济效应研究。

邱小慧等认为大型运动会对目的地发展产生巨大的作用，如基础设施的完善、新的形象的塑造，这些都可以提升旅游竞争力。以北京为例，2008 年北京奥运会对北京旅游业及其社会经济发展产生了巨大的推动作用，尤其是其所显示的事后经济效应。上海举办世界博览会更是为上海的发展提供了一个更高的平台。现在的上海更强调国际都市旅游。有学者指出："大型节事活动产生的负面影响较小。"[②] 王

---

① 宋慧林、韦力：《我国旅游业经济效应评价研究综述》，《徐州教育学院学报》2007年第 22（4）期。

② 同上。

志宇等对 F_1 赛事对上海区域旅游经济效应的研究[1]；门玉峰的研究则证实，奥运会旅游经济产生巨大作用的同时，还会有瞬间放大效应和后奥运效应。[2] 顾筱和与黄郁成分析了乡村旅游的经济影响[3]。相对于这些有利于经济发展的大型事件，也有学者研究分析了非典对旅游经济的影响，"5·12"地震对旅游经济的影响等。这些研究表明，此类事件对旅游发展造成了重大的负面影响。因此，关注旅游事件经济效应研究成为众多研究的重要组成部分。

2. 旅游消费的社会再循环效应视角

这是研究旅游经济效应最常见的视角选择。许多关于旅游、旅游活动、旅游供求等的研究都是从旅游消费开始研究的。黎洁、林南枝、李天元等都认为，旅游消费在连续循环的社会经济生产中，产生了三种经济效应，分别是直接经济效应、间接经济效应和引致经济效应。目前，许多学者都是从这三个方面进行实证分析，获得各种评价数据。

3. 旅游目的地发展旅游的经济效应视角

这个视角主要关注旅游对目的地经济的总体影响，即关注旅游的空间经济效应。例如沃汉（Vaughan）给出了旅游经济效应评价的框架，并指出评价的关键是确定该经济效应波及的范围大小。在我国，有很多学者非常关注旅游发展对地方经济的影响。例如，潘建民等应用 TSA 分析旅游对广西社会经济产生的影响，浙江、江苏、北京等城市相继构建了地区旅游卫星账户；乔玮借助实证分析，研究了旅游对上海经济的影响。

上述研究成果都能以实证分析作为基础，分析旅游对区域经济发展产生的重大积极作用。因此，"目的地旅游的经济效应研究"这个视角是研究旅游经济效应的主体和组成部分。

4. 旅游产业关联分析视角

旅游业不同于一般产业，该产业的表现形式多样，产品形式多样，消费群体千差万别，因此，理论界一致认为旅游业是一个综合性

---

[1] 王志宇、王富德：《F_1 赛事对上海经济区域旅游经济的影响浅析》，《北京第二外国语学院学报》2005 年第 1 期。

[2] 同上。

[3] 顾筱和、黄郁成：《试论乡村旅游的经济影响》，《广西社会科学》2006 年第 2 期。

的经济产业。旅游业的这种产业性质造成了旅游业的产业关联效应更加突出。国内很多学者从旅游产业关联效应研究出发，得到了大量的成果。张华初等通过分析表明，我国旅游业每生产1万元的服务产品，对各产业的直接消耗分别是：铁路旅客运输业1020.9元，旅游业769.9元，餐饮业653.8元，住宿业456.9元，航空旅客运输业390.7元，环境资源与公共设施管理业190.9元，保险业160元，城市公共交通运输业110.1元，信息传输业104.5元，商业服务业85.9元。[①] 旅游业对交通运输和住宿餐饮的直接拉动能力最大。万义平等对江西旅游业的产业关联进行分析[②]；李为科等分析了重庆旅游业的产业波及效应。[③] 可见，从产业关联角度分析旅游业在国民经济产业构成中的地位也是研究旅游经济效应的组成部分。前述间接效应和引致效应之和就是旅游业的整体产业关联效应。

二　旅游经济效应评价原则及视角选择

对比分析上述不同的研究视角，旅游事件效应分析的结果是为了表明大型事件的确对地区旅游及经济发展存在推动作用，其回归的主题以影响结果研究为主。旅游消费的社会再循环效应视角分析，着重于旅游消费的三个效应层次，研究结果回归于旅游消费的最终社会经济效应，从数据的角度上看，就是旅游发展带来的地区经济的社会产值。目的地旅游经济效应分析视角则是从目的地整体出发，研究旅游发展带给目的地的经济促进功能。

旅游产业关联效应分析视角是从国民经济产业构成出发，研究旅游产业对其他产业的联动影响。因此，可以归纳总结，在以上四个研究视角中，事实上第一、第二、第三个视角是可以归纳为一类，都是研究旅游对经济的促进功能。而最后一个研究视角则不一样，它关注

---

① 张华初、李永杰：《中国旅游业产业关联的定量分析》，《旅游学刊》2007年第4期。

② 万义平、苏兆荣：《江西旅游业经济效应投入产出分析》，《价格月刊》2008年第12期。

③ 李为科、刘金萍、郭跃：《基于投入产出分析法的重庆旅游业产业波及效应分析》，《南京晓庄学院学报》2006年第4期。

三次产业内部的相互影响分析。前三者共同方面都是从旅游及旅游消费开始，揭示这种现象的经济价值，而后者是从产业的角度开始，根据投入产出表分析产业间相互影响的价值。尽管这是两大类研究旅游效应的主题与思路，但其可以相互融合，从前者可以确定后者。因此，不论哪一类研究，都应该遵循旅游经济效应的评价原则，并在此基础上展开分析。

1. 旅游经济效应评价原则

一是系统性原则。系统性原则是指，评价必须以系统论为基础。旅游消费不是一个单一的消费现象。在国民经济大系统中，旅游及旅游消费有牵一发而动全身的功能。在经济的价值链条中有显著的传动作用。因此，要求对旅游经济效应的评价应注重其系统性。二是市场性原则。市场性原则强调从市场出发，考虑市场过程和市场活动，以及市场发展变化等，这是评价旅游经济效应范围、产业分类等的重要原则。从市场原则出发，结合经济学理论，确定生产核算范围，凡是为市场交换目的所组织的生产活动，不论其产出是否在市场销售，都是核算对象，例如耐用品、第二套居所、旅游业务费等。三是整体性原则。整体性原则贯穿旅游经济效应评价的全过程。其一要求评价能够反映旅游消费的全部效应，即直接效应、间接效应和引致效应。其二要求按照旅游消费分类旅游产品；在国民经济产业构成中，确定特征旅游产业和相关旅游产业；以"整体进入原则"将旅游生产与旅游消费对应。其三要求旅游经济效应评价关注旅游消费的全部经济价值，即对所有产业的影响。四是客观性原则。客观性原则要求对于旅游的经济效应评价基于客观实际，在操作中强调科学性与准确性。

2. 旅游经济效应评价的视角选择

根据旅游经济效应评价的原则，本书关注的是旅游及旅游消费对地区经济产生的效应评价，尤其从实证角度分析旅游对陕西经济发展的影响。因此，回归到旅游经济效应机理的理论基础上，评价旅游经济效应的视角应该是旅游消费对目的地经济的效应分析。这个视角既与理论基础一致，也与旅游经济效应的价值分析一致，同时也是进行价值判断和政策建议的视角与出发点。

第二节　旅游经济效应评价指标体系建设

综合现有的文献，对于旅游经济效应的评价一般采用的指标有：旅游消费收入、旅游业增加值、旅游增加值、旅游产出、旅游产值乘数、旅游收入乘数、旅游产出乘数、旅游就业、旅游从业人员劳动报酬、旅游业固定资本形成等。这些指标从不同角度和侧面反映旅游对目的地经济总量的贡献、就业的推动作用等。本书在这些评价指标的基础上，形成旅游经济效应评价的指标体系。旅游经济效应源自旅游及旅游消费，由消费带动的生产活动一轮一轮在国民经济体系中不断进行，旅游的经济效应也就体现在不同的再循环体系中。因此，根据旅游消费对经济循环的持续影响，评价指标也就与不同的经济层次相关，进而刻画旅游在整个国民经济的价值功能。对应于这样的评价过程，评价指标体系由三级指标形成。

一　一级指标

一级指标对应旅游消费第一次参与国民经济活动所导致的经济效应评价。旅游消费第一次参与国民经济就是指旅游者的消费直接引起特征旅游产业和相关旅游产业经济价值的实现。具体的指标有：

1. 旅游产业增加值

旅游产业增加值是指所有特征旅游产业（交通运输业、住宿业、餐饮业、游览娱乐业等）增加值的合计。在计算该指标时，不管其产出是否全部提供给旅游者，也不管其生产过程的专业化程度如何。一般认为，旅游特征产业的产出全部供给旅游消费者。

$$旅游产业增加值 = \sum（特征旅游产业产出 - 中间消费） \quad (6.1)$$

各国及各地区在确定特征旅游产业的范围时，往往因为实际状况的不同而范围不同，因此，计算所得到的旅游产业增加值通常可比性较差。一般的，基于对不同方法的使用总结，该指标的计算采用旅游卫星账户法。

2. 旅游业增加值

旅游业增加值是指所有特征旅游产业和相关旅游产业因为旅游消费而产生的增加值。在计算旅游业增加值时，因为并不能肯定所有产出是否全部提供给旅游消费。因此，必须根据旅游消费计算旅游供给比例。

旅游供给比例是指某产业响应境内旅游消费，由旅游者所消费的产出占产业总产出的比例。

旅游供给比例 = 该产业旅游消费产出部分/该产业全部产出

旅游业增加值根据旅游供给比例，经过求和得到。

$$旅游业增加值 = \sum (z_i \cdot f_i) \quad (i=1, 2, 3, \cdots, n) \qquad (6.2)$$

3. 旅游业就业规模

旅游业就业规模是指所有特征旅游产业和相关旅游产业的就业规模，即就业人数。

$$旅游就业规模 = \sum (e_i \cdot f_i) \quad (i=1, 2, 3, \cdots, n) \qquad (6.3)$$

4. 旅游业固定资本形成规模

旅游业固定资本形成规模是指所有特征旅游产业和相关旅游产业的固定资本形成总量。

$$旅游业固定资本形成规模 = \sum (c_i \cdot f_i) \quad (i=1, 2, 3, \cdots, n)$$
$$(6.4)$$

5. 旅游业从业人员劳动报酬

旅游业从业人员劳动报酬是指所有特征旅游产业和相关旅游产业从业人员因旅游就业所获得的劳动报酬。

$$旅游业从业人员劳动报酬 = \sum (s_i \cdot f_i) \quad (i=1, 2, 3, \cdots, n)$$
$$(6.5)$$

在以上指标的等式计算中：

z 表示该产业增加值；

e 表示该产业的就业人数；

c 表示该产业的固定资本形成数量；

s 表示该产业劳动人员报酬。

一级指标能够衡量旅游消费参与的首轮国民经济运行的诸多产

业。这些产业与旅游消费密切联系。如果没有旅游消费，这些产业的产出将会大大降低，甚至停产。因此，一级指标直观地告诉我们，旅游及旅游消费对经济的直接作用。一级指标的计量，一般既可以使用旅游卫星账户法，也可以使用投入产出法。

二　二级指标

二级指标对应旅游消费间接引起国民经济其他产业经济价值的变化，即间接效应。在国民经济产业范围内，绝大部分产业部门间接为生产旅游产品提供产出，即这些产业产出中的一部分作为第一轮及相关生产的间接产品。因此，在经济的往复循环发展中，旅游消费渐次分配流入到这些产业，带动这些产业的发展。因此，不仅要衡量旅游消费的初次效应，更应该关注旅游消费的深层次效应。具体的指标有：

1. 产业旅游产出

该指标是二级指标的核心与关键。它是用来衡量国民经济产业构成中，所有产业因为旅游而引起的产出。以化工业为例，从经济运行的表层看，化工业与旅游消费没有直接联系，但是进一步分析，如交通运输业等产业，可以发现特征旅游产业和相关旅游产业的运行必然与化工业有关系。因此，化工业也就与旅游消费有关。这个关系有多大呢？产业旅游产出指标正是衡量这一关系。根据里昂惕夫逆矩阵和投入产出理论可以计算各产业旅游产出。

计算公式：$X = (I - A)^{-1}Y$

其中，Y 表示特征旅游产业和相关旅游产业的旅游产出；

X 表示国民经济产业构成中各产业的旅游产出。

对所有产业旅游产出求和，即得到国民经济产业旅游产出。

之所以说这个指标是核心，是因为只有计算出该指标，其余二级指标才可以在此基础上计量。得到各产业旅游产出之后，可以获得各产业旅游供给比例，进而得到以下指标的数值。

2. 旅游增加值

旅游增加值是用来衡量旅游消费所产生的当年目的地产值的增加部门。其基本含义是国民经济各产业因为响应境内旅游消费直接或者间接提供旅游产品所引起的增加值。

旅游增加值 = $\sum (z_i \cdot f_i)$ $(i = 1, 2, 3, \cdots, n)$ (6.6)

旅游增加值可以通过上述步骤和公式进行计量，同时旅游增加值也可以通过旅游完全乘数计算。

旅游直接乘数 = 该产业增加值/该产业总产出; (6.7)

旅游间接乘数 = $(I - A)^{-1}$ 旅游直接乘数; (6.8)

旅游增加值 = 旅游完全乘数 × 旅游产出

= $[(I - A)^{-1} + I]$ × 旅游直接乘数 × 旅游产出 (6.9)

两种计算方法都必须使用里昂惕夫逆矩阵系数，计算量与操作难易度基本相同。

3. 旅游产业关联影响

旅游的其他产业关联影响是描述旅游消费引起的其他产业因产出变化而产生的增加值。它等于旅游增加值减去旅游业增加值。用公式表示：

旅游的其他产业关联影响 = 旅游增加值 – 旅游业增加值 (6.10)

4. 旅游就业规模

旅游就业规模是指为响应境内旅游消费提供旅游产出的所有产业的就业规模。换句话，就是旅游消费所引起的全社会就业能力。

旅游就业规模 = $\sum (e_i \cdot f_i)$ $(i = 1, 2, 3, \cdots, n)$ (6.11)

5. 旅游固定资本形成规模

旅游固定资本形成规模是用来衡量国民经济产业构成中的所有产业响应境内旅游消费完成的固定资本形成量。

旅游固定资本形成规模 = $\sum (c_i \cdot f_i)$ $(i = 1, 2, 3, \cdots, n)$

(6.12)

6. 旅游从业人员劳动报酬

旅游从业人员劳动报酬与旅游业从业人员劳动报酬不同，它是指国民经济产业构成中，各产业响应旅游消费提供产出而带来的从业人员劳动报酬。

旅游从业人员劳动报酬 = $\sum (s_i \cdot f_i)$ $(i = 1, 2, 3, \cdots, n)$

(6.13)

计算该指标是为三级指标的核算提供基础。

应该指出，二级指标在设定中与一级指标有很多相似之处，但是二级指标的评价范围远远超出了一级指标的评价范围。二级指标关注的国民经济产业构成中所有产业因为旅游消费而产生的价值增加、就业机会、产业产出增加等。它描述了旅游消费对所有产业的影响以及联系。由于旅游卫星账户只能反映一级指标体系的内容，因此，要计量二级指标，必须使用投入产出法。当然，旅游增加值还可以用国民经济核算支出法 GDP 衡量。

三 三级指标

三级指标对应旅游消费引致效应的评价。不论是旅游消费的直接经济效应，还是间接经济效应，旅游消费都会对国民经济各产业总产出、增加值、劳动报酬、生产税净额、固定资产折旧以及营业盈余产生作用。其中产出增加值中的劳动者报酬、奖金和企业利润转化为收入，形成旅游对收入的效应。其中劳动者报酬是指劳动者因从事生产活动所获得的全部报酬，它包括劳动者获得的各种形式的工资、奖金和津贴，还包括各种福利；营业盈余指企业创造的增加值扣除固定资产折旧、劳动者报酬和生产税净额后的余额。三级指标有：

1. 旅游收入

旅游收入是指国民经济产业构成中所有产业因为旅游消费而获得的收入总和，包括旅游直接收入和旅游间接收入。

旅游收入 = 各产业旅游增加值 × 各产业收入系数，或者

旅游收入 = 各产业收入 × 各产业旅游供给比例   (6.14)

各产业收入就是各个产业的劳动者报酬和营业盈余之和。

2. 旅游收入消费增加值

旅游收入消费增加值是用来衡量国民经济内部因为旅游消费而获得的旅游收入，在不断循环的经济运行中，收入又作为消费，进入到再生产运动中所带来的社会产值的增加部分。很显然，旅游收入消费增加值与消费倾向直接相关。消费倾向越强，旅游收入转化为消费资金就越多，进而带动的社会产值的增加就越多，反之则越小。

在现有的数据下，衡量旅游消费的引致效应比较困难。例如，不同的消费主体有不同的消费倾向，那如何确定某一区域的消费倾向

呢？另外，收入中的消费构成不同，收入转向哪些产品的消费呢？因此，旅游消费的引致效应仍然是一个需要进一步关注与分析的方面。

上述三级指标体系中的前 12 个指标都可以通过实证分析得到数值结果。最后一个指标在以后的研究中通过数据的追踪调查可以不断完善。因此，三级指标体系能够客观、完整地刻画旅游的经济效应。

第三节　旅游经济效应评价数据采集与调整

旅游经济效应评价是一个复杂的整体工程。在设定指标体系的基础上，对应这些指标的评价，需要大量的基础数据，其中一些数据是关于旅游需求的信息，一些数据是关于旅游供给的信息。

一　旅游经济效应评价的基础数据

1. 来自旅游需求的基础数据

旅游经济效应评价从分析旅游需求开始。旅游需求是一个复杂的体系，包含了旅游活动各个环节的花费。一般有三个环节，这三个环节的旅游需求不一样，消费的内容与项目也不同。因此，获得数据的来源也就不同，需求内容见表 6-1。

表 6-1　　　　　　　旅游需求类型及其对应产品类型

旅游消费类型	国内旅游者	入境旅游者	出境旅游者
旅游前	鞋、帽、衣服、食品、照相机、生活用品、药品、行李箱、特殊装备、旅游器械及设备、金融服务等		鞋、帽、衣服、食品、照相机、生活用品、药品、行李箱、金融服务、医疗服务等
旅游中	食品、住宿、游览、娱乐、交通、邮电通信、旅游购物品、医疗服务等	食品、住宿、游览、娱乐、交通、邮电通信、旅游购物品、医疗服务等	出境交通等
旅游后	打印、冲洗胶片、交通等		打印、冲洗胶片、交通、金融服务等

从表 6-1 要求的需求类型与产品种类看，旅游需求涉及以上各

种产品的消费数量，也即旅游消费的构成。

2. 来自旅游供给的基础数据

旅游需求与不同的供给主体对应。服装纺织行业满足旅游者对旅游衣着的要求，食品行业满足旅游消费的食品需要，交通行业提供了旅游各个环节的各种交通要求。因此，旅游需求的满足涉及国民经济很多行业，这些行业的最终产出成为满足旅游者最终消费的对象。因为国民经济各产业是一个复杂交织的体系，尽管一些产业并不为旅游消费提供产品，但由于产业的相互关联，就产生了一些产业要为旅游消费提供间接产品，因此，最终旅游消费不仅引起直接旅游产品提供的产业产出的变化，同样也引起其他产业产出的变化。为了能将旅游消费引起的整体产出变化清楚衡量，对于供给主体的衡量也是有要求的。

一般旅游供给的基础数据包括各产业总投入、总产出、增加值、劳动者报酬、营业盈余、固定资产折旧、直接消耗系数、完全消耗系数。事实上，旅游供给的主体数据来自投入产出表。另外，还需要经济普查与经济统计中的产业就业规模等。

二　旅游经济效应评价数据采集

上述根据评价需要将数据需求进行分类整理，但是在实际的经济活动中，旅游的大量信息分散于国民经济体系中。例如，服装业，服装业既为普通消费者提供服装，又向旅游者提供服装，在总体的服装消费中，有多少是旅游者消费的，或者旅游者消费占总体服装消费的比例是多少，统计数据并没有直接给出。因此，即便得到一些一手数据，仍然不能满足旅游经济效应评价的需要。只有在大量详细信息的基础上，才能进行计量评价。一般获得信息的方法有以下两种。

1. 统计法

旅游统计年鉴、经济统计年鉴、投入产出表以及经济普查给出一部分数据。例如，旅游统计年鉴提供了入境旅游外汇收入、国内旅游收入、旅游总收入及其构成等。投入产出表提供了各产业的基本数据。综合国内外不同国家和地区对旅游经济效应评价的方法，统计数据已经成为数据来源的有效方法。例如，美国旅游与旅行协会的游客与旅游消费数据、每年的投入产出表、分类水平较高的年度产业账户等国民经济核算数据，而且在美国，较多地使用了来自这些体系的数据。

2. 调查法

调查是获得数据行之有效的方法。尤其大量来自旅游者花费方面的信息，统计是不可能准确提供的。对于旅游消费或需求方的调查，一般有游客调查、入户调查、旅游企业调查。游客调查包括游客日记调查、在住宿设施的调查、口岸调查、在交通工具上的调查、在旅游景点的调查。

表6-2　适合于测算按照旅游者类型划分的其最终消费支出的方法表①

旅游者消费类型	旅游者类型		
	国内旅游者	入境旅游者	出境旅游者
旅游前购买的商品与服务	现有数据，家庭调查旅游者调查（日记、住宿地点＋交通工具＋旅游景点）		现有数据家庭调查旅游者调查（日记、住宿地点＋交通工具＋旅游景点）
旅游中购买的商品和服务	家庭调查，旅游者调查（日记、住宿地点＋交通工具＋旅游景点），旅游企业调查，支出模式方法	旅游者调查（日记、住宿地点＋交通工具＋旅游景点），旅游企业调查，中央银行支出模式方法	旅游者调查（交通工具）
旅游后购买的商品和服务	家庭调查，旅游者调查（日记）		家庭调查，旅游者调查（日记）

通过表6-2提供的调查方法，可以获得旅游消费的结构，即旅游支出在不同产品的花费，这种旅游花费就视为特征旅游产业和相关旅游产业的产出；或者可以通过这些花费，计算旅游消费在该产业的产出消费比例，即旅游供给比例。美国旅游消费数据是按照旅游活动的类型选择不同的数据采集方法，见表6-3，我们可以借鉴。

_____

① 康蓉：《旅游卫星账户与旅游需求信息采集体系》，《统计与信息论坛》2004年第19（6）期。

表6-3　美国估计由旅游活动所引致旅游商品的方法与数据来源①

旅游商品	居民旅游	商务旅游	公务旅游	非居民旅游
旅游住宿	I-O表	I-O表	I-O表	航班内调查
食品服务和饮料	CEX	私人机构调查	私人机构调查	航班内调查
国内航空客运	I-O表	I-O表	I-O表	航班内调查
国际航空客运	I-O表	I-O表	I-O表	I-O表
铁路运输	I-O表	I-O表	I-O表	航班内调查
水上客运	I-O表	I-O表	I-O表	航班内调查
城市间公路客运	I-O表	I-O表	I-O表	航班内调查
城市间包车公路客运	I-O表	I-O表	I-O表	航班内调查
城市公交以及其他运输服务	CEX	CEX	CEX	航班内调查
出租车服务	CEX	CEX	CEX	航班内调查
观光和风景旅游交通	I-O表	I-O表	I-O表	航班内调查
小汽车租赁和转让	CEX	I-O表	I-O表	航班内调查
其他汽车租赁和转让	CEX	I-O表	I-O表	航班内调查
汽车修理服务	CEX,私人机构调查	CEX,私人机构调查	CEX,私人机构调查	航班内调查
停车场及车库	CEX	CEX		航班内调查
收费高速公路	CEX	CEX		航班内调查
旅行安排与预订服务	I-O表	I-O表	I-O表	航班内调查
动漫及表演艺术	CEX	私人机构调查	/	航班内调查

---

① 黎洁:《旅游卫星账户与旅游统计制度研究》,中国旅游出版社2007年版,第23—90、129—195页。

续表

旅游商品	居民旅游	商务旅游	公务旅游	非居民旅游
观看性体育	CEX	私人机构调查	/	航班内调查
参与性体育活动	CEX	私人机构调查	/	航班内调查
赌博	其他渠道	/	/	航班内调查
所有其他娱乐和休闲服务	CEX	私人机构调查	/	航班内调查
汽油	CEX	私人机构调查	私人机构调查	
其他非耐用消费品的零售	私人机构调查	私人机构调查	私人机构调查	

注："航班内调查"指国际贸易协会对国际游客所做的航班内调查；"I—O 表"指投入产出表；"CEX"指美国劳动统计局组织的消费者支出调查，包括居民的总国内商品消费支出和离开居住地的商品消费支出。

附注：Peter D. Kuhbach，Mark A. Planting，Erich H. Strassner，U. S. Travel and Tourism Satellite Accounts for 1998 – 2003。

三　旅游经济效应评价数据调整

根据我国已经编制旅游卫星账户的这几个城市与省份来看，数据的采集采用了多种方法。江苏省在解决数据问题上，采用了抽样调查、全面调查、典型调查相结合，并使原有数据和新调查的数据相结合，即旅游部门统计数据、其他部门统计数据和国民经济核算数据相结合。在数据的汇总上，江苏省进行了数据的调整和校正，以平衡旅游供给与旅游消费。[①] 加拿大在评价旅游经济效应时，采集与调整数据的方法比较灵活，能从实际出发，这给我们很大的启发。加拿大是按照下述方法进行最终数据的调整[②]：

① 黎洁：《旅游卫星账户与旅游统计制度研究》，中国旅游出版社 2007 年版，第 23—90、129—195 页；黎洁：《旅游卫星账户与旅游业的产出核算研究》，《统计与决策》2007 年第 1 期。

② 康蓉：《加拿大旅游卫星账户供求数据的调整及启示》，《经济管理》2006 年第 8 期。

第一步，从加拿大人旅游调查和加拿大国际旅游调查这两个方面入手，获得旅游花费数据。例如，这两个调查显示航空客运的需求值为47.35亿加元。但是，旅游调查得出的花费数据往往和旅游企业的供给数据存在缺口。旅游调查显示航空客运的需求值为47.35亿加元，但是供给方调查结果显示供给数据是94.15亿加元。很明显，旅游需求数据仅仅是旅游供给数据的一半多一点。因此，就需要重新考虑旅游需求的实际情况，把应该作为旅游消费的几个部分加进来。

第二步，将应该作为旅游消费的部分加进来。旅游消费包括国际旅行的国内部分、国际旅行的加拿大人的费用、某些地区的国内旅游、小费和旅行前花费。

第三步，对于一些按正常情况应当达到供需基本平衡指标的数据进行调整。例如，对于航空客运，因为加拿大对旅游的定义是80公里或更远的旅行。绝大部分航空旅行会超出这个距离，而非旅游需求部分（包括乘务人员、病人和学生）占航空客运的比例很小。所以，加拿大1996年的旅游卫星账户将航空客运的需求与供给之比调整为95.4%，1998年的这项指标被确定为95.3%。旅行社服务也类似，1996年加拿大旅行社服务需求与供给之比确定为99.7%，1998年为99.6%。[1]

旅游对经济的影响，体现在国民经济体系很多方面。为全面反映旅游对经济的这种效应，必须将与旅游有关的所有消费从对应产业的供给中剥离出来，并"根据旅游消费与中间消耗的产出价值的差额，计算旅游消费带来的产值"[2]。如何依据旅游消费对应旅游供给并进行平衡，牵涉到数据的调整。在进行数据调整时，应遵守一定的原则。

对于整个国民经济，需求与供给一定是平衡的。因此，如果把国民经济分成旅游消费与非旅游消费，那么旅游消费与非旅游消费的总

---

①　康蓉：《加拿大旅游卫星账户供求数据的调整及启示》，《经济管理》2006年第8期。

②　同上。

额一定与旅游消费供给和非旅游消费供给相等。换句话说，旅游者的花费加上非旅游者的花费与生产该商品的企业所得相等。根据这个等价原则，判断旅游需求与旅游供给的差距，进而进行调整。在数据调整时，有的数据是与需求有关，有的数据是与供给有关，而主要的问题往往在于供给方的数据与需求方的数据差别很大，这时就需要确定是以供给方数据为准，还是以需求方的数据为准，一旦确定后，所有数据的调整都应遵守这一基本原则。①

旅游业本身就是一个从需求出发界定的产业类型，研究旅游经济效应也是因为发现旅游消费可以带来数倍于这个消费的最终影响，因此，建议以旅游需求为基准，对旅游供给进行调整，最终实现旅游需求与旅游供给的平衡，为计量做好准备工作。

第四节　投入产出旅游卫星账户评价法

一　投入产出旅游卫星账户法的可行性

作为国民经济核算的组成表格，投入产出表常被用作详细描述、系统分析各经济产业活动及其相互关系的分析框架，这其中包括旅游活动。但是投入产出表是以产业分类为基础，主要为显示各产业生产特点而设计的，不考虑消费者的目的，而旅游活动从生产的角度不能完全识别，简单地根据投入产出表不能描述旅游及旅游业。世界旅游组织开发的旅游卫星账户则建议，从旅游需求入手，将旅游产品与旅游生产对应，建立新的体系，形成旅游和旅游业独立的账表。实际上，这个账表借鉴了投入产出表，从而为投入产出与旅游卫星账户的融合做好了铺垫。通过分析旅游卫星账户和投入产出各自的特点，阐述投入产出旅游卫星账户法的可行性。

1. 旅游卫星账户的衡量特点

旅游卫星账户作为 SNA93 所推荐的附属账户之一，它是旅游统计报表和指标体系的公认标准，是国民经济核算体系在具体行业或活

---

① 康蓉:《加拿大旅游卫星账户供求数据的调整及启示》,《经济管理》2006 年第 8 期。

动的延伸，它可以反映旅游活动的经济作用与贡献。附属账户与中心账户的关系是：首先，附属账户在保持与中心账户的密切联系时，它们在宏观经济账户和分析的范围内加强对专有领域的分析。其次，附属账户一般具有双重作用，既是一种分析工具，也是一个统计协调的工具。

实际上附属账户就是中心在某一领域的缩影，它在局部范围保持统一。从旅游卫星账户目前编制的情况看，附属账户有以下特点：

一是附属账户普遍采用了一些单独的概念、产品与产业分类体系、制表方法等。旅游卫星账户强调旅游特征产品、特征旅游产业以及相关旅游产业。在分析的时候，正是按照这样的产品与产业分类方法构造分析模型。二是账户既能反映实物指标，也能反映价值指标。旅游卫星账户在与中心账户保持一致的同时，还对产业的一些特殊现象进行描述，例如，旅游业务费的处理，并且在其概念体系中，将旅游消费产值命名为旅游业增加值以及其他相关概念，这些概念实际上正是旅游的经济效应。

联合国统计署颁布《旅游卫星账户：建议的方法框架》旨在形成国际性标准测度旅游经济影响。旅游卫星账户的账表中反映了三类内容，分别是：一是旅游产品的消费，主要反映居民、政府、企业、国外游客的旅游消费支出以及在不同产品上的支出；二是旅游供给，主要反映旅游者消费的产品，都是由哪些产业生产的；三是旅游产业在生产中所创造的增加值、创造的就业等。

从上述分析中可以总结，旅游卫星账户的方法特点是：

第一，旅游卫星账户是一种分析工具，同时兼备统计的作用。

第二，旅游卫星账户分析旅游的经济影响时，提出了特殊的概念体系。即旅游、旅游者、旅游消费、旅游需求、旅游供给、旅游产品、旅游产业等。正是基于这样的概念体系，展开从旅游消费分析旅游供给，进而衡量旅游消费引起的旅游产业与旅游业的经济变化。

第三，旅游卫星账户形成生产账户、供求账户。在这两个账户中，相关的指标与国民经济核算中的投入产出账户有相同之处。其在分析旅游产业和旅游增加值时，应用了投入产出账户增加值的基本核算原理，即增加值等于总产出减去中间投入。增加值由固定资产折旧、劳动者报酬、生产税净额和营业盈余构成。

因此，旅游卫星账户在形成生产账户与需求账户时，完全遵循了中心账户的制表原理，这就为旅游卫星账户与投入产出分析统一奠定了基础。

第四，根据旅游卫星账户独特的产品体系与产业构造体系，其在衡量旅游消费时，主要关注的是特征旅游产业和相关旅游产业由于消费带来的变化。即与旅游消费直接联系的产业的产出、增加值的衡量，在旅游卫星账户中，不能反映因为旅游消费而引起的间接经济变化。所以，旅游卫星账户只反映旅游消费的直接影响。

表6－4 旅游产业生产账户①

产品	旅游特征活动				旅游相关活动		非特定旅游产业	地区总产出
	旅游饭店	餐馆	交通运输	…	批发零售	…		
A1 旅游特定产品 A2 相关旅游产品								
B 非特定旅游产品								
总产出								
中间投入								
增加值								
固定资产折旧								
劳动者报酬								
生产税净额								
营业盈余								

注：这是一个统计样表，故无数据。

---

① 黎洁：《旅游卫星账户与旅游统计制度研究》，中国旅游出版社2007年版，第23—90、129—195页。

2. 投入产出分析的特点

投入产出分析是传统的分析方法。目前用投入产出法分析旅游经济效应的入手点是从旅游消费分析开始，将消费与生产对应，引入直接消耗系数与间接消耗系数等，分析旅游的全面经济影响。因此，总结投入产出法的特点：一是分析旅游消费与旅游产品；二是分析旅游产出。强调旅游消费不仅对与旅游密切联系的产业产生影响，同时对其他经济产业也会产生影响，即间接影响，甚至还有引致影响。投入产出法就是利用其完全消耗系数计算完全影响。

对比分析二者的异同，投入产出旅游卫星账户这种方法是可行的，也是必要的。

首先，二者的分析出发点一致，以消费分析开始。其次，二者都是认同旅游业是一个消费性产业，由消费决定生产与产出。再次，二者在分析时，都是将旅游也划分为一个体系，这个体系中的产业与旅游有不同的亲疏关系，从而旅游消费对不同产业的影响不一样。最后，二者能够形成互补，十个旅游卫星账户表式直观反映旅游业的经济变化，根据这些表格的基础数据，再利用里昂惕夫逆矩阵计量旅游业的变化引起的其他产业产出等变化。

值得指出的是，二者不论是在分析旅游直接经济效应，或者分析旅游间接经济效应，都必须利用投入产出表。在利用投入产出表时，使用方法不一样。旅游卫星账户采用简单求和对应旅游产品，投入产出分析则是直接使用增加值率。但是，根据设定的指标体系和这两种方法的特点，将二者融合，在评价一级指标时，利用旅游卫星账户，在评价二级指标与三级指标时，利用投入产出法，从而全面分析旅游消费的经济效应。

二 投入产出旅游卫星账户方法介绍

投入产出旅游卫星账户遵守《旅游卫星账户：建议的方法框架》和投入产出理论分析的基本原理，对旅游消费的经济效应进行评价。基于评价视角，使用本方法评价旅游经济效应有以下假设条件：一是国民经济各产业提供的旅游产出与非旅游产出，其生产过程的技术比例是一致的；二是旅游消费直接由特征旅游产业和相关旅游产业提供；三是旅游目的地是一个相对稳定的经济系统，所有产出均由目的地承担，忽略了旅游进口与旅游漏损；四是假设境内旅游消费者的花费为净产出，即旅游消费经过剥离对应于不同特征旅游产业和相关产业的产出。因此，总结本方法的步骤：

1. 确定旅游产品的构成

在我国 1997 年的价值型投入产出表中，"旅游业"仅包括"经营旅游业务的各类旅行社和旅游公司的活动"，这样的旅游业的界定不能涵盖实际旅游活动涉及的"吃、住、行、游、购、娱"六个要素的范围。因此，如果按照 1997 年的定义去衡量现代旅游的经济影响，显然是没有意义的。现代旅游需求的产品有：餐饮服务、交通服务、住宿服务、游览服务、娱乐服务、金融服务、通信服务、旅游咨询服务、导游服务、租赁服务等。为达到全面衡量的目的，将所有旅游产品分为三类，分别为旅游特征产品、旅游相关产品和非旅游特定产品。

前述特征旅游产品主要是响应旅游者需求的产品，如果旅游者大幅减少，特征旅游产品也大幅减少。旅游相关产品往往与旅游者需求有显著关系，但有时并不会因为旅游者的减少而减少。非旅游特定产品，一般与旅游者需求没有直接关系，成为旅游生产活动的支撑。为计算方便，将旅游产品合并为九类：交通服务、餐饮服务、住宿服务、游览服务、娱乐服务、市内交通服务、导游与旅游咨询服务、购物服务、邮电服务及其他服务。这些设定的服务性产品与投入产出表中的产业类型进行对应。

2. 确定旅游业的范围

旅游消费需求构成旅游供给的动力。有的旅游需求因为持续不断且需求量较大，对一些产业的产出起决定作用；而有的旅游需求并不会影响产业的生产与产出。在确定旅游业范围时，将那些凡是与旅游消费需求有显著或明显关系的产业划入旅游业的范畴，即广义旅游业。对应上述旅游产品，旅游业因为其生产活动分为：特征旅游产业、相关旅游产业和非特定旅游产业。根据 2007 年陕西投入产出表，其中有 28 类产业与旅游消费有关，见表 6-5。

表 6 - 5 旅游产品和旅游业的范畴

产品类型	产品名称	产品内容	对应的产业类型
旅游特征产品	住宿服务	旅馆及其他住宿服务，自用或免费的第二住宅	住宿业
	餐饮服务	食品和饮料供应服务	餐饮业
	客运服务	铁路、公路、水上、航空和汽车租赁服务	交通运输业
	游览服务	组织接待游客服务，游览区服务，会议及展览服务	旅行社业与其他服务业
	文化艺术服务	表演艺术，博物馆和其他文化服务	文化业
	娱乐服务	体育和娱乐性体育服务，其他消遣和娱乐服务，探险活动	娱乐业、体育业
	其他旅游服务	金融服务，保险服务，邮政服务，信息传输服务	金融保险业、邮电业、其他服务业
旅游相关产品	旅游购物品	衣服、鞋、帽、日用品、土特产品、艺术品、纪念品、礼品	批发与零售业
非旅游特定产品		农产品、工业品、机器设备、水、电、热等	农业、建筑业、化工业等

附注：根据陕西投入产出表、旅游统计年鉴等整理。

表 6 - 5 反映，不论某一产业的供给是否完全有旅游者消费，旅游消费与旅游供给是一一对应。这个一一对应的关系取决于旅游消费及其构成。

3. 确定旅游消费及其构成

确定旅游消费及其构成是分析旅游经济效应的关键。因为在旅游活动过程中，旅游者对种类繁多的旅游产品的需求不一样，因此，消费量也就不一样。在全体旅游消费总额中，有一部分花费在交通服务上，有一部分花费在游览娱乐上，也有一部分花费在其他服务中。只有了解旅游消费量对不同产品的花费，才能进一步衡量各个产业的旅游产出。一般旅游花费由统计数据支持，包括国内旅游消费总额，入境旅游消费总额。

图 6 - 1　2008 年陕西国内旅游消费构成

附注：根据有关资料整理。

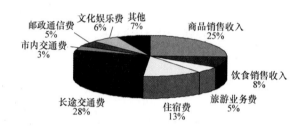

图 6 - 2　2008 年陕西入境旅游消费构成

附注：根据有关资料整理。

在整体旅游消费中，国内旅游者的消费构成与入境旅游者的消费构成不一样，应该分别调查。2008 年《陕西旅游蓝皮书》提供了陕西旅游国内旅游者的花费构成；2009 年《陕西旅游统计年鉴》提供了入境旅游者在陕西旅游的消费构成，见图 6 -1、图 6 - 2。

4．确定旅游产出及其相关产业产出、增加值等指标

根据旅游统计年鉴、经济统计年鉴以及投入产出表，从国民经济账户中得到与旅游消费相关的各产业的总产出。由旅游消费获得旅游供给比例，为三级指标的计算奠定基础。

5．根据基础数据以及相关指标的计算方式进行核算

基础数据包括：旅游消费及其构成、投入产出表、不同产业就业规模等。

6．按照指标体系进行指标分析

前述形成了投入产出旅游卫星账户的三级指标体系，逐一分析，为政策制定提供依据。

第五节　投入产出旅游卫星账户法的实践与修正

一　投入产出旅游卫星账户的实践

根据上述步骤和前述基本数据，计算 2008 年陕西旅游消费的经济效应。

1. 一级指标评价结果

表 6 - 6

指标	数量	备注
旅游业增加值	382.2 亿元	占 2008 年陕西 GDP 的 5.57%
旅游业生产净税额	69.22 亿元	—
旅游业固定资产折旧	38.62 亿元	—
旅游业营业额	62.90 亿元	—
旅游业就业规模	121.45 万人	占全省总就业人数的 5.79%
旅游业从业人员劳动报酬	65.07 亿元	占全省从业人员劳动报酬的 7.46%
旅游业城镇投资	281.2 亿元	占全省城镇投资的 7.4%
旅游业新增固定资产	164.68 亿元	占全省新增固定资产的 7.84%

2. 二级指标评价结果

表 6 - 7

指标	数量	备注
旅游增加值	656.9 亿元	旅游 GDP 占陕西 2008 年 GDP 的 9.58%
旅游的其他产业关联影响	277.4 亿元	占陕西 2008 年 GDP 的 4.05%
旅游产值乘数	9.58	—
旅游产出	1237.45 亿元	—
旅游产出乘数	2.04	—
旅游收入	321.99 亿元	—
旅游收入乘数	0.53	—
旅游就业规模	339.8 万人	—

三级指标由于数据有限，没有实际的数据。但可以肯定，221.99亿元的旅游收入有一部分随着再生产进入到下一轮及再下一轮的经济活动运动中，会对经济产生正效应。

二　投入产出旅游卫星账户的修正

投入产出旅游卫星账户是以投入产出理论和旅游卫星账户的基本理论为基础；在使用投入产出旅游卫星账户评价旅游经济效应时，遵循了这两个理论的假设条件；在实际计算中，为简化计算，一级指标的评价多使用简单求和法。实际上，如果用加权求和则会相对提高准确性。因此，计算过程中建议使用加权求和法。即在对应旅游产业总产出的计算中，应该根据旅游的产出比例确定产业产出相加的比例。

另外，比较图6-1和图6-2发现，陕西国内旅游消费构成的项目组成与陕西入境旅游消费项目构成存在差异。入境旅游消费涵盖的项目较多，分类较细；而国内旅游消费涵盖的项目较少，分类较粗。例如，国内旅游消费构成中，市内消费被包含到其他项目中。因此，可行的方法应该是对入境旅游和国内旅游分别进行分析，然后加权求和，分析其总的影响。实际上通过分析发现，国内旅游对经济的影响大于入境旅游对经济的影响。

第七章　优化旅游经济效应评价方法的政策建议

第一节　我国旅游统计调查制度及其改革

在旅游经济效应评价的实践中，涉及大量的数据采集工作。有一手数据，也有二手数据，尤其是关于旅游消费构成的数据比较匮乏，影响评价操作的准确性。因此，旅游统计对正确评价旅游经济效应有至关重要的作用，目前我国的旅游统计调查制度从根本上讲，并不能满足分析旅游、旅游活动及其旅游业的需要。

一　我国旅游统计制度及指标体系

我国旅游统计调查制度包括旅游定期报表制度、旅游抽样调查和旅游专项调查三类制度。① 这三类统计从不同角度完成旅游需求和旅游供给的统计。旅游统计调查由两级调查完成。一级是国家级的全国范围的旅游统计调查，一级是各省（区、市）对区域内旅游统计的调查。这两级统计基于不同的调查目的和要解决的问题，因此，两级统计调查体系是完全不一样的。但两级统计调查都包括对旅游需求与旅游供给的统计。对比统计方法、统计对象发现，旅游需求的统计比旅游供给的统计复杂，涉及的范围与指标较多。

1. 旅游需求的统计

旅游需求统计分为两类，一类是对入境旅游者的统计，一类是对国

---

① 黎洁：《旅游卫星账户与旅游统计制度研究》，中国旅游出版社 2007 年版，第 23—90、129—195 页。

内旅游者的统计。国家层面的入境旅游者统计调查主要来自口岸统计，入境旅游消费数据来自《入境旅游者在华花费情况调查表》。该调查涉及被调查者的社会人口特征、对服务质量的评价、入境游览城市数、对中国产品的兴趣等 10 多个问题。与旅游经济效应评价的有关内容是：如果是团体游客，调查其总团费，在中国境内的购物、邮电等的费用；如果是散客，调查其在华期间乘坐各类交通工具、住宿、餐饮、游览、娱乐、购物、市内交通、邮电通信等大类项的花费情况。

全国层面的居民国内旅游调查从 1993 年开始。1993 年，国家旅游局每年委托国家统计局城市社会经济调查总队进行城镇居民出游情况的抽样调查。1997 年开始对农民出游情况进行抽样调查。调查的主要内容是：出游的总人次、在外停留的时间、出游花费情况等，以测算国内旅游的总人次和总收入。调查根据事先设计的问卷进行抽样，并入户调查。农村居民调查采用回忆式填报 1996 年 11 月 1 日至 1997 年 10 月 31 日期间家庭成员出游情况。① 在城镇居民出游情况调查中，对旅游消费调查按照是否参加旅游团和散客进行分类。如果参加了旅游团，对团费总额、购物费用和其他费用进行调查。团费是旅游经济效应要使用的数据，但需要进行分解。如果是散客，其花费调查情况则比较粗略，一般只显示吃、住、行、游、购、娱六个方面，其他分类数据则不提供，而且旅游前花费并未包括在旅游统计调查中。农村居民的指标设计更简单，只包括长途交通费和购物花费情况的分类。②

根据我国在各省、自治区、直辖市所实行的《地方接待国内游客抽样调查实施方案》，主要调查：国内游客构成、国内游客来本地旅游的目的地、国内游客在本地停留时间、国内游客在本地的花费构成。调查的方法是抽样调查，以采取在旅游设施调查过夜游客情况为主，以在景点调查一日游游客和在亲友家过夜的旅游情况为辅的方式进行。③ 各省（区、市）进行国内旅游抽样调查的年样本总量，根据上年全省（区、市）国内旅游接待人数来确定，调查频率一年一至三次。

① 王晶：《我国旅游统计现状分析》，《统计实践》2008 年第 1 期。
② 黎洁：《旅游卫星账户与旅游统计制度研究》，中国旅游出版社 2007 年版，第 23—90、129—195 页。
③ 王晶：《我国旅游统计现状分析》，《统计实践》2008 年第 1 期。

一般数据的算法是：省国内旅游接待人数等于各旅游城市国内旅游接待人数之和；省国内旅游收入等于各旅游城市国内旅游收入之和。旅游城市国内旅游接待人数等于过夜游客旅游者人数加上一日游游客人数。过夜旅游者人数等于在旅游设施过夜的国内旅游者人数加上住亲友家的国内旅游者人数。住亲友家的国内旅游者人数等于景点接待总人数乘以去景点而住亲友家的国内旅游者比重后再除以住亲友家的国内旅游者平均游览景点数。

旅游城市国内旅游收入等于接待过夜旅游者收入加上接待一日游游客收入。接待过夜游客旅游者收入等于在旅游设施过夜的国内旅游者人数乘以其人均花费再加上住亲友家的国内旅游者人数乘以其人均旅游花费。接待一日游游客收入等于景点接待外地来本地一日游游客乘以其人均花费加上景点接待本地一日游游客人数乘以其人均花费。

省国内旅游接待人数与国内旅游收入调查设计的问卷共有 17 个问题，包括国内旅游者的社会人口特征、停留时间、旅行组织形式、对旅游服务质量的评价等内容。该问卷为旅游经济效应评价提供的旅游消费的数据是：在当地城市购票的长途交通费，并按照交通工具（飞机、长途汽车、火车和轮船）进行细目分类，住宿、餐饮、景区游览、娱乐、购物、市内交通、邮电通信及其他。问卷样本数量较大，游客消费吃、住、行、游、购、娱六大要素消费数据基本符合投入产出旅游卫星账户的要求，但是同样发现，旅游统计调查提供的消费品分类仍然比较粗略，缺乏更细致的分类。例如，缺乏金融服务的数据、保险服务的数据、租赁服务的数据、门票数据等。[①]

因此，总结我国关于旅游需求的统计发现，实际上对国内游客的统计并不成熟。入境游客因为按照我国严格的出入境管理手段和入境游客主流参团旅游方式，对入境游客的统计调查相对比较准确。但国内游客流动自由，旅游方式多样，在统计的过程中难免存在遗漏和重复统计。主要有以下问题：

一是全国和地方对国内旅游数据的调查统计采取完全不同的两种

---

① 黎洁：《旅游卫星账户与旅游统计制度研究》，中国旅游出版社 2007 年版，第 23—90、129—195 页。

方法。因此，国内旅游的全国数据和地方汇总的数据不一致。地方统计的国内旅游数据求和后大于全国层面统计的国内旅游数据，即通常所说的"纵向不可加"；与此同时，也存在"横向不可比"的现象。所谓的横向不可比是因为尽管各地是按照统一的方案进行地方国内旅游统计，但是在实际调查中，调查方法不统一、调查总体不一致、对国内旅游范围的把握不同等因素存在，最终导致各省的统计在实际分析对比中意义并不大。①

二是地方政府都在积极开展国内旅游统计，但在各省的实践中，并没有覆盖全省范围，有些偏远落后地区，或有些小城镇没有纳入统计，存在空间遗漏。

三是国内旅游统计调查多采取回忆的方式。回忆式的调查可能因回忆本身的困难造成数据误差；调查对象对"大旅游"的概念认识有限，因此可能把属于旅游活动的现象忽略。同时地方在统计国内旅游时，往往会出现对过夜旅游者和一日游游客进行重复统计。因为，如果一个旅游者在一个城市中两个住宿设施过夜，显然旅游人次数就多统计一次。

2. 旅游供给的统计

旅游供给统计也由两个层级体系组成。一级统计是国家对全国层面的旅行社、旅游饭店统计；一级是省（区、市）对区域内旅行社、旅游饭店、旅游就业等的统计。

"星级住宿业经营情况"反映全国31个省、自治区、直辖市星级住宿业的营业额。营业额由三部分组成，分别是客房收入、餐费收入和商品销售收入。"限额以上餐饮业经营情况"反映全国31个省、自治区、直辖市限额以上餐饮业的营业额。营业额由三部分组成，分别是客房收入、餐费收入和商品销售收入。"旅游业发展基本情况"一表反映了全国旅行社数目、旅行社从业人员、星级饭店数目和入境旅游人数、国内居民出境人数、国内旅游人数以及旅游收入。

另外，按照经济类型、规模和星级统计全国星级饭店的基本情

① 伊娜、王玉芸、张卫：《对旅游统计方法制度改革的几点思考》，《浙江统计》2005年第9期。

况，包括饭店数、房间数、床位数、客房出租率、营业收入、营业税税金和固定资产。

"旅行社主要经济指标"反映全国 31 个省、自治区、直辖市旅行社的营业收入、上缴税金和资产总额。"旅游业从业基本人员情况"反映全国 31 个省、自治区、直辖市总体旅游就业人数以及星级饭店从业人数和旅行社从业人数。

根据上述内容，旅行社、旅游饭店的统计数据比较全面，但是与旅游有关的其他产业数据比较匮乏，例如交通部门、商品销售部门等。旅游供给统计侧重于财务数据的调查和统计，也包括一些实物指标；在统计调查中采用以行政命令下达、全面调查的统计报表为主，采用抽样调查有限；主要针对旅游行业范围内的企业调查，行业范围之外的企业则无法涉及。

3. 我国旅游统计调查的指标体系

根据旅游统计调查制度及调查方法，我国旅游统计调查设置了两类指标。一类是实物指标，一类是价值指标。这些旅游指标从旅游消费和旅游供给两个方面提供旅游发展状况的基本数据。

表 7-1　　　　　　　　　我国旅游统计指标体系

类型	类别	指标	内容
实物指标	旅游消费	旅游者人数	入境旅游者人数、国内旅游人数、总人次数、主要客源国入境旅游人数、出境旅游者人数、出游率
		旅游者构成	入境旅游者社会特征、旅游方式、旅游类型等
		国内旅游者	城镇居民、农村居民、职业及其他
		旅游时间	总旅游人天数、平均停留天数、平均停留时间变化
		旅游者变动	旅游总人次数变化、季节变化、流向变化
	旅游供给	旅游饭店	饭店数、房间数、床位数、饭店类型、饭店等级与规模、客房出租率、接待人数
		旅行社	旅行社总数、旅行社业务统计
	旅游就业与培训	旅游就业人数	旅游饭店从业人员、旅行社从业人员、其他
		劳动生产率	全员劳动生产率、人均实现利税
		旅游教育培训	旅游院校数、旅游院校在校学生数
	旅游交通	交通运输业	客运量总计、旅客周转总量、总里程数等

续表

类型	类别	指标	内容
价值指标	旅游消费	收入分类	旅游总收入、旅游外汇收入、国内旅游收入
		收入构成	旅游外汇收入构成（长途交通、游览、住宿、餐饮、商品销售、娱乐、邮电通信、市内交通、其他）
		旅游产品价格	旅游产品价格、旅游平均价格
		旅游收入变化	旅游收入变化
	旅游供给	旅游饭店	固定资产、流动资产、成本与利润、经济效益
		旅行社	固定资产、流动资产、成本与利润、经济效益

附注：根据《中国旅游统计年鉴》整理。

二　我国旅游统计制度与国外统计制度的比较

1. 国外不同国家的旅游统计制度

加拿大实行主要旅游统计调查项目和发布有关旅游统计报告两种方法。旅游统计包括：国际旅行调查、加拿大居民旅行调查、航空旅客客源地及目的地调查、旅游者住宿情况年度调查、旅行活动及动机调查、旅游住宿业商务市场调查、大型城市公交企业调查、大型航空公司主要财务指标和经营数据统计、铁路交通调查、航空包机统计、飞机场活动调查、旅行服务的年度调查、加拿大航空业年度报告和国家旅游指标体系。种类繁多的调查统计反映了以下内容：一是国际游客数量及国际旅游活动的详细特征，例如游客的消费支出、旅游活动类型、目的地、入境游客所访问的各个城市或省的停留天数。同时还调查旅游费用的情况，包括：住宿费用、交通费用（汽油费用、汽车租赁、城市间交通、汽车和火车票、当地汽车、出租车）、食品和饮料、娱乐和休闲、其他（购物、照片等）；二是从需求角度调查国内旅游的规模。调查提供国内公民旅游数量和旅游花费，包括旅游出发地、目的地、停留时间、住宿、旅游原因、旅游方式，同时调查国内旅游者的各种旅游花费。[1]

---

[1]　黎洁：《旅游卫星账户与旅游统计制度研究》，中国旅游出版社 2007 年版，第 23—90、129—195 页。

加拿大的旅游统计调查经过改革现已比较完善，其有关旅游统计指标已经与世界旅游组织和联合国统计委员会有关统计指标非常接近。例如，在以往居民旅游调查中，过夜游客无论距离远近都是游客，一日游需要离开长驻地单程距离80公里以上；而在新的加拿大居民旅游调查中，用"离开城镇"代替"长驻地"，只有那些离开城镇的过夜游和单程距离在40公里之外、离开城镇的一日游才被纳入旅游统计范围。目前，加拿大已经成功建立了国家层面的旅游卫星账户，旅游统计调查比较完备。

美国旅游统计未纳入政府统计体系。美国全国旅游统计数据由美国旅行行业协会委托有关商业调查公司进行调查和分析。各州的旅游接待人数统计由各州采取不同办法完成。其中一些州通过与美国旅行协会合作，发布旅游统计数据；而一些州则独立进行调查获得旅游统计数据。美国每月对旅游数量进行调查，对游客的旅游消费总量及类型，每3个月调查一次，一般采用全国范围的电话辅助调查。调查内容包括旅游目的、交通工具、参加旅游的家庭成员数量、所访问的主要城市、每一类住宿设施的过夜天数、旅游花费和活动类型，这些统计数据为评价旅游的经济贡献及影响提供相关数据。

澳大利亚以旅游卫星账户促进旅游统计调查的完善与发展。2008年澳大利亚旅游卫星账户用19个账户来反映其旅游发展的状况。这19个账户分别是：旅游业的GDP份额、不同游客类型旅游GDP、以基价表示的旅游业产出、旅游业增加值、旅游业的贡献、按产业分类的增加值、按产业分类以基价表示的各产业旅游产出、按产品分类的旅游供给、按产业分类的旅游业增加值构成、旅游消费、不同游客类型旅游消费、不同游客类型的平均旅游消费、不同停留时间的国内旅游平均消费、澳大利亚居民出境游旅游消费、入境旅游消费、按产业类型划分的旅游业就业人员、旅游人次数、国际旅游者的国别和国内居民出境游目的地。

澳大利亚国民经济核算体系专门设置了独立的旅游卫星账户，全面衡量旅游的发展情况。因此，目前它的数据体系比较完整。

2. 世界旅游组织旅游统计体系

从20世纪末期，世界旅游组织一直致力于建立一种标准化的体系统计旅游活动。因此，它强调旅游统计体系应该被理解为一般统计体系的一部分，它也应该提供描述旅游业社会经济结构和发展的可靠连续而恰当的统计信息。世界旅游组织提供了一套完整的旅游统计框架①。

世界旅游组织的旅游统计体系由四部分组成，分别是：基本统计（旅游消费、旅游供给和生产要素）、与旅游统计相关的分类、旅游卫星账户和旅游收支平衡表。世界旅游组织认为这样的统计体系涵盖了所有旅游业经营者的全部信息；提出概念、定义、分类、变量和总体等是该体系的组成部分，以确保能够从所有视角（物理、社会、经济等）来详尽地描述旅游现象，并在国际可比较的范围内测度旅游的经济影响。

世界旅游组织提出的旅游卫星账户是一种全面统计调查旅游发展的统计工具，由世界旅游组织提交的《旅游卫星账户：建议的方法框架》于 2000 年 3 月被联合国统计署审批通过，这种统计体系已经成为一种范式。目前，国外许多国家正是根据这一标准进行旅游统计的改革与完善。

表 7 - 2　　　　　旅游统计体系中与旅游消费有关的内容②

与旅游消费相关的"概念"	国内旅游　国内旅游消费　旅游形式　入境旅游 入境旅游消费　境内旅游　境内旅游消费　国际旅游 国民旅游　国民旅游消费　出境旅游　出境旅游消费 购买时间　旅游　旅游类型　到访者消费　到访者支出
与旅游消费相关的"旅游单位"	居住国　国内游客　国内旅游者　停留时间　国际旅游者 国际到访者　访问目的　一日游客　旅游住宿　旅游者 旅行者　短途旅游　常住环境　访问　访问者

3. 我国旅游统计调查体系与其他旅游统计调查体系的比较分析

分析加拿大、美国、澳大利亚以及世界旅游组织的旅游统计体

---

① 常莉、康蓉、李树民：《世界旅游组织与我国旅游统计体系的比较》，《统计研究》2005 年第 7 期。

② 同上。

系，可以看到它们具有以下特点：

确定了合理的、结合本国实际的旅游统计标准。例如，旅游统计的概念体系、旅游调查的方法等。统计调查以旅游者的有关调查为主，包括入境旅游者、国内游客以及出境游客；对游客调查的同时，注重旅游消费调查。

另外，旅游统计体系注重与旅游卫星账户的连接。能够发现，加拿大、美国、澳大利亚都已经成功地发布本国的旅游卫星账户。这些国家实行的旅游统计制度与体系严格遵循了世界旅游组织推荐的旅游统计体系。因此，在国际范围有很强的可比性。

对比我国与其他国家旅游统计调查制度，二者有显著的区别。

首先，我国现行的旅游统计调查制度没有按照旅游发展的新阶段，重新界定一套合适的概念体系。例如，"旅游"的含义。世界旅游组织推荐的旅游的含义是"人们暂时离开他们的长住地不超过连续一年、在被访问的地方从事非谋取报酬的一系列活动"，可见，旅游是一种活动，不是我们所认为的"产业产出"[①]。世界旅游组织强调从需求与消费入手，兼顾供给因素，进行旅游统计；而我国的旅游统计则恰好相反，是从供给入手，进行旅游统计。另外，值得说明的是，在我国实行的是两套统计调查体系。一方面是国家层面对出游的统计，一方面是地方层面对旅游接待的统计。两种体系的思路不同，统计结果也就没有联系。尤其地方旅游统计，旅游接待来自住宿设施接待和景区接待，而旅游收入则来自抽样调查。两个指标是通过两种渠道获得数据，因此，长期以来我国旅游统计表现出"纵向不可加，横向不可比"的现象。

其次，尽管在旅游统计中，统计调查了大量有关游客的指标，但是这些指标往往不能满足分析需要。而且在统计中，比较注重入境旅游的统计，忽视了国内旅游统计。实际上，我国的旅游市场已经发生了很大的转变，国内旅游在旅游规模上，远远超过了入境旅游，但是旅游统计调查制度还没有建立合适有效的国内旅游统计方法。

---

① 常莉、康蓉、李树民：《世界旅游组织与我国旅游统计体系的比较》，《统计研究》2005年第7期。

再次，我国旅游统计调查制度设立的指标体系不全，并且存在一定问题。

一是缺乏显示旅游经济影响的指标。分析国外发达国家的旅游统计指标体系，发现在他们的统计指标体系中都包括能够反映旅游经济影响的指标。例如，旅游业增加值。旅游业增加值是直接反映旅游业带给目的地的产值增加部分，这一数据与地区总产值相比，可以表示旅游带给整个经济的贡献。澳大利亚的旅游统计体系专门设立了一个账户统计反映旅游的经济影响。目前，在我国的旅游统计中，没有这些指标。

二是我国旅游统计指标设置了更多的非货币指标。在我国的旅游统计指标体系中，存在大量的非货币指标，这些非货币指标不能反映旅游的经济价值。例如，入境旅游者的国别构成、入境旅游者的社会特征、入境旅游者旅游的目的及类型、我国国内游客的社会特征、旅游者停留天数、游客流向、旅游者人次数、饭店数、房间数、床位数、饭店类型、旅行社数等。实际上，世界旅游组织推荐的旅游统计指标更能体现旅游的经济意义，而非我国利用实物指标描述旅游发展状况。

三是旅游消费指标不全面。旅游本身就是一种消费活动，消费从旅游前就已经开始。因此，旅游消费指标应该包含旅游前、旅游过程中、旅游结束后所有与旅游有关的消费活动。同时，旅游消费指标缺乏国内旅游消费构成统计。

从表7-1中还能发现，我国旅游指标的设置仍然是计划色彩浓重。例如，旅游饭店类型统计，包括国有、集体、股份制、联营、有限责任公司、股份有限公司、私营、外商投资、港澳台投资等类型饭店进行统计。显然，这种统计是计划经济的产物，浪费统计资源。

近年来，我国不同地区正在构建地区级的旅游卫星账户，已经发现现有的旅游统计不能适应旅游卫星账户的需要，不能全面评价旅游活动。因此，笔者认为，为达到全面评价旅游的经济效应，改革我国旅游统计调查制度是必要的。

三　对我国旅游统计制度改革的建议

随着现代旅游的发展，旅游活动的类型不断丰富，旅游消费和旅游供给呈现多样化的趋势。我国现有的旅游统计已经不能达到全面统计调查旅游发展的状况。旅游统计改革迫在眉睫。

旅游统计改革应该从根本上解决我国现有旅游统计中"纵向不可加，横向不可比"的问题，同时尽可能做到两套统计指标体系的融合，为旅游卫星账户的建立奠定基础。

1. 旅游统计制度改革的思想与目标

旅游统计制度改革应该遵从"大旅游"的发展观。国家旅游局局长邵琪伟参加第十届世界旅游旅行大会提到，"全球旅游正在走向新的发展阶段。这需要我们用更加睿智的眼光把握机遇，迎接挑战，在努力增进人类福祉的进程中提升旅游业的整体价值"。旅游业不仅是增加外汇收入、扩大内需、促进消费、拉动相关产业发展的经济产业，而且是提升人民生活品质、促进文化交流、扩大对外开放、增加社会福祉的综合性产业。[①]

"大旅游"观念将旅游的重要性与范围扩展到一个新的范畴。因此，旅游统计的目标就应该是设立全面的指标完全反映旅游业的整体价值，包括经济价值、社会价值及环境价值。

2. 建立完善的旅游统计概念体系

基于旅游统计制度改革的目标，适应现代旅游发展的需要，旅游统计需要遵循新的标准概念体系。与此同时，统一的概念体系应当与世界旅游组织推荐的概念体系为参照。旅游概念体系包括基本概念、旅游消费体系、旅游供给体系、旅游资源体系等。尤其对旅游活动、旅游者的范围更应该给以明确确定。

3. 形成新的旅游统计指标体系

在原有的指标体系中增加能够反映旅游经济贡献的指标、突出国内旅游的统计。长期以来，受"发展入境旅游，赚取旅游外汇"思

[①] 魏小安：《用"大旅游"推动中国旅游产业发展》，2010 年 5 月 28 日，中国日报网，http://www.chinadaily.com.cn/hqss/lvyou/2010 - 05 - 28/content_ 380242. html。

想的制约，我国旅游统计非常重视入境旅游统计。但在旅游发展的新时期，更应该突出国内旅游的重要经济价值。旅游统计指标体系中应增加有关国内旅游的指标，例如，国内旅游消费构成、国内旅游消费主要产品类型等。另外，在统计中应该注意旅游前与旅游后的消费统计。

4. 完善旅游调查方法

旅游调查由国家统计局城调队和农调队分别对城镇居民和农村居民旅游消费进行统计，入境旅游以口岸调查为主。统计调查应该实行广泛抽样调查，逐步减少行政性、普查性调查手段的使用。在样本选择上，从目前的多重截面调查向轮换样本过渡，实行先进的统计数据质量控制方法。

旅游统计制度改革最终实现国家统计与地方政府的衔接，旅游统计与卫星账户建立衔接，为旅游经济效应评价提供全面、准确的数据。

第二节　基于统计的旅游发展政策建议

一　确定旅游业的产业地位

分析旅游消费能够发现，旅游消费品内容多样，既包含普通商品，也包含奢侈品。旅游活动贯穿人类社会趋向进步演变的许多环节。从经济活动的角度看，旅游几乎涉及经济活动的整个过程。例如农林渔牧产业，在第一产业的经济表现中，它既为旅游活动间接提供消费品，也直接参与旅游活动，例如农业观光、乡村旅游、农业劳动体验等。其次，工业体系中，已经衍生出很多旅游参与的形式，即所谓的工业旅游。第三产业中，旅游业成为重要的组成部分。从社会文化发展的角度看，旅游活动的本质恰好就是文化性，因此，旅游与社会文化的进步从形式、内涵等方面都是一致的，旅游成为现代社会人们生活的重要需求部分。

现代旅游表现出大众性，不断增长的旅游客流与旅游收入能够说明旅游业在国民经济中居于什么样的地位呢？是否正如有学者说的"支柱地位或者是先导产业"那样的地位吗？当然也有学者否认旅游业的支柱产业地位。我们如何判断或者确定旅游业的产业地位，得从其经济贡献、发展条件等方面分析。

1. 旅游业的功能

从理论分析的角度看，许多学者依据经济学的乘数效应理论、投入产出理论及有关的知识阐述了旅游的巨大经济贡献。这种经济贡献表现在许多方面。首先是收入的增加；其次是就业机会的增加，也包括资本总量的增加、外汇收入的增加等等。从实证分析的角度，许多学者提出一些指标，通过检验这些指标，进而说明旅游业的产业地位。

早期的学者用"旅游收入占国民经济总量的百分比"说明旅游的贡献；李江帆对此提出质疑，认为应该用"旅游业增加值"衡量旅游业的贡献；魏小安等认为用"旅游业增加值"衡量旅游业产业地位并不是很好的解决方案，他们从支出法的角度提出计算"旅游产业总值"，即"旅游增加值"[①]。其实从本质上讲，后二者的差别在于旅游业范围的差异，由此带来两个不同性质的贡献值。

宋子千、郑向敏认为，魏小安等提出的旅游产业总值和李江帆等提出的旅游业增加值的差值反映了旅游业对国民经济其他产业的带动作用。[②] 近年来，有学者运用投入产出法分析了旅游业的产业影响力系数，旅游业不同于一般产业，也不同于传统产业，旅游业涉及面广，尤其关系到一国或地区形象改善、优化投资环境、提高人文素质等。在实践中，旅游业经常被定义为"战略性产业地位""引擎产业""先导性产业""名片产业"等，这些都不是传统产业地位理论包含的内容。正如王志发所总结的，旅游业的产业作用正在发生改变，即从一个综合性产业向兼具经济价值和社会功能的特殊经济现象转变。[③]

2. 旅游业赖以发展的条件分析

通常人们认为旅游业是投资少、见效快的产业。所谓的"投资

---

① 宋子千、郑向敏：《旅游业产业地位衡量指标的若干理论思考》，《旅游学刊》2001年第4期。

② 同上。

③ 宋子千、廉月娟：《旅游业及其产业地位的再认识》，《旅游学刊》2007年第6期。

少、见效快"主要是因为旅游业的发展取决于旅游资源。旅游资源丰富的地区，其旅游业相对发展较快。从我国和全球旅游业较发达的国家和地区看，旅游资源在旅游业的发展中起到了至关重要的作用。例如在国内的许多二线城市，平遥、丽江、敦煌等。我国是一个旅游资源相对丰裕的国家，有种类繁多的自然旅游资源，也有文化底蕴深厚的人文旅游资源。经过四十年的发展，旅游设施已经相对比较完善，这些基本条件为未来确立旅游业的产业地位奠定了重要的基础。

3. 确立旅游业的支柱产业地位

依据计算的旅游业增加值和旅游增加值以及相关的指标，以陕西省为例，陕西省旅游业在国民经济的发展中具有重要作用，有必要确立旅游业支柱产业的地位。从全国旅游发展的层面看，陕西是国内外旅游者在中西部地区的主要集散地。多年来，国家始终把西安作为向国外旅游者推介的重要国内旅游线路的组成部分。西部大开发以来，作为西部地区的桥头堡，陕西聚集了许多优先发展的优势，首先，陕西位于西部地区的东部，起到连接东西部的作用。其次，陕西是西部十二省区中唯一历史文化悠久的地区。最后，多年来的发展，西部旅游线路从陕西开始。2010 年是西部大开发"十一五"规划的最后一年，在众多学者与管理者看来，陕西具有"浦东"一样重要的战略地位。显然，人们赋予陕西很高的期望。[①] 因此，基于这样的历史与区位，陕西旅游业承担着西部旅游崛起的重要作用。

从陕西省经济发展的结构看，能源产业、资源深加工产业、装备制造产业等都是传统产业，要进一步加快经济发展，必须促进第三产业的快速发展。例如旅游业、文化产业等。旅游业因为具有天时地利的发展条件，在新的历史时期，具备被确定为支柱产业的条件。同时，旅游业发展的成就也为旅游业成为支柱产业之一奠定了基础。本书正是基于要为这种政策制定提供依据，搜集了大量数据，通过计算得到，2008 年陕西省旅游业增加值 382.2 亿元，占陕西省 GDP 的 5.57%；旅游增加值 656.9 亿元，占陕西省 GDP 的 9.58%。同时衡

---

① 《四大产业基地：让陕西成为西部的"浦东"》，2010 年 7 月 23 日，陕西日报，http://gxq.hsw.cn/system/2010/07/23/050574806.shtml。

量了旅游就业、旅游产出等指标。不能否认的是，近年来，围绕旅游业的发展，陕西省的交通设施、环境、文化氛围等发生了重大的变化。由旅游开发所带动的经济区不断增加（曲江旅游区、法门寺旅游区、新大明宫旅游区、新兵马俑旅游区等）。旅游业在陕西经济发展中既要承担推进经济发展的功能，还承担着促进社会文明前进的功能。在双重功能具备下，旅游业有理由作为支柱产业之一。

为保证这种支柱产业地位，必须从政策层面进行说明，保证"大旅游"的旅游产业从各个方面凸显支柱产业的地位。第一，充分利用现有旅游资源，集合人、财、物、力开发新的旅游线路、旅游产品，形成新的旅游经营模式。第二，加大营销的力度。尽管拥有众多的国家级的旅游资源，但也有"酒香也怕巷子深"。宣传促销是在较短时间里迅速提高旅游吸引力的有效手段，在准确的市场定位与个性化的形象作为宣传的前提下，将更容易提升旅游吸引力。第三，完成旅游业与相关产业的聚合发展，实现旅游业的双重功能。所谓的聚合，就是将旅游的自促进功能扩大到相关产业和其他产业，实现旅游发展促进社会文明进步。

二　采取旅游业主动发展模式

早期旅游的产生是因为旅行者的自发旅游需求。例如古代的帝王巡游、士人漫游、宗教旅行等。旅行基本不受制于其他社会条件的限制。随着社会经济的发展，进入近代旅游之后，旅游的发展首先取决于社会经济条件。例如，新式交通工具出现后，旅游迅速发展。现代旅游更是与社会经济发展密切相关。一般的，社会经济发达的国家或地区，其旅游业则相对发展得比较快，反之则相反。这也是通常所说的旅游业的依赖性，即国民经济的发达程度决定了旅游综合接待能力的强弱，并在一定程度上影响着旅游服务的质量。这是不是说明旅游业处于被动发展的态势，即所谓的"被发展"呢？答案是否定的，旅游业应该采取主动发展的战略。

表5-22中旅游产出效应表明，旅游特征产业与相关产业随着旅游的发展，其产出不断增加，同时还表明旅游业的发展也促进了其他产业产出的增加。例如，增加了第一产业的产出，增加了化工业、能

源加工业、食品纺织品加工业等的产出。张华初等经过计算，得到 2002 年我国旅游业影响力和感应度分析的数据。我国旅游业的影响力为 2.085，意味着旅游业产出每增加 1 元，将会推动我国总产出增加 2.085 元。我国旅游业的感应度为 1.096，意味着国民经济各部门产出增加 1 元，旅游业产出增加 1.096 元。① 另外，依据该文计算，旅游产出增加 1 元，陕西省国民经济总产出为 2.04 元。比较旅游业的影响力和感应度，旅游业对国民经济的推动作用明显强于受到国民经济发展后的拉动作用。因此，新的历史时期，旅游业应该采取主动发展的模式。旅游业的主动发展模式也是现代旅游发展的必然要求。

所谓的主动发展模式并不是说，旅游业的发展可以随意脱离国民经济发展的体系水平，而是在旅游业发展所依赖的基本条件达到后，旅游业的发展不受制于国民经济发展的制约。还有一层含义就是，即使旅游业发展所依赖的基本条件没有达到，也应该主动创造条件，实现这些基本条件后，并以此作为基础，采取主动发展模式。主动发展模式要求，首先在战略思想上，要有主动发展的意识。这种主动发展意识强调要重视旅游业的发展，提高对旅游业重要性的认识。由国务院出台的《关于加快发展旅游业的意见》中特别提到"把旅游业培育成国民经济的战略性支柱产业和人民群众更加满意的现代服务业"②。因此，有必要提出旅游业战略性、支柱性的产业地位，把旅游业由传统服务业逐渐向现代服务业转变，逐渐把旅游业打造成综合性的产业。

其次，探索旅游业主动发展的模式。旅游业的发展应该因地制宜，结合地区旅游资源的特色和地区经济发展的形态，形成旅游业与其他产业的联合化发展。以陕西省为例，陕西省是一个文化大省，旅游业发展有天然的独特优势。从宏观层面讲，旅游业的发展可以采取联合或是聚合发展的模式，一是时间聚合，二是空间聚合，三是产业间聚合。时间聚合是指利用资源时间形态差异，形成不同历史背景形

---

① 张华初、李永杰：《中国旅游业产业关联的定量分析》，《旅游学刊》2007 年第 4 期。

② 《把旅游业培育成战略性支柱产业》，2009 年 11 月 26 日，人民网，http://gd.people.com.cn/GB/123946/10455619.html。

态的旅游产品与线路；空间聚合是指将不同区域特征的旅游风景区实现点、线、面聚合，形成大旅游区；产业间聚合是指尽可能实现旅游业与其他产业的融合发展，凸显产业集群的经济效益。西安曲江就是由旅游起始，结合文化产业、商业流通业以及房地产业，打造而成的大曲江旅游区。因此，聚合发展是旅游业主动发展模式的最终归宿。

从微观层面讲，旅游业主动发展还应完善产业内部各行业结构。旅游业包括旅行社业、餐饮业、旅游交通以及一些相关行业，为了提供符合旅游者需要的产品，旅游业内部要实现质和量的结构优化。第一，提升各行业旅游服务的品质。通过高品质的服务吸引旅游者的光顾与消费。第二，不断创新旅游产品。陕西省旅游资源丰富，确实实现了因地制宜发展旅游业。但是从继续和深入发展旅游的要求看，我省的旅游产品相对比较呆板，旅游者的参与性不高，也就是旅游产品的品质不高。例如深圳并不是一个旅游资源丰富的地区，但是旅游业的发展已经远远超过了许多其他地区。究其原因，仍然是产品的问题。第三，进一步发展旅游交通事业。可进入性是旅游吸引力高低的前提。尽管陕西省已经形成比较完善的海、陆、空的立体交通运输体系，但是作为交通枢纽和集散中心，需要更强的交通运输能力。第四，实行旅科工贸结合，开发本地特色的旅游商品。实行旅科工贸结合，关键是运用科学技术，设计、生产、销售旅游商品，不断提高旅游商品销售在旅游创汇和回笼人民币中的比重。尽管国内外旅游者在陕西旅游消费的结构不断改变，但是旅游购物消费仍然不明显，这与陕西省物产丰富的自然条件很不相适应。因此有必要建立专门的部门，实施系统化的调研，形成具有我省特色的旅游小商品，突出"旅游购物"的经济功能。第五，形成特色鲜明的旅游者娱乐活动形式。旅游娱乐是旅游活动的重要组成部分，参与性强的娱乐活动可以提升旅游产品的吸引力。目前，陕西省已经开发出唐乐舞之类的娱乐节目，但是还应该深入挖掘，形成种类多样的娱乐活动。

上述主动发展模式的内容实际上是强化旅游的供给功能，通过多样化的旅游产品激发旅游需求。由此可见，目的地已经发现了旅游消费巨大经济意义，消费资本在经济发展中有重要的推进作用。主动发展模式的逻辑归宿就在于消费资本的利润化。

三 注重国内旅游发展的经济意义

1. 我国旅游市场结构的变化

与发达国家旅游业发展的道路不同，我国旅游业发展选择的是非常规的旅游业发展道路，即大力发展入境旅游，积极发展国内旅游，适度发展出境旅游。改革开放四十年来，国家为旅游业发展制定的政策基本没有改变。但是，随着我国旅游业的稳步增长，旅游业在发展的过程中，不同旅游市场份额及表现出现了显著的变化。

众多的统计数据和实际分析都已经证明，我国旅游业的市场内涵正在悄然变化。与此同时，国家旅游局也在逐步转变旅游业发展的政策。所谓的"大力发展入境旅游，积极发展国内旅游，适度发展出境旅游"的政策也在渐渐变化。国内旅游在我国旅游业的发展中正在回归应有的位置。在 2005 年 8 月的全国旅游工作座谈会上，国家旅游局就提出了三大市场中"大力发展入境旅游，规范发展出境旅游，全面提升国内旅游"的战略调整。到了 2006 年 1 月，国家旅游局又提出"把国内旅游市场作为旅游业的基本立足点"[①]。可见，在新的历史阶段，国内旅游发展有重要的国民经济意义。

2. 我国国内旅游发展的重要经济意义

比较国内旅游与入境旅游对经济发展的作用，能够发现他们对促进我国经济发展的差别。刘迎辉、郝索《国内旅游与入境旅游对促进我国经济增长的比较研究》一文，经过协整分析表明，国内旅游每增加 1 个百分点，国内生产总值增加 0.554628 个百分点，入境旅游每增加 1 个百分点，国内生产总值增加 0.346883 个百分点。国内旅游的经济价值表现在：

首先，2007 年年底至今，国际金融危机的影响仍然没有明显的回转，对实体经济的冲击还没有结束。欧美等发达国家和地区明显受到国际金融危机的冲击，我国旅游业发展的外部环境相较之前仍然比

---

① 刘德谦：《2009 年旅游绿皮书》文摘之二：关于中国旅游的反思与讨论，2009 年 8 月 25 日，http://blog.tianya.cn/blogger/post_show.asp? BlogID = 2268725&PostID = 18681284&idWriter = 0&Key = 0。

较严峻，这种状况下国内旅游更加凸显其显著的经济意义。

其次，国内旅游人口基数较大，同时三十年来我国经济快速的发展，人民收入持续增加，国内旅游者数量持续增加。大规模的国内旅游推进了我国的消费规模，成为拉动内需的重要力量。

最后，大规模的国内旅游客流在促进就业、加速货币流通、推进地区经济发展、平衡地区差异等方面有重要的作用。

3. 促进国内旅游发展的措施

长久以来，我国旅游业注重发展入境旅游以获得更多的旅游外汇收入，旅游业的服务意识、服务技能、服务设施等都是以最大限度地满足入境旅游者的需要为出发点。因此，在很多方面忽略了国内旅游者的需求。鉴于新时期，国内旅游重要的经济功能，有必要采取措施形成持续稳定增长的国内旅游流。

发达国家旅游业的发展，一般都采取了国内旅游优先发展的政策。目前，已经基本形成可以借鉴的方法与模式。例如，法国推出的"旅游质量品牌计划"，美国的"市场机制主导的旅游业发展模式"①等。结合我国的实际国情，并借鉴发达国家的先进经验和模式，促进我国国内旅游发展，满足国内旅游者需要，可以从两个方面考虑，宏观层面的措施有：第一，确定国内旅游发展的战略地位。第二，注重市场机制在国内旅游发展中的重要调节作用。第三，实施有效的国内法定节假日制度，形成全民旅游的氛围。微观层面的措施有：第一，完善我国的旅游营销网络，将传统营销模式与现代网络营销模式相结合。第二，加强国内旅游推介，通过国内旅游博览会促进区域旅游信息、旅游市场交流。第三，逐步加强适应国内旅游者需要的各类旅游设施的完善，尤其是调整旅游饭店等级结构、客房等级结构的比例关系。第四，创新旅游产品。新的历史时期，我国国内旅游市场不断分化，不同市场类型的偏好各不相同，尤其是不同年龄、文化层次旅游者的旅游需求差异显著，因此，必须进行旅游产品的创新，实现旅游与休闲相结合。第五，规范旅游市场，提

---

① 唐娟：《若干国家和地区推动旅游业发展政策措施（一）》，2010 年 1 月 6 日，上海情报服务平台，http：//www. istis. sh. cn/list/list. aspx？ id＝6438。

高旅游服务品质。从旅游投诉的内容与类型可以看到，国内旅游的投诉高于入境旅游的投诉。旅行社、旅游饭店等对国内旅游者和入境旅游者在提供旅游服务上存在差别，有必要不断扭转旅游服务行业的这种服务待遇差异。

四 提高旅游消费内涵

生产、分配、交换、消费是社会生产总过程的四个相互联系的环节，各有其特殊的作用和内容。这四个环节之间相互联系、相互制约，反映了社会生产总过程的辩证运动。在社会经济不断扩大再循环的过程中，这四个方面缺一不可。马克思主义理论特别强调生产是社会生产总过程中的决定性因素。但是尽管如此，消费及其他两个环节仍然有重要作用。例如，在生产过程内进行的消费即生产消费，是劳动产品的生产过程；而在生产过程之外进行的消费即个人消费，对生产起着重要的反作用：首先，个人消费能再生产出从事生产活动的劳动者；其次，作为生产过程结果的产品，只有通过消费才能成为现实的产品，生产才得以最后完成；再次，消费创造出新的需要，在观念上提供了生产的对象，从而成为生产发展的内在动机。因此，从这个意义上来说，没有消费也就没有生产。消费成为关系到商品价值实现的关键。可以类推，没有旅游消费，就没有旅游生产，就谈不到旅游的经济效应。

1. 我国旅游消费构成的基本状况

本书已经详细分析了旅游消费的内涵与类型。旅游业是综合性产业，涉及许多产品的生产和消费。直接消耗系数表明了产业和产业之间的相互消耗关系，它是指某产业生产1单位产品所直接消耗其他产品的数量。表7-3列出了旅游业直接消耗最高的7个行业。数据来源于《2007年陕西投入—产出表》中的直接消耗系数表。2007年，陕西旅游业每生产1万元服务产品，对这些行业的直接消耗分别是：住宿业1172元，道路运输业214.6元，公共设施管理业1084.5元，餐饮业1157.6元，租赁业425.9元，保险业625.6元，环境管理业1084.5元。旅游业对住宿业和餐饮业的直接拉动能力最大。

表 7 - 3　　　　　　2007 年陕西旅游业对各产业的直接消耗

产业名称	直接消耗系数	产业名称	直接消耗系数
住宿业	0.11720	租赁业	0.04259
道路运输业	0.02146	保险业	0.06256
公共设施管理业	0.10845	环境管理业	0.10845
餐饮业	0.11576		

附注：根据《2007 年陕西投入—产出表》整理。

根据 2002 年我国的投入产出表中的直接消耗系数发现，2002 年我国旅游业每生产 1 万元的服务产品，对铁路运输业的拉动为 1020.9 元，对餐饮业拉动为 653.8 元，对住宿业拉动为 456.9 元。"黄金周"假日期间，宾馆涨价，火车票、机票紧张，能够反映旅游业对这些行业的显著作用[①]。

旅游消费结构中，用于住宿、餐饮、长途交通、游览等消费称为基本旅游消费，用于旅游购物、娱乐、邮电通信消费等称为非基本旅游消费。基本旅游消费是刚性的，一般波动较小；非基本旅游消费属于弹性消费，波动性大，往往受到旅游者消费冲动效应的影响，它是衡量一个国家（或地区）旅游业发达与否的重要标志。发达国家，基本旅游消费的份额只在 30%—40%，其余表现为非基本旅游消费[②]。而我国旅游消费的构成则恰恰相反，基本旅游消费份额较高，非基本旅游消费份额低。2006 年我国旅游外汇收入构成中，非基本旅游消费（娱乐、邮电通信与商品销售）仅占全部入境旅游消费的 38.2%。陕西省 2008 年旅游外汇收入构成中，非基本旅游消费（娱乐、邮电通信与商品销售）也仅占全部入境旅游消费的 44%。同时国内旅游消费构成中，这三项之和也不超过 25%。可见，我国旅游消费构成中，非基本旅游消费普遍偏低。

造成我国非基本旅游消费偏低，尤其是国内旅游消费的非基本旅

---

① 张华初、李永杰：《中国旅游业产业关联的定量分析》，《旅游学刊》2007 年第 4 期。

② 同上。

游消费偏低，有很多原因。人均收入较低是一个重要原因，但绝不是唯一的原因。随着社会经济文化的进步，我国旅游消费的增长空间很大。为了推进我国旅游业的进一步发展，必须重视旅游消费的内涵，逐步扩大非基本旅游消费的规模与数量。

2．改进旅游消费结构的建议

旅游消费结构的积极改变不是一蹴而就的事，它是一个动态发展的过程。借鉴发达国家的经验，可以逐步改变我国的旅游消费结构。首先，应该提高产品质量和加强产品创新。长久以来，我们一直以观光、文化旅游为主题向外国旅游者宣传；而国内旅游的发展时间较短，到现在不过三十年的时间。许多旅游产品的形式和形态处于简单生产营销态势，只能满足旅游者的基本需求。其次，逐步提高我国居民的收入水平。形成旅游者的客观条件之一就是足够的、可自由支配的收入。目前，我国居民的收入水平还比较低，且表现出明显的地区差异性。这从根本上决定了非基本旅游消费比重低。当然，随着我国国力的持续增强，在不久的将来，可以释放出大量货币用于非基本旅游消费。最后，旅游消费结构往往受到旅游者文化观念、消费观念等方面的影响。因此，需要在全社会范围内，积极正确引导，形成利于经济发展的消费观念。

五　形成旅游业的可持续发展

"可持续发展"一词源于"可持续性"这一概念。1987年，由布伦特兰担任主席的联合国世界环境与发展委员会以"我们共同的未来"为标题，提出了一份研究报告，正式提出了"可持续发展"的概念。报告解释了"可持续发展"的含义，即"满足当代人的需要又不损害子孙后代满足其自身需要的能力"。随后，"可持续旅游"一词产生。可持续旅游要求人们以长远的眼光从事旅游经济开发活动，并对经济不断增长的必要性提出质疑，以及要求确保旅游活动的开展不会超越旅游接待地区未来亦有条件吸引和接待旅游者来访的能力[1]。

我国旅游业的发展是以旅游资源的高强度利用为基础。尤其是20

---

[1]　李天元：《旅游学概论》，南开大学出版社2003年版。

世纪末，我国开始实施"双休日"和"黄金周"，旅游资源利用强度空前增强。例如，一些国家级旅游风景区"日旅游人次数"庞大，理论界用"井喷"来形容这一现象。旅游资源的过度利用，既不利于资源的保护，往往也会产生一些假象，使得旅游供给在集中的旅游消费结束后，处于空闲状态。另外，受制于资源的季节性，旅游业有明显淡、旺季区分。在旅游旺季，旅游设施利用率高；而旅游淡季，旅游设施的利用率下降，甚至闲置。所以旅游业更需要可持续发展。只有旅游业可持续发展，旅游经济效应才能持续存在。

　　为了保证旅游业的可持续发展，我们首先应该在可持续发展的基本原理的指导下，实现维护要特别注重目的地的旅游承载力。旅游承载力是目的地所能吸纳外来游客的最大能力。如果游客接待量超过这一指标，往往导致严重的现实问题。此外，也需要通过力保旅游环境质量与保证游客质量之间的均衡。在经济效益上，实现目的地社区的参与和旅游收益的合理分配；在社会效益上，促进目的地社区各项事业的发展和居民生活质量的改善；在环境效益上，做到旅游资源和生态环境质量的保护和可持续利用[1]，确保旅游业的可持续发展。

---

　　[1]　李天元：《旅游学概论》，南开大学出版社2003年版。

第三篇　实践篇

第八章　陕西旅游经济的发展实践

第一节　环关中城市群乡村旅游发展实践

根据地理特征，陕西天然形成陕北高原、关中地区和陕南山地。各地区自然风貌、旅游资源、土特产品、民俗风情等各不相同。地处渭河流域的关中平原是地堑式构造平原，它和渭河谷地及渭河丘陵一起构成渭河盆地，地理上介于秦岭和渭北山系（老龙山、嵯峨山、药王山、尧山、黄龙山、梁山等）之间；方位上西起宝鸡，东至潼关，东西长约350公里；关中地区海拔323—800米，面积约3.6万平方公里，因在函谷关（后称潼关）和大散关之间（或函谷关、大散关、武关和萧关之间），故有"关中"或"秦中"的说法。关中地区因东西较长，经渭河及其支流泾河、洛河等冲积，土地肥沃，加之战国郑国渠修好，便于灌溉，于是历史上就盛产小麦、棉花等，成为我国重要的商品粮产区，人们赋予关中地区"八百里秦川"的称号，也有人说这里"金城千里，天府之国"。现在的关中地区有西安、咸阳、渭南、宝鸡、铜川及其辖管的众多城镇和乡村。

一　环关中城市群乡村旅游带的地理分布及旅游发展特色

历史上关中地区比较富庶，西安、咸阳有较长时间的建都史，周、秦、汉、唐的繁荣在长期的历史积淀中，使关中地区形成了特色鲜明的民俗文化和乡村风貌。散落在关中城市群的农村通过开发乡村旅游资源，形成了环关中城市群的六条乡村旅游带。

1. 环关中城市群乡村旅游带

"十三五"规划中确定的关中城市群划分为四个层次，包括：第一层次为核心层，即西安中心城区；第二层次为紧密层，即四大副中心临潼、长安、咸阳、三原；第三层次为中间层，即西安都市圈三大外围中心城市渭南、铜川、杨陵；第四层次为开放层，即关中城市群五大周边中心城市宝鸡、彬县、黄陵、韩城、华阴。环关中城市群，夹生了各类乡村旅游村落与古镇。2016 年，陕西乡村旅游接待游客1.7 亿人次，收入210 亿元，袁家村、马嵬驿成为中国乡村旅游创客示范基地。[①]

按照空间分布和旅游资源开发特色，环关中城市群的若干乡村在地理上呈现六条乡村旅游带，分别是：次北带、环北带、环内夹生带、南带环、环西带和环东带乡村旅游带。环北带主要节点包括：散落在咸阳、兴平、礼泉、杨凌等以凸现乡村文化的袁家村、马嵬驿等25 个村落；次北带的有位于铜川照金、马咀等 27 个乡村旅游村落及黄陵的韩塬村、刘家川村等 8 个乡村旅游专业村；环关中城市群内带包括：临潼陶俑村、西安灞桥区西张坡村等；环南带主要节点散落在周至、户县、蓝田及秦岭北麓，展现乡村自然风光的水街、上王村、祥裕沟村、塘子街等；环东带主要节点位于合阳、蒲城、大荔、白水、韩城等，例如，南长溢村、灵泉村、赵山村、洽川、南井头、党家村等；环西带主要节点包括：散落在旬邑的马栏、唐家村等 20 个乡村，宝鸡的古陈仓、太平庄村、六营民俗文化村、食为天公社、凤州古城等 16 个典型乡村旅游村落。

2. 环关中城市群乡村旅游特色

关中城市群周边及内部夹生的各类乡村，文化、山水、地理地形等各不一样，旅游发展呈现不同特色。环东带围绕黄河和华山形成特色鲜明的沿黄河带乡村旅游与华山圈乡村旅游带；环西带围绕西周文化、佛教文化和秦岭山水，初步形成礼佛乡村旅游和山水民俗乡村体验游；环北带依托陵园文化和关中民俗，形成了典型的关中民俗创意乡村游；次北带主要集中于乡村旅游扶贫开发，基本形成了红色乡村游与扶贫乡村游；夹生带乡村依托西安，最早形成了农家乐、农产品

---

① 中国社会科学院：《中国乡村旅游发展指数报告》，2016 年 10 月 29 日，东方网，http://news.eastday.com/eastday/13news/auto/news/china/20161029/u7ai6156025.html。

采摘、度假庄园游。

表 8-1　　　　　　　　　　环关中城市群乡村旅游状况

空间分布	市（县）	乡村旅游特色	布局	典型乡村
环东带	韩城	观民居，赏山水；注重生态保护；体现乡土乡味	"一心，两带三组团"	党家村、潘庄、108国道和澽水河沿线村落等
	合阳	关中水乡，休闲农业	莘里村、王村、夏阳村、灵泉村、沿黄大道沿线村	
	大荔	美丽大荔，周末之家，休闲之都；村庄建成小公园；"旅游+"	"三城三地三乡"	"七彩渔村"、罗平村、福佑村、苏村镇、双泉村、冯村、小坡村
	蒲城	"游唐桥陵、看关中民俗、赏田间美景，住农家小院、吃农家饭菜"	"一陵带一村，一村护一陵"	赵山村、乐村
	大渭南——黄河旅游带、大华山旅游带			
环西带	眉县	"山水田园映衬、风情小镇点缀、优美乡村交融、生态产业跟进"	示范村7个，乡村旅游示范点9处	闫家堡、潼关寨村、斜谷村、红河新村、新庄村
	扶风	"唐风古韵，礼佛人家，周俗新韵，青铜人家"	法汤公路两侧宽10公里，长35公里示范区域	美阳村、宝塔村、侯李村、西权村、浪店村、古水村等
	凤翔	"观田园风光、品乡土美食"	六营村、大沙凹村	
	凤县、千阳县、太白县、陇县		北郭村、胜利村、六川店村、火烧滩村、张家塬村、柴胡山村、高楼村、团结村、马场村、段家湾、大柳树村等	
	大宝鸡——"何尊铭中国，宝鸡鸣四海"			
次北带	旬邑	"渭北高原的璀璨明珠"	旅游新村20多个	马栏、石门、唐家、赵家东崖
	铜川	"养生文化与红色文化"	赵家塬村、莫火村、玉华村、马咀村、川口村	
	黄陵	"寻根祭祖"	刘家川、韩塬、龙首农家乐示范产业村	

空间分布	市（县）	乡村旅游特色	布局	典型乡村
环北带	大咸阳：三原、兴平、礼泉等	"以旅促农、以旅助农、以旅富农"；"乡村旅游看咸阳"；"试点亮点重点特点看点""乡村旅游新格局"	"三心两带六组团多极点"的7区县25个村	袁家村、马嵬驿、白村、金源山庄、大石头村、贤仓村、茯茶镇、花田公社、龙泉山庄、柏社村、云集生态园、桃花源、北槐村、柳池村、刘家沟村、张里村、前山村、东坪村等
环南带	秦岭北麓：蓝田、户县、周至、临潼	"看得见山，望得见水，记得住乡愁"生态旅游；现代都市农业区	鲍旗寨村、簸箕掌、塘子村（汤峪）、安子沟村等
				李家岩村、东韩村、八里坪、叶寨葡萄农庄等
				沙·沙河、曹家滩村、马岔峪、耿峪村等
				东沟村、上王村、官坪村、八亩场村等
				星星农业产业园、福柳园、溪源山庄、骊山十三花、骊佳苑、火晶柿子与石榴采摘
环内夹生带	白鹿原	"旅游+乡村"；"周末乐园"		白鹿仓乡村旅游民俗体验园、白鹿原民俗文化村、樱桃谷、鲸鱼沟、毕公村等

附注：根据有关资料整理。

二　环关中城市群乡村旅游的发展

1. 环关中城市群乡村旅游开发模式

环关中城市群面积5.5万平方公里，覆盖众多古镇乡村，发展乡村旅游模式多样，一是资源依托型。资源依托型是乡村旅游发展的典型模式，也是早期乡村旅游开发的主要模式。二是农家乐与农产品采摘推动型。随着市场经济体制的不断完善和改革的不断深化，部分乡村借助地缘优势经营农家乐，成为城市旅游者的周末或短途旅游的最佳选择；近年来，不同乡村打造不同的农产品大面积种植，开发出农产品采摘的乡村旅游模式。三是政府助推型。十八大以来，我国加快小康社会建设，尤其注重贫困乡村的转型与脱贫，在政府主导下，一批贫困乡村旧貌换新颜，乡村旅游发展迅速。四是近年来典型的创意文化乡村旅游发展模式。袁家村和马嵬驿是乡村文化创意旅游发展的典范。五是科技依托型。目前杨凌农业经济示范区是陕西省典型的科技依托型乡村旅游开发示范地，旅游与科技农业有机结合，形成吸引性较强的各类农业园区。六是城市近郊型。2016 年 2 月公布的首批 262 家"国家全域旅游示范区"中西安市临潼区是陕西省 13 家示范区之一。[①] 临潼区乡村旅游西距西安市 35 公里，有显著的区位优势。

表 8 - 2　　　　　　　　环关中城市群乡村旅游开发模式

类型	优势	劣势	典型
资源依托型	乡村旅游资源丰富；较强吸引性；旅游开发比较先进；旅游服务设施较全；具有较强的竞争优势	重游率低；停留时间较短；门票限制；体验性与参与性不强	党家村、沙·沙河
农产品采摘推动型	重游率高，体验与参与性强；无门票限制，开放型；特色鲜明，不可替代；产业协同	表现出季节性；产品单一；旅游服务设施滞后	上王村、白鹿原、叶寨葡萄农庄
政府助推型	开发新颖；"美丽乡村"；扶贫功能；乡村旅游资源有限	开发较晚；基础设施滞后；竞争力弱；重游率低；参与性与体验性弱	马栏、照金
乡村文化重塑与创意旅游型	旅游开发先进；重游率高；特色鲜明；文化烙印浓厚；竞争力强；社区参与；利益共享	旅游服务较弱；停留时间较短；参与性与体验性不强	袁家村、马嵬驿
科技助推型	展现农业风貌，形成集教育、体验、观光、展示为一体的现代乡村旅游业	重游率低；停留时间较短；参与性与体验性弱；示范性与复制性弱	杨凌农业经济示范区
城市近郊型	城市周边区位优势；接待时间集中；交通便捷	周末现象；产品单一；停留时间短	临潼乡村、秦岭北麓乡村

2. 环关中城市群乡村旅游发展趋势与挑战

旅游经济增长进入新常态，旅游成为新常态经济的增长点。经济

①　《国家旅游局公布 262 家全域旅游示范区创建单位》，2016 年 2 月 6 日，中国经济网，http://travel. ce. cn/gdtj/201602/06/t20160206_ 3456395. shtml。

结构调整、动力结构转换、重点民生改善、推进新型城镇化和户籍制度改革等，释放旅游需求为乡村旅游发展提供支持；同时，新常态下陕西推进全域旅游发展，全面优化旅游供给，激发旅游需求；最后，《陕西省"十三五"旅游发展规划》明确指出：开发乡村休闲旅游产品、推进旅游与相关产业融合，陕西省旅游业"十三五"重点建设项目中54项与环关中城市群相关①，这些政策为环关中城市群乡村旅游发展创造了时代性机遇。

但环关中城市群乡村旅游发展也面临众多挑战。如何处理好乡村旅游发展中政府与市场的关系，推动乡村旅游持续、创新、倍增发展；各省区市越来越重视发展旅游业，环关中城市群乡村旅游的持续发展面临较大的行业竞争压力；目前，乡村旅游存在发展方式粗放、产品单一、综合效益不高等问题，这些累积问题成为制约乡村旅游提质增效、升级转换的阻碍。另外，值得一提的是，乡村旅游发展中出现的雷同化、过度商业化、民俗文化弱化等导致乡村旅游面临严峻的可持续发展考验。

三　基于全域旅游的环关中城市群乡村旅游带的可持续发展分析

1. 全域旅游的含义

全域旅游是早期小旅游，中期大旅游概念在大众旅游时代的必然选择和创新诠释，是一种新的发展理念、战略和模式。伴随我国经济发展进入新常态，旅游成为经济的新增长点。新常态下发掘旅游促进经济增长点驱动力即为全域旅游。它是指：各行业积极融入，各部门共同管理，居民游客共同享有，充分挖掘目的吸引物，创造全时空和全过程旅游产品，从而满足游客与居民全方位体验需求。② 显然，全域旅游强调旅游者全域化、旅游产品全域化、旅游服务全域化、旅游管理全域化。

---

① 陕西省旅游局：《陕西省旅游业"十三五"发展规划》，2016年11月3日，陕西旅游政务网，http://www.sxta.gov.cn/sxtourgov/proscenium/content/2016 – 11 – 03/13659.html。
② 厉新建、张凌云、崔莉：《全域旅游：建设世界一流旅游目的地的理念创新——以北京为例》，《人文地理》2013年第3期。

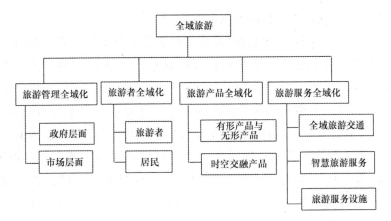

图 8 - 1　全域旅游的解析

2. 全域旅游开发解析

全域旅游开发是一种理念、战略和模式。相较于早期小旅游、中期大旅游，全域旅游是新常态下旅游经济提质增效的手段与方法[①]，是一种路径选择。全域旅游开发适应旅游景区全域开发，即狭义旅游开发；也适应某一地区和区域合作的旅游开发，即广义旅游开发。全域旅游开发是旅游供给侧结构合理化的过程，具体包含了资源整合、信息整合、部门整合、产业整合。[②]

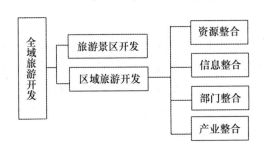

图 8 - 2　全域旅游开发解析

---

① 于洁、胡静、朱磊等：《国内全域旅游研究进展与展望》，《旅游研究》2016 年第 8 (6) 期。

② 左文君、明庆忠、李圆圆：《全域旅游特征、发展动力和实现路径研究》，《乐山师范学院学报》2016 年第 11 期。

3．全域视角下乡村旅游发展的瓶颈

环关中城市群乡村旅游既表现出鲜明的交替发展现象，同时又存在资源型乡村旅游发展缓慢现象。20 世纪末 21 世纪初的环南带农家乐如火如荼，周末与黄金周时环山公路车辆拥堵，代表性的"上王村"曾经是学习推广的典范。但近几年，环北带的袁家村与马嵬驿，借助"创意乡村—乡村印象"成为当下环关中城市群乡村旅游的无冕之王。① 另外，环东带和环西带尽管乡村旅游资源丰富、特色鲜明，例如环东带的党家村环西带的美阳村与北郭村等，乡村旅游不温不火。从产品周期角度看②，消亡快与发展慢并存，这是制约乡村旅游可持续发展的瓶颈之一。

其次，伴随城镇化进程加快和乡村经济内活需要③，作为乡村经济增长点的乡村旅游在开发中，不可避免地出现两种极端发展模式。一是乡村旅游过度开发，导致"乡村性"在乡村旅游发展中蒙上了"商业化"厚纱。往往为迎合旅游者和开发需要，再造景观替代了乡村建筑与田园风光，乡村生态与农耕文化遭到无形的商业破坏。二是乡村旅游开而不发，服务配套设施、旅游产品、乡村旅游品牌等意识淡薄。调查表明的"放松与惬意""新鲜空气""平和与宁静""绿色植物与纯净空气""回归自然""领略乡村田园风光""带小孩增长知识与阅历"等乡村游动机与乡村旅游开发对接缺位④，限制乡村旅游可持续发展。

再次，调查发现环关中城市群各地市乡村旅游发展规划虽自成体系，例如，《韩城市乡村旅游规划》强调"观民居、赏山水"；《合阳县休闲农业与现存旅游发展规划》突出"黄河湿地风情、诗经文化"；大荔县《美丽乡村建设总体规划》和《乡村旅游发展规划》打

---

① 张泽宇、苏燕平、王志友：《乡村旅游业开发传统乡土文化资源现状分析——以陕西关中袁家村、马嵬驿为例》，《科技文汇》2016 年第 6（下）期。

② 郭爽：《基于生命周期理论的乡村旅游地比较研究——以马嵬驿和上王村为例》，《咸阳师范学院学报》2016 年第 2（31）期。

③ 尤海涛、马波、陈磊：《乡村旅游的本质回归：乡村性的认知与保护》，《中国人口·资源与环境》2012 年第 9（22）期。

④ 同上。

造"情节乡村、美丽乡村、幸福乡村";依托西安、咸阳、渭南三市,陕西省旅游局推出《汉唐帝陵周边乡村旅游发展规划(2016—2025)》,实施"一陵带一村,一村护一陵"发展思路[①];《扶风县农村旅游总体规划》发展"礼佛文化与平川台塬民俗文化"。分析环关中城市群乡村旅游发展规划基本到位,突出各地特色。但实地调查显示,在乡村旅游开发实施中,不可避免地出现了雷同与复制,点、线、面空间布局不合理,划区独立经营等,这些现象说明乡村旅游发展缺乏创新性,成为制约乡村旅游可持续发展的瓶颈之一。

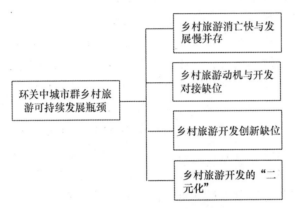

图 8 - 3　环关中城市群乡村旅游可持续发展瓶颈

最后,早期乡村旅游发展实施中社区居民"迁出",进而自然形成乡村旅游发展的"二元化"[②],即乡村旅游发展中注重旅游者利益诉求,忽视社区居民利益诉求,形成旅游者世界和居民世界。现实表明,乡村旅游发展越快的地方,这种"二元分割"越鲜明,越限制了乡村旅游可持续发展。[③]

4. 全域视角的环关中城市群乡村旅游可持续发展的突破

首先是理念、战略和模式的突破。"全域旅游"突破传统旅游发

---

① 《陕西出台乡村旅游发展规划包含咸阳 7 区县 25 个村》,2017 年 1 月 4 日,旅新网,http://www.cntour2.com/viewnews/2017/01/04/fml9X374AzblF52DSkwz0.shtml。

② 李志飞:《全域旅游时代的变与不变》,《旅游学刊》2016 年第 9 期。

③ 同上。

展观念，从时空、要素、"旅游+"等角度思考乡村旅游"创新、协调、绿色、开放、共享"的发展理念。① 石培华解读全域旅游有"五全特征"：旅游景观全域优化、旅游服务全域配套、旅游治理全域覆盖、旅游产业全域联动和旅游成果全民共享。② 李志飞全域旅游时代"四变"理论指出：乡村旅游不仅服务旅游者、服务地方经济，还通过全方位基础设施改善、服务配套等服务本地居民；"放水养鱼"式的产业联动提升乡村旅游综合消费；景区社区融合下的全域品牌与标识是乡村大众旅游时代的突破。③ 厉新建"四新、八全"理论从本质上解释了新常态下如何发展全域乡村旅游。④

其次是宏观层面的突破。全域乡村旅游是跳出资源看乡村、跳出乡村看乡村、跳出区域看乡村⑤，重视乡村的本源。因此，从宏观层面突破乡村旅游的类属、管理与治理。另外，智慧旅游是全域乡村旅游的支点，需要从宏观层面管理与搜集数据，只有实现宏观层面突破，智慧旅游才能变为现实。全国首批262家全域旅游示范区的评价标准之一是实施"1+3"旅游综合管理和综合执法模式。⑥ 因此，工商、税务、旅游、通信、卫生、体育、交通、文化、金融等部门协同是"使传统乡村与新农村建设贴合；使景区与社区相融；建立有效的智慧旅游服务，方便微观层面整合"的前提。⑦

最后是微观层面的突破。全域视角的乡村旅游以旅游业为核心，注重旅游供给侧结构调整，延伸并拓宽旅游产业链与价值链。因此，微观层面突破包括：全域化的乡村旅游服务、全域化的乡村旅游产品、全域化的乡村旅游市场、全域化的乡村旅游品牌。

---

① 孟秋莉、邓爱民：《全域旅游视域下乡村旅游产品体系构建》，《社会科学家》2016年第10期。

② 石培华：《如何认识与理解全域旅游——全域旅游系列解读之一》，《中国旅游报》，2016年2月3日第4版。

③ 李志飞：《全域旅游时代的变与不变》，《旅游学刊》2016年第9期。

④ 厉新建、张凌云、崔莉：《全域旅游：建设世界一流旅游目的地的理念创新——以北京为例》，《人文地理》2013年第3期。

⑤ 李志飞：《全域旅游时代的变与不变》，《旅游学刊》2016年第9期。

⑥ 《国家旅游局公布262家全域旅游示范区创建单位》，2016年2月6日，中国经济网，http://travel.ce.cn/gdtj/201602/06/t20160206_ 3456395. shtml。

⑦ 李轶君、高慧君：《信息化视角下的全域旅游》，《旅游学刊》2016年第9期。

5. 环关中城市群乡村旅游可持续发展路径

2017 年党的十九大指出,实施乡村振兴战略,要求从产业、生态、乡风文明、治理、生活富裕等方面,通过有效的城乡融合发展体制机制和政策体系,推进农村现代化。全域旅游理念契合我国乡村旅游发展战略,即各行业积极融入,各部门共同管理,居民游客共同享有,充分挖掘目的吸引物,创造全时空和全过程旅游产品,从而满足游客与居民全方位体验需求。因此,依托乡村的绿水青山、田园风光、乡土文化等资源,借力乡村振兴战略和全域旅游的理念,发掘环关中城市群乡村旅游发展的路径。

旅游活动包括三要素:主体、客体和媒介。传统狭义旅游活动客体指旅游者,旅游客体指旅游资源,旅游媒介指旅游业。全域旅游时代,旅游活动主体范围扩大,不仅包含旅游者,也包含社区居民;旅游客体的范畴扩大;旅游媒介从旅游业扩展到"旅游业 +"。全域乡村旅游活动的主体、客体、媒介均发生变化。

表 8 - 3 环关中城市群传统乡村旅游活动与全域乡村旅游活动三要素

旅游三要素	传统乡村旅游活动	全域乡村旅游活动
旅游主体	旅游者	旅游者和社区居民
旅游客体	自然吸引物 农家乐 农事采摘	自然吸引物（景区山、水、草地等田园风光、生态环境） 人文景观（民居节事活动、农产品） 社会景观（农耕文化、生活形态、民风民俗）
旅游媒介	狭义旅游业（旅行社、旅游交通、旅游商品）	智慧旅游 "旅游业 +"（农业、林业、渔业、牧业、房地产业、交通运输）

新常态下,为实现乡村旅游促进经济增长、转移农村富余劳动力、显著改善城乡二元结构,发挥旅游精准扶贫、提高农民经济收入的功能;同时避免重复开发、乡村生态破坏、乡村性弱而导致的可持续发展能力差,需要探索新的乡村旅游发展路径。环关中城市群乡村旅游发展既有深厚的历史文化地域,又富有特色鲜明的自然旅游资源。改革开放四十年来,经济社会发展迅速,鲜明的关中农业文明与

农村脉络具有较强旅游吸引力。

全域视角的环关中城市群乡村旅游可持续发展路径是两条线路的融合。从大区域看，环关中城市群全域乡村旅游涉及渭南地区、西安地区、咸阳地区、宝鸡地区和铜川地区的全域联动。从市域（县域）看，各市（县、区）全域乡村旅游涉及管理的全域化、旅游者的全域化、产品的全域化、服务的全域化。显然，全域视角的环关中城市群乡村旅游可持续发展路径是区域旅游合作纵向深度和横向广度设计。

横向广度的全域化是环关中城市群乡村旅游特色、品牌、管理、交通等的宏观层面一体化，即乡村"旅游景区 + 廊道"使乡村旅游产品实现点、线、面的合理空间布局与转化变换；乡村旅游品牌自东向西映射关中农耕文化和关中文明；全域联动旅游交通服务实现旅游者与社区居民乡村旅游的"最后一公里"问题；大区域乡村旅游管理的全域化是实现环关中城市群乡村旅游横向广度全域化的关键点。

纵向深度的全域化是环关中城市群各地（县）市域宏观（中观）层面与微观层面乡村旅游的全域化，即鲜明乡村性旅游产品时空全域，达到时间层面旅游流连续与空间层面旅游流交替，从而延长停留时间和旅游消费链；政府主导与市场主调机制形成的智慧旅游加完备的旅游服务设施强化乡村旅游的可进入性，形成满足旅游者和社区居民生活与旅游需求的全域旅游环境。

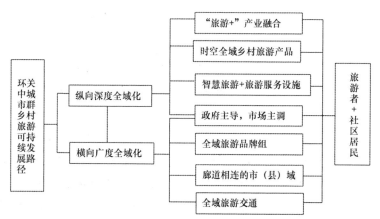

图 8-4　全域视角环关中城市群乡村旅游可持续发展路径解析

环关中城市群乡村旅游积淀深厚，渭河流域、秦岭山脉、黄河湿地、农耕文明、传统村落等乡村旅游开发百态多样；国家层面和陕西省的"十三五"旅游规划相继颁布，《从景点旅游走向全域旅游，努力开创我国"十三五"旅游发展新局面》、"社会主义新农村建设""美丽乡村"以及"精准扶贫"等是环关中城市群乡村旅游大发展的指导与支持；实施纵向深度与横向广度相融的全域旅游发展路径，促进域内乡村旅游的精细化，加大环关中城市群乡村旅游全域合作，从而走可持续发展的道路。

第二节　陕西城市旅游发展实践

陕西地处我国西北部，是西北地区的门户，具有较好的区位优势，同时我国古代 13 个朝代在陕西西安、咸阳、榆林、凤翔等建立都城，留存了大量历史底蕴丰厚的旅游资源。因此，陕西城市旅游发展较早较快。

表 8－4　　　　　　　　2016 年陕西主要城市旅游发展概况

名称	旅游收入（亿元）	旅游人次数（万人次）	增长速度（%）	备注
西安	1213.81	15012.56	13.1	72 家 A 级景区
宝鸡	439.8	6384.5	21.0	42 家 A 级景区
咸阳	319.6	5342	17.7	44 家 A 级景区
渭南	366.3	4800	13.1	42 家 A 级景区
延安	225	4000	16.82	24 家 A 级景区
汉中	—	—	—	24 家 A 级景区
安康	—	4500	—	16 家 A 级景区

续表

名称	旅游收入 （亿元）	旅游人次数 （万人次）	增长速度 （%）	备注
商洛	199.81	3734.77	14.3	27家A级景区
榆林	142	2480	33	18家A级景区
铜川	76.44	1395.11	16.5	15家A级景区

附注：根据有关资料整理。

一 陕西历史文化名城旅游发展分析

1．陕西的历史文化名城

历史文化名城是指保存文物特别丰富，具有重大历史文化价值和革命意义的城市。从存在形态看，这些城市在历史上有的是王朝都城，有的是不同历史时期的政治、经济、军事等的重镇，有的是重大历史事件的发生地；从文化资源的角度看，有的历史文化名城因拥有珍贵的文物遗迹而享有盛名，有的历史文化名城因出产精美的工艺品而著称于世。历史文化名城为今天人们回顾我国历史打开了一个窗口。按照历史文化名城文化资源表现，我国国家历史文化名城主要分为七类。一是历史古都型，以都城时代的历史遗存物、古都的风貌为特点，如西安、北京、南京等；二是传统风貌型，强调城市保留一个或多个历史时期积淀的完整建筑群，如陕西韩城；三是一般史迹型，以分散在全城各处的文物古迹为历史传统为主要体现方式，如陕西咸阳；四是风景名胜型，以建筑与山水环境叠加而显示出鲜明个性特征的城市，如陕西汉中；五是地域特色型，以地域特色或独自的个性特征、民族风情、地方文化构成城市风貌主体，如陕西榆林；六是近代史迹型，以反映历史上某一事件或某个阶段的建筑物或建筑群为其显著特色的城市，如陕西延安；七是特殊职能型，以某种职能在历史上占有极突出的地位的城市，如陕西延安，陕西的省级历史文化名城黄陵、凤翔等。

陕西省有国家历史文化名城6处，包括西安、延安、榆林、韩城、咸阳和汉中；省级历史文化名城11处，分别是黄陵、凤翔、乾县、三原、蒲城、华阴、城固、勉县、府谷、神木、佳县。

表 8 - 5 陕西国家级历史文化名城旅游特色

名称	城市旅游发展特色、理念	代表性旅游资源
西安	世界古都，华夏之根；古代文明与现代文明交相辉映，古城区与新城区各展风采，人文资源与生态资源相互依托的国际性现代化大城市	在中国旅游资源普查的 155 个基本类型中，西安旅游资源占据 89 个。帝王陵墓有 72 座，大小雁塔、钟鼓楼、古城墙等古建筑 700 多处，两项六处遗产列入《世界遗产名录》的是：秦始皇陵兵马俑、大雁塔、小雁塔、唐长安城大明宫遗址、汉长安城未央宫遗址、兴教寺塔
延安	打造全国红色文化传播高地、中国共产党人的精神高地和国际知名、国内一流红色旅游目的地	枣园、抗大等重点红色景区，中国革命文艺家博物馆、延安博物馆、延安知青文化展览博物馆建设，南泥湾红色文化旅游风景区、延川梁家河和冯庄康坪知青文化旅游景区，秦直道、古长城、石窟群、崖居群和富县开元寺塔等历史遗址，延川乾坤湾景区，黄土风情文化旅游，绿色生态休闲文化旅游
榆林	"南塔北台中古城，六楼骑街天下名"；"塞上明珠、能源新都"	榆林古城旅游，红石峡—镇北台景区，米脂杨家沟、横山波罗古城、府谷府州古城、神木杨家城、靖边统万城五大景区，白云山、红碱淖景区，大漠边塞风光文化，黄河及黄土民俗文化
韩城	"文史之乡"和"关中文物最韩城"；古建筑博物馆；"禹水千山"旅游文化特色	司马迁祠、党家村古民居、古城三庙、梁带村遗址、普照寺、大禹庙、韩城古城、黄河龙门、黄河湿地、香山红叶、郭庄、周原村、马陵村、黄河滩骑马场、法王庙、猴山、薛峰水库、赵廉墓、王峰村、清水古村
咸阳	"大秦故都，德善咸阳"；"汉唐帝陵，明清老城"；"一环两带三线"	以乾陵、茂陵、昭陵、汉阳陵、大佛寺为代表的历史文化旅游，以袁家村、马嵬驿、龙泉公社、茯茶小镇、宏兴码头等为代表的乡村民俗旅游，以乐华城、张裕酒庄、石门山森林公园、侍郎湖、永寿云集生态园等为代表的生态休闲旅游，以马栏革命旧址、安吴青训班旧址等为代表的红色文化旅游，以海泉湾温泉世界、咸阳地热城为代表的温泉养生旅游
汉中	"文化振兴工程"；"最美油菜花海"；"秦巴天府，水韵汉中"	褒斜道石门及其摩崖石刻、武侯墓、张骞墓、蔡伦墓祠、龙岗寺遗址、张良庙、灵岩寺摩崖、五门堰、西乡李家村遗址、洋县开明寺塔、青木川老街建筑群、青木川魏氏庄园、武侯祠、汉中东塔、洋县智果寺、良马寺觉皇殿、西乡何家湾遗址、城固宝山遗址、宁强羌人墓地，国家自然保护区，森林公园，水力风景区等

附注：根据有关资料整理。

2. 历史文化名城的旅游开发价值

历史文化名城凭借丰富的旅游资源，其不同形态的历史文化资源使历史文化名城具有先天发展城市旅游的显著优势，同时使其表现出巨大的旅游开发价值。

首先，历史文化名城具有文化吸引和文化传播的功能。《中华人民共和国文物保护法》中关于历史文化名城界定的标准是"保存文物特别丰富，具有重大历史文化价值和革命意义的城市"。其一，文物特别丰富既指文物数量多、类型多样，也指文物的研究价值、历史价值、考古价值、美学价值及旅游价值较高。其二，具有重大历史文化价值和革命意义从特征上区别历史文化名城与一般城市，表明其文化的特殊性。以陕西国家级历史文化名城为例，西安是世界四大文明城市之一；咸阳以古代陵墓最为突出；延安以红色革命圣地在国内屈指可数；榆林是塞外名城和古代军事重镇；汉中因处秦岭和韩巴山之间，又有汉江相伴，自然景观和人文资源并驾齐驱；韩城是较少的我国现存古代完整建筑群城市之一。这些城市从不同层面折射历史文化名城，但其共性的方面均是文化资源突出和典型，所以以文化为魂的名城，具有文化吸引和文化传播的功能，能吸引大量国内外旅游者。

其次，历史文化名城具有相对的地缘区位优势。我国政府于1982年、1986年和1994年先后公布了三批国家历史文化名城，共99座，随后不断增补，截至2014年共有126座。从地缘区位分析，这些名城大多位于便捷的交通干线上，同时也有地理分布的优势。例如，西安作为名城，历史上是13朝古都，现在不仅是陕西省的省会，陇海线上的交通枢纽，同时也是欧亚论坛所在地；咸阳紧邻西安，随着西咸一体化的加快，咸阳东、西、北向的辐射范围越来越大；黄土高原沟壑万千，黄河蜿蜒曲折在延安和榆林，使延安和榆林自古以来都是陕西北部地区的重镇；韩城居于陕西东部，东与山西毗邻，西边隔壶口瀑布与延安眺望，是沿黄一号公路上耀眼的明珠；位于秦岭以南，巴山以北的汉中，历史上就有刘邦"明修栈道，暗度陈仓"、诸葛亮六出岐山的记载，"汉人老家"指的就是汉中。

最后，历史文化名城资源集中、丰富且特色显著，易于进行品牌营销和旅游推介。旅游开发首先是基于旅游资源的丰富与特色。

表 8 - 5 中集中反映了陕西省国家级历史文化名城的资源类型、特色与数量。凭借丰富的旅游资源，通过挖掘文化内涵，形成不同的品牌形象。例如，榆林之"塞上明珠"、延安之"红色闪耀"、韩城之"璀璨古建"、汉中之"汉人老家"、咸阳之"秦都故里"以及西安之"华夏之根"，这些品牌在旅游推介中，既能使游客印象深刻，也比较朗朗上口，易于传播。

二　陕西城市旅游发展模式

所谓旅游城市经营模式，是指旅游城市政府在充分调查本地区旅游资源与旅游市场，以及在现有的经济基础上，推动本地区或旅游城市发展的主导思想或过程。其中包括经营主体的选择、经营战略的选择、经营战略措施的选择等。简言之，旅游城市经营模式与企业经营模式具有相似性，即旅游城市"市场化"。在这种市场的生产过程中，城市政府执行生产、经营与管理的职能，并以实现旅游城市的可持续发展为目标，选择适应现代市场经济体制的旅游城市发展模式。

表 8 - 6　　　　　　　　　　旅游城市发展模式

发展模式	资源导向型	经济导向型	政府导向型	区位导向型
资源导向型	—	经济—资源	政府—资源	区位—资源
经济导向型	资源—经济	—	政府—经济	区位—经济
政府导向型	资源—政府	经济—政府	—	区位—政府
区位导向型	资源—区位	经济—区位	政府—区位	—

旅游城市经营模式的种类很多。单一经营模式主要表现为：资源导向型、政府导向型、经济导向型与区位导向型等。在实际的旅游城市发展中，不同类型旅游城市经营模式相互组合，形成适宜旅游地的发展模式。

另外，旅游城市发展模式是基于各种要素的选择组合。这些要素包括：政府、行业、企业、市民、城市形象、城市资源、城市环境、城市经济、城市区位等。在分析以上要素的基础上，构建适宜城市旅游发展模式，最终提升旅游城市竞争力。陕西有国家级优秀旅游城市6座，有必要分析这些城市的旅游发展模式并加以优化。

1. 西安旅游发展模式

西安是我国首批优秀旅游城市之一，其在旅游城市发展中，注重理念研究，协调环境与旅游的共同发展，培育旅游地形象，开发具有标志性的旅游产品，通过科学合理的旅游规划，基本形成了可持续的城市旅游发展模式。

首先表现在资源的可持续开发利用方面。尽管西安旅游资源丰富，但在实际开发利用中，仍然坚持资源保护为先。西安市定期对遗址遗迹类资源进行保护修复，在旅游旺季限制游人量，在产品开发中遵循修旧，如旧原则等，使西安文明古城和十三朝古都充分映射历史足迹与遗产文化。

其次表现在城市环境改造升级的可持续发展方面。2013年西安市被确定为首批全国水生态文明城市建设试点。按照《西安市水生态文明城市建设试点实施方案》的要求，西安确立"生态、宜居、人文、美丽"的总体目标，构建"东西南北中相连、八水相济润西安"的生态环境。①

再次表现在不同空间的协同发展方面。西安市在旅游城市发展空间布局和定位中，强调区位不同，旅游功能不同。全市从空间划分为五大块，包括城市中心块、城西南高新经济区、城东南曲江唐文化块、城东北浐灞生态块、城西北汉文化块。区块之间散落不同文化遗存与遗址，交相辉映；浐河、灞河、渭河、泾河、沣河、涝河、潏河、滈河环绕相依；汉文化、唐文化、生态文化、古都文化、经济建设文化在空间上共融协同。

最后表现在不同要素的综合利用方面。西安城市旅游综合利用了各种旅游要素，包括：旅游资源的精心开发、旅游环境的合理改造、旅游从业者的素质提升、政府的科学规划、旅游企业的改革发展等，有效地将旅游吸引力、旅游服务力和旅游接待力转化为旅游生产力。

---

① 《西安市水生态文明城市建设试点通过验收》，2017年8月29日，中华人民共和国水利部官网，http://www.mwr.gov.cn/xw/slyw/201708/t20170829_990606.html。

因此，综合分析西安旅游发展实践发现，西安旅游城市发展是以政府主导、市场驱动下的资源利用引领模式。

2. 咸阳旅游发展模式

咸阳与西安毗邻，在旅游发展的过程中，探索了完全不同于西安的旅游发展模式。首先，在项目带动下的旅游大发展。目前已初步形成以乾陵、茂陵、昭陵、汉阳陵、大佛寺为代表的历史文化游；以袁家村、马嵬驿、龙泉公社为代表的乡村民俗游；以石门山森林公园、侍郎湖为代表的生态休闲游；以马栏革命旧址、安吴青训班为代表的红色文化游；以海泉湾温泉世界、咸阳地热城为代表的温泉养生游。

其次，主推全域旅游。咸阳旅游资源丰富，包括：历史悠久的农耕文明及其影响下的关中田园风光、民俗文化和自然风貌。在全域旅游理念指引下，构筑板块支撑，串珠成线；同时产业融合，创新旅游业态；另外加大金融支持，形成项目支撑的旅游发展新动能；管理上，强调齐抓共管，共建旅游新格局。

再次，全力发展乡村旅游。2017年12月，中国社会科学院舆情实验室发布的《中国乡村旅游发展指数报告》中显示，咸阳乡村旅游发展成熟度排名仅列杭州市之后，位列全国第二名。袁家村模式、"马嵬驿+"模式、茯茶小镇模式等在陕、甘、晋、豫等省形成了跨度逾千公里的乡村旅游"朋友圈"，基本形成了"乡村旅游看咸阳"的品牌效应。[①]

最后，积极探索"旅游+"模式，将旅游与农业、文化、生态、体育、研学、康养、工业、购物等联合，沿渭河、泾河、五陵塬帝陵和旱腰带唐帝陵风光带聚合旅游产业，打造关中印象与全产业链。具体包括：旅游+农产品基地、旅游+农副产品基地、旅游+民俗文化、旅游+遗址遗迹、旅游+生态建设基地、旅游+乡土爱国游、旅游+养生养老、旅游+工业品加工、旅游+商品研发等。[②]

因此，咸阳旅游发展是在全域旅游指引下的以乡村旅游和"旅

---

① 《咸阳市旅游产业发展情况汇报》，2017年6月21日，咸阳市人民政府网，ht-tp：//www.xianyang.gov.cn/xyzx/dxsc/dxbg/452431.html。

② 同上。

游 + "带动下的项目旅游发展模式。这种模式与西安的文明都市游在定位、设计、开发中错位竞争，形成了咸阳独特的旅游发展道路。

3. 宝鸡旅游发展模式

宝鸡以"青铜器之乡""炎帝故里""佛骨圣地""民间工艺美术之乡"享誉国内外。根据宝鸡市《"十三五"文化旅游产业融合发展规划》和《宝鸡市旅游发展总体规划》，宝鸡旅游以"国际宗教体验旅游城市，西北休闲度假中心城市，陕西省旅游副中心城市"为旅游发展定位，打造"世界佛都·炎帝故里·周秦之源"旅游地形象，其旅游发展模式主要表现在：一是政府主导为主。宝鸡市政府重推旅游发展，在分析全区背景、资源、优劣势的基础上，从发展战略、旅游产业规划、实施及保障方面，集中规划定位；同时宏观调控旅游资源和产品，对 3 区 9 县实施综合判研，强调要"规避旅游遮蔽效应，力求旅游叠加效应"①。

二是市场导向。尽管在宏观上宝鸡市统一对全区的形象、定位及发展战略进行规划，但其形象、定位及战略的基础仍然是建立在旅游市场的基础上，形成了国内和国际两大类市场：国内市场（包括山西省内市场及周边的甘肃、宁夏市场）、核心拓展市场（京津地区、长三角、珠三角和河南省、山西省、四川省和重庆市）、重点拓展市场（山东、东北地区，湖北、湖南、福建、江西、安徽等中心城市）以及机会市场；国际市场包括核心拓展市场（中国港澳台地区、韩日、东南亚）、重点拓展市场（欧美、澳洲发达国家和地区）以及机会市场。宝鸡市的十大重点项目正是基于这样的市场基础，最终达成"宜居宜业宜游"城市经营目标，使宝鸡市成为国际休闲体验与生态度假旅游目的地。②

三是空间上实施两核——一轴—三板块。宝鸡市充分论证和整理旅游资源，现有八类资源（地文景观、水域风光、生物景观、天象与气候景观、遗址遗迹、建筑与设施、旅游商品和人文活动）表现出旅游

---

① 《宝鸡市旅游发展总体规划》，2015 年 10 月 17 日，文档在线网，https：//max.book118.com/html/2015/1017/27436687.shtml。

② 同上。

资源单体总量大、种类全；资源单体空间密度大；总体区位优良及资源季节性强、开发分散、部门分割的特征。为此，在与西安、咸阳、汉中、渭南、天水、延安等城市比较分析的基础上，结合资源的细类和空间分布，实施两核——一轴—三板块规划。两核指宝鸡城市旅游创新区和"法太"国家旅游资源整合增长示范区；一轴即渭河生态景观轴；三板块包括西北部人文生态休闲旅游板块、东北部民俗历史文化旅游板块和南部山水休闲度假板块①。

因此，宝鸡市的旅游发展模式主要是调动政府和市场"两只手"，挖掘资源要素，形成全区域旅游生产力。

4．汉中旅游发展模式

汉中地处我国南北分界线秦岭和巴山之间，汉江穿全程，同时历史上又是汉文化起源地，借历史与地理优势，汉中有生态资源、文化资源、乡村资源及产业资源 4 大类、16 个亚类、200 多个代表资源，其中国际级旅游资源包括珍稀动植物、秦蜀古道、张骞世界文化遗产；国家级旅游资源包括两汉三国文化资源、山地生态资源和古城古镇古村；区域级旅游资源包括非物质文化遗产、水域资源、宗教资源、民族文化资源、乡村旅游资源、地方工业资源、高新技术产业资源等。因此，汉中旅游模式是典型的资源触动激发模式。②

首先，《汉中全域旅游发展总体规划》关于发展战略、总体定位、发展目标、空间布局、产业链条、产品开发、公共服务等重点内容是基于资源的全面分析。例如，确定了"两汉三国，真美汉中"的旅游形象、"汉中自然好"的旅游口号。

其次，汉中实施以秦蜀古道为引擎，以综合产品为路径，以产业融合为方向，以整体效益为最终目标，以旅游产业为撬动产业的发展路径。在实施中，确立了近期、中期和远期发展目标，最终形成国际著名自然旅游目的地城市。

最后，汉中全域旅游空间结构是以旅游资源为导向的"一核、两

_____

① 《宝鸡市旅游发展总体规划》，2015 年 10 月 17 日，文档在线网，https：//max.book118. com/html/2015/1017/27436687. shtml。

② 《汉中市全域旅游总体发展规划》，2017 年 2 月，汉中市人民政府网站，http：//www. hztour. gov. cn/xxgkml/ghjh/201702/t20170207_ 385821. html。

路、六组团"布局。一核即两汉三国城市旅游发展核，通过整合张骞墓、西汉三遗址、龙岗遗址、武侯墓、武侯祠等两汉三国文化资源，建成"一心（中心城区）三城（南郑、城固、勉县）"旅游发展核；两路中，一路是秦蜀古道自然旅游之路，另一路是汉江溯源人文旅游之路；六组团即秦岭生态养生旅游团、秦岭山地度假旅游团、氐羌民俗文化旅游团、巴山秀水休闲度假团、秦巴天府乡村旅游团、镇巴苗族民俗旅游团。①

总之，汉中在全域旅游理念推动下，全域组合开发旅游产品，向旅游市场提供"古道汉中、自然汉中、养生汉中、乐活汉中、文化汉中、欢庆汉中"的系列旅游产品。

5. 延安旅游发展模式

2016 年，延安市接待国内外游客 4000 万人次，旅游综合收入 225 亿元，同期分别增长 14.26% 和 16.82%。延安旅游发展从旅游供给侧结构性改革着手，实施政府主导、企业主体、市场运作、社会参与的运作模式，主推红色旅游产品，实施全域旅游要素调动模式。首先，确定"中国革命圣地、历史文化名城、优秀旅游城市"的定位，建立旅游发展传承红色文化，弘扬红色精神的功能。其次，挖掘红色文化内涵，打造红色旅游产品，包括："奔向延安""转战陕北""走向胜利""教育培训"等红色旅游主题线路，同时策划梁家河、乾坤湾、黄帝森林公园等延安生态旅游项目。最后，爱国主义教育和打造一流爱国主义教育基地是延安旅游发展模式的独特之处。②

6. 韩城旅游发展模式

韩城是陕西省唯一一座县级优秀旅游城市和国家历史文化名城。截至 2017 年 10 月底，累计接待游客 1136.8 万人次，同比增长 46.2%；旅游综合收入达到 49.14 亿元，同比增长 54.04%，旅游产

---

① 《汉中市全域旅游总体发展规划》，2017 年 2 月，汉中市人民政府网站，http://www.hztour.gov.cn/xxgkml/ghjh/201702/t20170207_ 385821.html。

② 《陕西延安：2016 年接待游客 4000 万人次 旅游收入 225 亿元》，2017 年 1 月 3 日，http://www.0745news.cn/2017/0103/1008822.shtml。

业增加值占 GDP 比重 3.3%。[①]

韩城实施政府主导下的旅游发展模式，强调政府领导班子齐抓共管，各部门、各镇办参与，成立旅游警察分局、旅游市场监管分局、旅游法庭等联合治理模式，打破传统的单部门孤立发展模式。另外，在规划方面，加强全域理念下的顶层设计。例如，为打造世界级旅游地，构建"一环三带五区"的旅游空间格局，突出"史记韩城·黄河特区"两大主题，进而形成八大旅游产品体系、打造五大精品线路、推进五大宣传营销、创新三大保障体系的"8553"工程。需要特别指出的是，韩城旅游发展模式全面落实全域旅游理念，建成了33 公里城市景观长廊和 7 万亩北林工程，20 余种 120 万株月季遍布城区、镇区和交通要道两侧，凸显"四季有花、三季常绿、步移景换"的生态效果；同时，实施"五化工程"即净化、绿化、美化、亮化、优化，开发利用古镇、古村、古寨等的乡村旅游资源，实施乡村振兴战略。[②]

三 新常态下陕西旅游发展分析

1. 陕西旅游经济的发展变化

从需求和供给两个方面分析陕西旅游经济的发展变化。从需求的角度观测旅游经济的变化，旅游经济发展经历了早期的外事接待向小旅游、大旅游及大众旅游的变化。

首先，小旅游时期。小旅游的时间较长，对应中华人民共和国成立至旅游业的产业化发展，即 1949—1990 年的四十年，旅游业从早期的外事接待逐渐走上产业化道路。小旅游时代包含从中华人民共和国成立至 1978 年和 1978—1990 年两个阶段。第一阶段是中华人民共和国成立到 1978 年，发展旅游主要是服务中华人民共和国成立后的外事接待任务。旅游需求表现为中华人民共和国成立后一些外国人来我国观光、侨胞回国探亲访友等。旅游需求规模小，例如，1968 年，

[①] 《韩城聚力开创全域旅游发展新局面》，《中国旅游报》，2017 年 11 月 30 日第 7 版，http：//news. ctnews. com. cn/zglyb/html/2017 – 11/30/content_ 308905. htm？div = –1。

[②] 《聚力共创全域旅游的"韩城样板"》，2017 年 8 月 2 日，http：//www. xibeily. com/portal. php？aid = 21171&mod = view。

全国接待外宾 303 人；1976 年，全国外国游客接待不足 5 万人次。第二阶段是 1978 年到 1990 年，这是旅游业产业化发展的基础阶段。其间旅游需求不仅包括外国游客观光、侨胞探亲访友，也包括了国内游客逐步形成。例如，1990 年年底，来华入境游客人数达到 2746.2 万人次；国内旅游人数达到 2.8 亿人次。小旅游时代，旅游需求以入境游客为主，旅游经济发展较为缓慢。①

其次，大旅游时代。从第八个五年计划开始，即 1991 年起，直到 21 世纪的 2010 年，旅游业大发展并成为许多地区的经济增长点。大旅游时代旅游业发展进入快速发展时期，一方面是政策支持、旅游供给发展迅速；另一方面随着综合国力增强，人民收入逐年提高，旅游愿望与日俱增。例如，2002 年，入境旅游人数达 9790.8 万人次，国内旅游人数为 8.78 亿人次，全国旅游业总收入 5566 亿元。

大旅游时代，显著的标志是 1999 年开始，我国开始实施"黄金周"制度。1999 年，国务院实施年节及纪念日放假制度，其中主要内容是：春节、劳动节、国庆节三天法定休息时间与前后双休日拼接，形成 7 天假期。1999 年国庆"黄金周"，全国出游人数总计 2800 万人次，旅游综合收入达到 141 亿元，制度催生下的假日旅游行为从需求与消费的角度刺激旅游业快速发展。随后为规范旅游市场与旅游业健康持续发展，五一黄金周缩短至三天假期。统计调查显示，2013 年，国内游客 32.6 亿人次，比 2012 年增长 10.3%；国内旅游收入 26276 亿元，同比增长 15.7%；入境游客 1.2908 亿人次，同比下降 2.5%。与小旅游时代相比，大旅游时代旅游需求主要表现为国内旅游需求旺盛，旅游经济相较小旅游阶段发展迅猛。

最后，大众旅游时代。大众旅游是对现阶段旅游需求的概括。与之前的旅游需求相比较，当前旅游需求类型多样化，同时表现为多种旅游需求的融合。另外，在互联网、大智慧辅助下，散客旅游逐年增加，散客成为旅游需求的主体。调查显示，在旅游市场高速增长中，散客人数增长显著，年增长达 30%；传统的团体旅游增长速度明显降低，维持在约 15% 左右。2013 年《旅游法》颁布实施后，散客增

---

① 李天元：《旅游学概论》，南开大学出版社 2003 年版。

长更快。

出境旅游需求规模增长迅速。根据统计数据，2014 年我国公民出境游 1.09 亿人次，海外支出同比增长 28%，达 1648 亿美元；2015 年我国公民出境游 1.2 亿人次，境外消费（购物加住宿旅费）1.5 万亿元；2016 年我国公民出境游 1.22 亿人次，同比增长 4.3%，我国成为周边国家及西欧等国家主要的入境旅游客源国。同时，陕西旅游近年来持续快速增长，2016 年陕西省接待国内外游客 4.49 亿人次，比 2015 年增长 16.45%；旅游总收入 3813 亿元，比上年增长 26.87%。

近年来，入境旅游增长缓慢，旅游需求市场表现明显变化。不同时期旅游需求的变化，影响一国旅游经济发展道路的选择。中华人民共和国成立至 21 世纪初，旅游业选择的是非常规旅游发展道路；随着旅游市场的变化与国内旅游的常态化，旅游发展道路向常规化转变，即"优先发展入境旅游，重视国内旅游，适度发展出境旅游"逐渐转向"大力发展国内旅游，重视入境旅游，同时发展出境旅游"。国际惯例表明，人均 GDP 达到 3000 美元就形成一国的旅游消费期。2012 年，我国人均 GDP 为 5400 美元，我国进入旅游消费井喷期，促使旅游成为新常态的经济增长点。

从供给角度观测旅游经济发展，旅游供给在旅游经济发展的不同时期表现出不同的作用。早期旅游主要承担政治接待，因此，旅游供给表现为以外事接待为主的国际旅行社和旅游涉外酒店。旅行社、旅游酒店属于行政管理、事业编制，旅游景区、旅游小商品等十分有限。

1978—1990 年，邓小平关于推进旅游业的若干讲话，促使旅游基础设施和旅游服务设施建设加速，内资、外资以及多部门一起，出现合力投资旅游业的局面。1990 年年底，涉外饭店 1987 家，客房 29.28 万间，各类旅行社 1603 家。

1990 年至 21 世纪初的十多年，旅游业产业化发展，带动旅游供给迅速发展。旅游交通发展鲜明，高速公路、铁路、航空等满足了游客出行需要；国内社和国际社，尤其是国内社数量增速快；星级酒店数量显著增加，服务质量明显提升；旅游景区成为主要投资项目；旅游小商品地域特色、种类等不断完善。1999 年及其之后的黄金周表明，旅游供给是在旅游需求推动下快速发展。

先期旅游需求推动下的旅游供给产业发展模式逐渐发生变化。尽管旅游需求继续壮大，但旅游供给推动的旅游需求是当代旅游发展的主要原因。例如，2002 年 7 月，如家酒店连锁第一家酒店正式营业；2008 年 2 月，如家签约第 500 家连锁酒店；2011 年年底启动 5000 家门店扩张计划；汉庭理想的门店数量大约 8000 家。另随着旅游交通设施的不断完善，大众旅游时代的旅游交通主要解决"最后一公里"问题，极大地提高旅游地的可进入性。"旅游＋"产品与产业融合刺激旅游经济发展，可见，旅游需求与旅游供给交替促进，最终呈现的是旅游供给主导下的旅游业发展机制。

研究 2017 年陕西省旅游规划与项目工作要点，供给调整与完善是焦点。例如，2017 年陕西省强调旅游供给侧结构性改革，在推进项目带动战略发展的同时，以旅游项目建设为主体，改善旅游业发展格局；在景区建设、服务、管理等方面不断调整；确保旅游基础设施建设；开发旅游商品业的发展等。通过旅游供给侧结构性改革扩大旅游影响，吸引并促进旅游消费。因此，新常态下旅游供给侧结构性改革与提质增效是旅游供给的显著变化。

2. 新常态陕西旅游经济及其表现

新常态旅游是新常态经济在旅游领域的概括。随着我国经济进入新常态，旅游业表现出鲜明的新常态，旅游需求进入大众旅游时代，旅游经济实施供给侧结构性改革，旅游经济是我国新常态经济的重要增长点，全域旅游是新常态旅游的主要发展战略和理念，旅游经济表现出新常态。因此，新常态旅游是指在旅游供求与旅游环境变化下的旅游经济。学术界界定旅游需求包括吃、行、住、娱、游、购六要素，但大众旅游时代六要素则体现为：闲、养、学、商、情、奇；以前讨论的旅游产品传统的开发模式及随后提到的丰富旅游产品在供给侧结构性改革与提质增效的驱动下，则需要新常态下的旅游业态融合。当前陕西旅游经济发展中的新常态主要表现在五个方面：

首先，新常态旅游需求种类发生变化。新常态经济中，以中端旅游消费为主题的个性化、多元化是旅游市场的主要特征。

其次，旅游业业态多样化、主题化与创新化；旅游业与工业、农业、交通运输业、建筑业等产业融合，"旅游＋"成为新常态经济中旅游供给的表现之一。

再次，随着国民经济增长速度的回落，旅游经济增长速度稍有回落，但总体上超过我省国民经济增长速度，成为国民经济新常态下的新的增长点，旅游业的产业地位进一步加强，这是新常态下的又一特征。

复次，随着互联网与智慧旅游的不断发展，旅游经济网络化与经济分享化，既体现了产业间的互惠互利，也体现了旅游业新常态下的信息化特征。因此，在新常态下，旅游业表现出业内融合向跨界融合转变。

最后，新常态旅游注重提质增效，不断调整宏观领域、微观领域的一体化与标准化，促进制度安排下的旅游经济快速发展。旅游经济逐渐出现内部创新向外部创新的变化；在全域旅游战略下，内生增长动力不断强化。

3. 陕西旅游适应经济新常态分析

陕西旅游资源丰富，旅游业是我省经济的主要支柱之一。尽管国民经济表现新常态，旅游业业态在新常态经济中也表现其鲜明的自身常态性。但旅游业的发展态势既应该适应自身变化，也应与国民经济和社会状态一致。

首先，科学对待旅游发展速度。改革开放以来，陕西省入境旅游以两位数增长，21世纪十年逐渐降至一位数增长，入境旅游增长放缓，从爆发式增长转向常态式增长；国内旅游则从井喷式增长过渡到现在的增速略缓的可持续增长，向常态化过渡。出境游处于初期，出境游人次数逐年增加。

其次，正确分析国民旅游市场需求层次。目前，以奢华需求为导向的高端旅游产品受到反腐风暴对公费消费和官商公关消费市场的影响。当前约占人口30%的中等收入群体是中档消费，对高档旅游消费需要注意市场的逐渐完善。占人口大多数的中下收入者很长时期内保持实惠旅游。因此，中端市场是旅游经济的基础，进一步挖掘高端和低端市场。

最后，研究旅游统计指标。注重过夜游客在国内旅游统计核心指标体系，过滤旅游统计中的"水分"。与国民经济统计相连接，不断完善旅游卫星账户。因此，旅游经济要在国民经济新常态中，适应各方面因素变化，在机遇与挑战中探索旅游经济发展的路径。

4. 新常态陕西旅游经济发展机遇与挑战

新常态下陕西旅游发展既有机遇也充满挑战。政策、新的旅游发展战略等都会在未来推动陕西旅游经济的发展。一是政策与制度支持。从20世纪改革开放时期为推动旅游业发展的讲话，到21世纪颁布实施的一系列关于旅游业发展的纲要、法规，从政策与制度层面保障和促进旅游业发展。政策与制度不断强调旅游业改革发展是根本，突出旅游业是推动国家经济发展的重要支柱产业之一的产业地位。同时，新常态下的经济所有制、管理体制、发展机制综合改革等同步实施；另外，"一带一路"政策与制度安排，优化了外部环境，为旅游业发展注入了强劲的推动力和活力，进而使旅游规模效应和旅游强国特质显现。

在国家政策与制度支持的同时，陕西省也相继出台各项旅游政策。第一，2015年2月，陕西省旅游工作会议强调新常态下的陕西旅游需要升级，会议多次强调新常态，并且基本形成具有针对性的陕西新常态旅游发展政策；另外，《陕西省旅游业"十三五"发展规划》显示，"十三五"期间，陕西省着力建设100个重大旅游项目，打造6大特色旅游体验区，建设9条旅游廊道和30个文化产业工程，特别是建设31个旅游文化名镇；同时陕西省先后出台了《关于实施项目带动战略促进文化产业发展意见》和《关于促进旅游业改革发展的实施意见》等文件；借助丝绸之路旅游品牌、丝绸之路起点城市旅游形象加快旅游业发展，预计2020年陕西省接待游客6.4亿人次，旅游总收入计划6000亿元，旅游增加值占国内生产总值比重超过6%。可见，新常态下政策与制度是陕西省旅游发展的重大机遇之一。

第二，全域旅游新战略与新观念。全域旅游是指在一定区域内，以旅游业为优势产业，通过对区域内经济社会资源尤其是旅游资源、相关产业、生态环境、公共服务、体制机制、政策法规、文明素质等进行全方位、系统化的优化提升，实现区域资源有机整合、产业融合发展、社会共建共享，以旅游业带动和促进经济社会协调发展的一种新的区域协调发展理念和模式。

全域旅游是新常态经济旅游发展的战略指导思想与理念。全域旅游强调九大转变，即旅游地统筹发展转变、门票经济向产业经济转变、导游开放式管理转变、依法治理转变、精细高效率转变、社区景区共建转变、"旅游+"产业融合转变、全域交流合作转变和体制统筹转变。在全域旅游理念指导下，经济社会资源实现高效配置，打破原有的旅游二元化现象，在全域旅游交通的支持下，全面提高旅游地可进入性和游客停留时间。因此，全域旅游为陕西省新常态下旅游经济发展又一机遇。

第三，新常态中的提质增效与创新。新常态陕西经济发展强调提质增效与创新。提质增效促使旅游企业原有的粗放式向精细化、合理化投资与开发转变，强调注重经济效益、社会效益与环境效益综合提升，有利于旅游企业提升竞争力。创新驱动下的旅游业发展，使旅游服务与旅游产品类型多样化，满足各类旅游者需求，延长游客停留时间与消费水平。因此，经济新常态中的提质增效与创新是旅游经济新常态下发展的重大机遇。

第四，旅游经济是新常态经济新的增长点。国民经济新常态下，经济增长放缓，但旅游经济在逆势之下，表现出较强的增长能力，业内普遍认为旅游业迎来黄金发展时期。调查表明，旅游业投资增长速度较房地产高21%。旅游业新常态下的产业融合与"旅游+"表明，旅游业带动了国民经济增长。因此，旅游业的产业优势成为新常态下旅游经济发展的机遇。

经济新常态中，旅游经济迎来各种利好与机遇，但也存在发展中的挑战。首先，旅游经济适应新常态需要慎思把握。经济新常态下，国民经济增速显著回落，旅游经济虽然逆势增长，但增长的速度仍应科学判研，脱离宏观经济环境的旅游经济快速增长很难保持长期有效增长。其次，提质增效和供给侧结构性改革，在短时间内并不能立竿见影发挥效果，同时现代旅游开发需要大量的投资与科学规划，往往制约民间旅游投资热情与投资数量。再次，创新的衡量与测评标准难以具体设定，创新激励下的旅游业态丰富还需要完善。最后，全域旅游战略指导下的旅游开发仍然是一个探索和起始阶段，还需要不断探索。

5. 新常态陕西旅游经济发展对策

旅游产业消耗少、投资小、产业带动与关联性强，同时又能提供大量就业岗位，在脱贫与扶贫中作用明显，因此，旅游业一直是陕西省国民经济的支柱性产业之一，尤其经济新常态下，旅游业逆势增长影响了旅游产业地位的战略性转变。在新常态环境下，旅游经济要继续健康发展，在主动适应新常态和把握新机遇的前提下，需要有效的发展对策。

首先，需要深化旅游体制改革，培育旅游经济增长强劲动力。《中共中央关于全面深化改革若干重大问题的决定》中的各项改革，要求把旅游的综合改革与专项改革一起抓实；实施体制突破与政策保障配套，发挥旅游体制及旅游管理机制改革在旅游经济发展中的引领作用。实施全域旅游战略指导下的综合试点改革，注意旅游投资中土地、资本、人才、技术、财政、税收、金融等相关联政策支持与部门协同，形成有效的全域旅游综合改革示范点。二是改革部门联动与区域联动下的门票经济向社区联动和区域一体化互动下的旅游经济管理机制，打破原有的旅游二元经济现象，形成体制改革中的社区旅游管理机制。三是陕西旅游经济应注重丝绸之路带沿线地区与国家的旅游合作。旅游区域合作既是扩大影响的手段，也是开发旅游市场的有效途径。借国家实施丝绸之路经济带建设的时机，加大与丝绸之路沿线的甘肃、宁夏、青海、新疆等地区的点、线、面合作，同时与各国家合作，突出陕西丝绸之路起点的特色。

其次，丰富旅游产品业态。目前，陕西境内依据各自文化特色形成了一大批比较优秀的旅游产品，但仍然能够发现旅游产品存在开发商的单一与制作中的粗糙现象，旅游产品业态不够丰富，旅游产品业态链条较短，不能吸引游客。因此，丰富旅游产品业态，满足大众化旅游时代的旅游需求。

例如，关中地区的袁家村，将传统乡土文化与现代文化交融，创造性地开发了各种旅游主题客栈；同时通过引进学习，在关中民俗文化中交融性地开发了"回民街"，既避免了与西安回民街的雷同，又科学地与当地关中文化融合；为吸引"80后"、"90后"，提升旅游重游率，袁家村推出了酒吧一条街，将传统茶文化、饮食文化等与现代文化交流互动，丰富旅游业态，使得袁家村成为首批国家乡村旅游示范点。

另外，旅游产品应注重环境的交融，鼓励旅游向绿色化回归，尤其是"美丽乡村"建设中，推广绿色旅游线路、绿色旅游产品、绿色旅游视频、绿色旅游景区等。探索实施旅游景区＋廊道的旅游产品开发模式，从空间和时间两方面延长游客停留时间，扩大消费项目与内容。

再次，实施智慧旅游下的旅游创新模式。信息时代下，移动设备深刻地影响人们的出行方式与旅游目的地的选择，同时也影响旅游业的管理模式。在宏观层次方面，逐渐形成大智慧数据库、智慧城市、智慧旅游等信息技术支撑的数据辅助管理。在微观层次方面，新常态下旅游企业应将管理与信息技术融合，善于创新，使旅游者能够快速浏览旅游信息，便利出行。智慧旅游建设包括：一是形成智慧旅游管理的理念与机制。通过培养并引进专业人才促进智慧旅游建设。依托陕西省丰富的人才资源，与高等院校开展合作，加强旅游业人才队伍建设，提升旅游业人力资本水平，通过优化旅游业教育结构与加大旅游教育投资，实现由"人口红利"向"人才红利"转变。二是整合信息资源，加强信息管理，去除碎片化。形成由政府与企业共建的数据中心、服务端平台，将分散、海量的旅游信息重新整合。例如，旅游线路、旅游产品、旅游地可进入等全面系统呈现，通过集约化提高信息整体价值，避免资源浪费。另外，旅游企业需挖掘客户需求，创新旅游产品，精准制定营销策略，加大网络宣传与营销力度；旅游景区大数据建设需要加快进行，尤其是实时相关数据分析，避免景区环境承载力过大，进而提高旅游舒适度等。三是智慧旅游建设需加大资金投入，实时科学管理。首先在陕西省内逐步形成全域化旅游信息基础设施建设，通过信息旅游一体化试点项目逐渐推及至由点带面的立体旅游信息网络，例如，重点做好景区、游客接待中心、旅行社、酒店等客流密集场所的信息化建设，提升旅游集散能力；另外，建立完善的在线旅游服务体系，提供旅游在线预订、查询、点评、支付等一体化服务,将旅游行、住、购、游、吃、娱同线在网络上。

同时要加大旅游市场全方位、立体化建设。全域旅游下,首先要打破原有的旅游"二元世界",即旅游者世界与居民世界。一直以来,旅游经济发展紧紧围绕旅游需求策划旅游产品,认为旅游服务是面向游客,时间和空间上形成了无形的隔离带,景区外的社区居民被忽视。全域旅游建设中,旅游市场的边界应扩大至社区居民。城市和乡村的基础设施、服务配套、标识标牌、民居建筑、园林绿化等实施与景区一致标准,实现社区居民与游客的无差异战略,形成全方位的旅游市场。另外,全方位的旅游市场应模糊景区边界,改变原有的"迁民"景区建设为"安民"模式,扩大旅游福祉。

调查显示,陕西旅游资源丰富,垄断性旅游产品比较能够吸引并稳定入境客源市场与国内旅游市场;短途旅游市场需要不断扩大。首先是省内旅游市场需要进一步挖掘,加快节假日、旅游事件等的省内旅游流建设。因此,必须加大省内旅游交通流畅,避免假日拥堵常态化。其次,扩大周边省份旅游市场开发,形成省内、周边和国内国际旅游市场交替,延长旅游旺季时间。因此,需要分析旅游市场,合理整合旅游资源。因此,需要政府部门与社会公共服务体系合力,突破景点区域内外的体制和管理壁垒,公益性和经营性旅游景点融合,将旅游碎片市场按照旅游需求与旅游产品的耦合进行合理布局和系统化建设;在垄断性旅游资源与传统和现代交融的旅游产品中,加大入境旅游市场的宣传,通过突出特色稳定入境客源人次数;同时细分国内旅游市场,形成省内游客、周边省份游客和远距离国内游客组成的国内旅游市场。最后,关注全域旅游下的社区居民游客化的旅游市场新理念。

最后,新常态下加快旅游供给侧结构性改革,推进"旅游+"模式。新常态下,旅游经济需要加快供给侧结构性改革,实现提质增效。首先,在推进项目建设的同时,注意旅游投资的有效性,特别注重经济效益、社会效益与环境效益三位一体。同时要避免旅游投资重复建设,打造旅游投资带动下的区域特色与连片经济的形成。其次,发挥旅游产业的带动性,加快"旅游+"模式推动下的供给侧结构性改革,优化旅游酒店、旅游交通、旅游景区等。另外,实施"旅游+"

与国民经济产业体系的融合，拉长旅游经济链与旅游经济供给中的产品业态丰富化。还要不断探索与创新"旅游 +"模式，在全域旅游理念的指导下，创新旅游产品，创新旅游管理体制与旅游运行机制。例如，新常态下的全域旅游要突破宏观、微观等障碍，实现陕西省内旅游经济的横向广度与纵向深度的一体化管理体制。

参考文献

［1］李天元：《旅游学概论》，南开大学出版社 2003 年版。

［2］《2000—2006 年世界旅游统计年鉴》，中国统计出版社 2007 年版。

［3］郭胜：《旅游学概论》，高等教育出版社 2004 年版。

［4］王涛：《世界旅游业继续保持增长势头》，2008 年 3 月，中国经济网，http：//intl. ce. cn/right/jcbzh/200803/27/t20080327_ 14979005. shtml。

［5］张伟：《最新数据显示全球旅游业去年增速达 4.4％》，2016 年 1 月 27 日，中国经济网，http：//www. ce. cn/xwzx/gnsz/gdxw/201601/27/t20160127_ 8571193. shtml。

［6］《世界旅游组织发布数据：中国成旅游收入第二大国》，2016 年 5 月，新华网，http：//www. xinhuanet. com/overseas/2016 - 05/10/c_ 128973317. htm。

［7］《国家旅游局发布 "2015 年世界旅游十大新闻"》，2015 年 12 月，人民网，http：//travel. people. com. cn/n1/2015/1225/c41570 - 27975070. html。

［8］魏小安：《中国旅游业发展目标与知识化竞争》，《社会科学家》2000 年第 1 期。

［9］中国国家统计局：《2008 年中国统计年鉴》，中国统计出版社 2009 年版。

［10］张滢：《旅游经济的效应与实证研究——以乌鲁木齐市为例》，硕士学位论文，新疆大学，2006 年。

［11］张建融、左红丽：《客源国概况》，高等教育出版社 2005

年版。

［12］《金准数据 2016 旅游数据报告及 2017 旅游经济预测》，2017
年 8 月，https：//item. btime. com/437fnml6d4v8mgo hqr2m44oug1j。

［13］陕西省旅游局：《2008 陕西旅游业蓝皮书》，西安，2009 年。

［14］陕西省统计局：《2005—2009 年陕西旅游统计年鉴》，陕西
旅游出版社 2010 年版。

［15］《“十二五”期间陕西旅游突破 1 万亿元》，2016 年 1 月，陕西
传媒网，http：//www. sxdaily. com. cn/n/2015/1231/c335 – 5780944. html。

［16］陈才、耿旭、张晓磊：《旅游起源探析》，《渤海大学学报》
2007 年第 11 期。

［17］马勇：《旅游学概论》，高等教育出版社 1998 年版。

［18］《皇帝》，360 个人图书馆，http：//www. 360doc. com/con-
tent/11/1029/14/7362557_ 160077211. shtml。

［19］《西周文化》，中文百科在线，http：//www. zwbk. org/My-
LemmaShow. aspx？lid = 182622。

［20］《中国古代旅游》，百度文库，https：//wenku. baidu. com/
view/4d4b0ddfa58da0116c17496c. html。

［21］王荣升：《19 世纪欧洲大陆工业革命的特点及其社会后
果》，《晋阳学刊》1999 年第 1 期。

［22］张凌云：《国际上流行的旅游定义和概念综述》，《旅游学
刊》2008 年第 1 期。

［23］《全国自驾游市场消费规模超百亿元》，2012 年 9 月 23 日，
《时代商报》，http：//roll. sohu. com/20120923/n353766634. shtml。

［24］曾斐：《露营产业发展势头不减　投资创效势在必行》，
2016 年 11 月 11 日，凤凰新闻网，http：//news. ifeng. com/a/201611
11/50243179_ 0. shtml。

［25］《自驾游消费行为分析报告》，2017 年 5 月 2 日，科普江
苏，http：//www. yangtse. com/kepu/science/knowledge/227790. html。

［26］《2016 年乡村旅游行情：国庆长假期间人次约为 1. 29 亿人
次》，2016 年 10 月 28 日，中国经济网，http：//www. ce. cn/culture/
gd/201610/28/t20161028_ 17280955. shtml。

［27］《UNWTO：2016 世界旅游晴雨表国际游客 12.35 亿人次》，2017 年 1 月，中文互联网数据资讯中心，http：//www.199it.com/archives/559602.html。

［28］《我国旅游业发展现状》，2013 年 9 月 6 日，360 个人图书馆，http：//www.360doc.com/content/13/0906/07/10580899_312527368.shtml。

［29］《2016 年陕西省旅游经济发展统计公报》，2017 年 2 月 14 日，陕西旅游政务网，http：//www.sxta.gov.cn/sxtourgov/proscenium/content/2017 - 02 - 14/14233.html。

［30］《国家旅游局关于 2014 年度全国旅行社统计调查情况的公报》，2015 年 10 月 8 日，中华人民共和国文化和旅游部官网，http：//www.cnta.gov.cn/zwgk/tzggnew/gztz/201510/t20151008_748708.shtml。

［31］《2015 年中国旅游统计调查情况的公报》，2016 年 10 月 18 日，中华人民共和国文化和旅游部官网。

［32］《2015—2016 年中国在线旅行社市场研究报告》，2016 年 2 月 26 日，电子商务研究中心，http：//b2b.toocle.com/detail - - 6314639.html，2016 - 2 - 26；http：//www.cnta.gov.cn/zwgk/lysj/201610/t20161018_786774.shtml。

［33］《旅游对泛消费行业综合贡献度已超 70%》，《中国旅游报》2017 年 10 月 18 日，光明网，http：//travel.gmw.cn/2017 - 10/18/content_26536158.htm。

［34］《2017 年国庆自驾游大数据》，2017 年 9 月 21 日，人民网，http：//gz.people.com.cn/n2/2017/0921/c372080 - 30760140.html。

［35］《中国航空航天行业分析综述》，2017 年 3 月，文档网，https：//max.book118.com/html/2017/0330/98005337.shtml。

［36］《基于信令分析的高铁 wcdma 用户感知评估的新方法》，豆丁网，http：//www.docin.com/p - 1278938887.html。

［37］《铁路累计发送旅客突破 1.3 亿人次》，2017 年 10 月，新浪网，http：//news.sina.com.cn/c/2017 - 10 - 10/doc - ifymrcmm9766858.shtml。

［38］《2016 年中国邮轮船队运力现状及邮轮市场规模分析》，

2016 年 12 月 12 日，中国产业信息网，http：//www. chyxx. com/in-dustry/201612/480345. html。

［39］《2015 年中国邮轮产业发展报告》，2016 年 3 月 2 日，中国网，http：//www. china. com. cn/travel/txt/2016－03/02/content_ 37913080. htm。

［40］《2016 年上半年在线邮轮市场规模 18. 6 亿元 OTA 占比超七成》，2016 年 7 月 12 日，凤凰资讯，http：//news. ifeng. com/a/20160711/49333314_ 0. shtml。

［41］《旅游对目的地社会文化影响研究综述》，2013 年 5 月 29日，中大网校，http：//www. wangxiao. cn/lunwen/9480425266. html。

［42］王璐璐：《国内旅游对目的地社会文化影响研究的理论综述》，《黔东南民族师范高等专科学校学报》2006 年第 1 期。

［43］黎洁：《旅游卫星账户与旅游统计制度研究》，中国旅游出版社 2007 年版。

［44］刘迎辉、郝索：《国内旅游与入境旅游对促进我国经济增长的比较研究》，《统计与决策》2009 年第 14 期。

［45］左冰：《中国旅游产出乘数及就业乘数的初步测算》，《云南财贸学院学报》2002 年第 18 期。

［46］张德红：《TSA 框架下的旅游消费特征及其影响》，《消费经济》2006 年第 4 期。

［47］李志青：《旅游业产出贡献的经济分析》，《上海经济研究》2001 年第 12 期。

［48］郝索：《旅游经济学》，中国财政经济出版社 2008 年版。

［49］王晶：《我国旅游统计现状分析》，《统计实践》2008 年第 1 期。

［50］左冰：《旅游的经济效应分析》，硕士论文库，旅游教育出版社 2001 年版。

［51］高鸿叶：《西方经济学》，中国人民大学出版社 2007 年版。

［52］向蓉美：《投入产出法》，西南财经大学出版社 2007 年版。

［53］Brian Archer, "The Value of Multiplier and Their Policy Impli-cation", Managing Tourism, Ed. by S. Medlik, Butterworth－Heineman Ltd, UK, 1991.

［54］Brian Archer，"Economic Impact Analysis"，Annals of Tourism Research，22，1995.

［55］楚义芳：《旅游的空间经济分析》，陕西人民出版社1992年版。

［56］闫敏：《旅游业与经济发展水平之间的关系》，《旅游学刊》1999年第5期。

［57］李江帆、李美云：《旅游产业与旅游增加值的测算》，《旅游学刊》1999年第5期。

［58］左冰：《中国旅游产出乘数及就业乘数的初步测算》，《云南财贸学院学报》2002年第18期。

［59］林南枝、陶汉军：《旅游经济学》，南开大学出版社2000年版。

［60］王洪滨：《旅游学概论》，中国旅游出版社2004年版。

［61］乔玮：《用投入产出分析旅游对上海经济的影响》，《经济地理》2006年第12期。

［62］天津社会科学院与天津旅游局联合课题组，王琳执笔：《天津旅游产业对国民经济的影响力和贡献度研究》，见张小明等《2005年中国文化产业发展报告》，社会科学文献出版社2005年版。

［63］张帆、王雷晨、李春光：《旅游业对秦皇岛市社会经济的贡献度研究》，见张广瑞、魏小安、刘德谦：《2002—2004年中国旅游发展：分析与预测》，社会科学文献出版社2003年版。

［64］葛宇青：《旅游卫星账户的发展与方法研究》，《旅游学刊》2007年第7期。

［65］UNWTO，World Tourism Staistics Yearbook（Vol. 34），Madrid，UNWTO，1981.

［66］Teillet，Pierre，"A Concept of Satellite Account in the Revised SNA"，Review of Income and Wealth，1988，34（4）.

［67］Commission of the European Communities Eurostat，Organization for Economic Cooperation and Development，World Tourism Organization and United Nations Statistics Division，Tourism Satellite Account: Recommended Methodological framework，Luxembourg，Madrid，New

York, Paris, UNWTO, 2001.

［68］Lapierre J. , Wells S. , Lal K. , Campbell K. , Joisce J. A. , Proposal for Satellite Account and Information System for Tourism, UNWTO and Tourism Canada, International Conference on Travel and Touris Statistics, Ottawa, Canada, 1991, 18.

［69］Smith S. L. J. , Wilton David, "TSA and WTTC/WEFA Methodology: Different Satellites or Different Planets?", Tourism Economics, 3 (3) .

［70］OECD, Measuring the Role of Tourism in OECD Economics: the OECD Manual on Tourism Satellite Accounts and Employment, France, OECD, 2000.

［71］Frechtling, Douglas C. , The Tourism Satellite Account: Foundations Progress and Issues, Tourism Management, 20.

［72］Frechtling, Douglas C. , TSA Information Options: Data and Models, CTC, UN, Eurostat and UNWTO, The Conference "Tourism Satellite Accounts – Credible Numbers for Good Business Decisions", Vancouver, Canada, May 2001.

［73］Smith S. L. J. , New Development in Measuring Tourism As an Area of Economic Activities, Trends in Outdoor Recreation, Leisure and Tourism, Oxon New York, CIBI Publishing, 2000.

［74］Sharma Amit, Olsen Michael D. , Tourism Satellite Accounts: Implementation in Tanzania, Annals of Tourism Research, 32 (2) .

［75］Fleetwood Stan, TSA – the Australian Experience, CTC, UN, Eurostat and UNWTO, The Conference "Tourism Satellite Accounts – Credible Numbers for Good Business Decisions", Vancouver, Canada, May 2001.

［76］Jones Calvin, Tourism Satellite Account: The Regional Perspective, UNWTO Conference, The Tourism Satellite Account (TSA): Understanding Tourism and Designing Strategies, Iguazu Falls, Argentina/Brazil/Paraguay, October 2005.

［77］WTTC/WEFA, Principles for Travel & Tourism Nationa Satellite Accounting，WTTC，London，1996.

［78］赵丽霞、魏巍贤：《旅游卫星账户（TSA）—1998 的构建》，《统计研究》2001 年第 8 期。

［79］潘建民：《中国创建与发展优秀旅游城市研究》，中国旅游出版社 2003 年版。

［80］黎洁：《旅游卫星账户与旅游业的产出核算研究》，《统计与决策》2007 年第 1 期。

［81］李红艳：《构建国家及区域性旅游卫星账户》，《合作经济与科技》2005 年第 11 期。

［82］张卫、伊娜：《区域旅游卫星账户编制方法简介》，《浙江统计》2006 年第 11 期。

［83］邹伟、李兴绪：《构建云南旅游卫星账户 合理测度云南旅游经济》，《昆明大学学报》2007 年第 18（2）期。

［84］康蓉：《旅游卫星账户及旅游业增加值的测算》，《商业时代》2006 年第 5 期。

［85］康蓉：《论旅游卫星账户对发展旅游业的促进作用》，《商业时代》2006 年第 11 期。

［86］康蓉：《旅游卫星账户与旅游需求信息采集体系》，《统计与信息论坛》2004 年第 19（6）期。

［87］康蓉：《加拿大旅游卫星账户供求数据的调整及启示》，《经济管理》2006 年第 8 期。

［88］康蓉：《加拿大旅游卫星账户的编制》，《中国统计》2005 年第 11 期。

［89］常莉、康蓉、李树民：《世界旅游组织与我国旅游统计体系的比较》，《统计研究》2005 年第 7 期。

［90］张广海、马永健：《国内外旅游卫星账户研究比较及启示》，《统计与咨询》2005 年第 6 期。

［91］杨炳铎、米红、吴逊：《北京市旅游卫星账户 2002》，《统计与信息论坛》2006 年第 21（2）期。

［92］郝志敏、王琪延：《旅游 GDP 核算研究——以 2004 年北京为例》，《统计与决策》2006 年第 10 期。

［93］北京卫星账户编制组：《北京旅游附属账户（BJ - TSA）编制理论与实践》，中国旅游出版社 2007 年版。

［94］刘益：《基于投入产出模型的旅游卫星账户研究》，《暨南学报》2006 年第 3 期。

［95］魏小安、厉新建：《旅游产业的统计视角思考》，《北京第二外国语学院学报》2000 年第 5 期。

［96］钱伯海：《国民经济核算原理》，中国人民大学出版社 2001 年版。

［97］高敏雪、李静萍、许健：《国民经济核算原理与中国实践》，中国人民大学出版社 2006 年版。

［98］韩云虹：《国民经济核算与分析》，经济科学出版社 2005 年版。

［99］任佳燕、刘赵平：《用旅游卫星账户测度旅游业对经济的影响》，《中国统计》1999 年第 10 期。

［100］陕西省统计局，陕西省投入产出办公室：《2007 年陕西投入产出表》，陕西省统计局 2008 年版。

［101］曾博伟：《旅游的基本概念及其测度》，《旅游调研》2005 年第 11 期。

［102］陕西省统计局：《2005—2009 年陕西旅游统计年鉴》，陕西旅游出版社。

［103］刘益：《旅游卫星账户（TSA）在旅游统计中的应用》，《统计与决策》2007 年第 2 期。

［104］杨公朴、夏大慰：《产业经济学教程》，上海财经大学出版社 2001 年版。

［105］廖明球：《投入产出及其扩展分析》，首都经济贸易大学出版社 2009 年版。

［106］李江帆、李冠霖：《旅游业的产业关联和产业波及分析——以广东为例》，《旅游学刊》2002 年第 3 期。

［107］依绍华：《旅游业的就业效应分析》，《财贸经济》2005 年第 5 期。

［108］魏卫、陈雪钧：《旅游产业的经济贡献综合评价——以湖

北省为例》,《经济地理》2006 年第 26（2）期。

［109］韩勇、郑远强:《海南省旅游业对经济影响效果的实证分析》,《海南大学学报》（人文社会科学版）2003 年第 21（1）期。

［110］白斌飞、彭莉莎:《基于投入产出法的四川省旅游业的产业波及效应分析》,《成都信息工程学院学报》2007 年第 22（3）期。

［111］张文建、阚延磊:《上海市旅游产业关联和产业波及分析》,《社会科学》2003 年第 8 期。

［112］李剑:《关于我国建立和完善旅游卫星账户必要性的思考》,《当代经理人》2006 年第 21 期。

［113］庞军、石媛昌:《可计算一般均衡理论、特点及应用》,《学术论坛》2005 年第 3 期。

［114］黎洁、韩飞:《基于可计算一般均衡模型（CGE）的江苏入境旅游需求变化对地区经济的影响分析》,《旅游学刊》2009 年第 12 期。

［115］宋涛、牛亚菲:《国外基于 CGE 模型的旅游经济影响评价研究》,《旅游学刊》2008 年第 10 期。

［116］Woollett G., Townsend J., Watts G., Development of QGEM – T a Computable General Equilibrium Model of Tour. Queensland: Queensland Government Treasury Office of Economic and Statistica Research, 2001.

［117］Blake A., Durbarry R., Sinclair T., Sugiyarto G., Modeling Tourism and Travel Using TSA and Tourism Policy and Forecasting Models. Tourism and Travel Research Institute Discussion Paper, 2000, 4.

［118］宋慧林、韦力:《我国旅游业经济效应评价研究综述》,《徐州教育学院学报》2007 年第 22（4）期。

［119］王志宇、王富德:《F1 赛事对上海经济区域旅游经济的影响浅析》,《北京第二外国语学院学报》2005 年第 1 期。

［120］门玉峰:《奥运经济效应论与北京奥运需求投资分析》,《北京工商大学学报》2007 年第 1 期。

［121］顾筱和、黄郁成:《试论乡村旅游的经济影响》,《广西社会科学》2006 年第 2 期。

［122］张华初、李永杰：《中国旅游业产业关联的定量分析》，《旅游学刊》2007 年第 4 期。

［123］万义平、苏兆荣：《江西旅游业经济效应投入产出分析》，《价格月刊》2008 年第 12 期。

［124］李为科、刘金萍、郭跃：《基于投入产出分析法的重庆旅游业产业波及效应分析》，《南京晓庄学院学报》2006 年第 4 期。

［125］伊娜、王玉芸、张卫：《对旅游统计方法制度改革的几点思考》，《浙江统计》2005 年第 9 期。

［126］魏小安：《用"大旅游"推动中国旅游产业发展》，2010 年 5 月 28 日，中国日报网，http：//www. chinadaily. com. cn/hqss/lvyou/2010 – 05 – 28/content_ 380242. html。

［127］宋子千、郑向敏：《旅游业产业地位衡量指标的若干理论思考》，《旅游学刊》2001 年第 4 期。

［128］宋子千、廉月娟：《旅游业及其产业地位的再认识》，《旅游学刊》2007 年第 6 期。

［129］《四大产业基地：让陕西成为西部的"浦东"》，2010 年 7 月 23 日，《陕西日报》，http：//gxq. hsw. cn/system/2010/07/23/0505 74806. shtml。

［130］《把旅游业培育成战略性支柱产业》，2009 年 11 月 26 日，人民网，http：//gd. people. com. cn/GB/123946/10455619. html。

［131］《2009 年中国全年旅游总收入约为 1. 26 万亿元人民币》，2010 年 1 月 6 日，http：//gb. cri. cn/27824/2010/01/06/2225s2724607. html。

［132］《2009 年陕西旅游收入同比增 26. 5%》，2010 年 2 月 10 日，http：//service. ocn. com. cn/Info/201002/lvyou101558. html。

［133］刘德谦：《2009 年旅游绿皮书》文摘之二：关于中国旅游的反思与讨论，2009 年 8 月 25 日，http：//blog. tianya. cn/blogger/post_ show. asp？BlogID = 2268725&PostID = 18681284&idWriter = 0&Key = 0。

［134］唐娟：《若干国家和地区推动旅游业发展政策措施（一）》，2010 年 1 月 6 日，上海情报服务平台，http：//www. istis. sh. cn/list/

list. aspx？id＝6438。

［135］中国社会科学院：《中国乡村旅游发展指数报告》，2016年 10 月 29 日，东方网，http：//news. eastday. com/eastday/13news/auto/news/china/20161029/u7ai6156025. html。

［136］《国家旅游局公布 262 家全域旅游示范区创建单位》，2016 年 2 月 6 日，中国经济网，http：//travel. ce. cn/gdtj/201602/06/t20160206＿3456395. shtml。

［137］陕西省旅游局：《陕西省旅游业"十三五"发展规划》，2016 年 11 月 3 日，陕西旅游政务网，http：//www. sxta. gov. cn/sx-tourgov/proscenium/content/2016－11－03/13659. html。

［138］厉新建、张凌云、崔莉：《全域旅游：建设世界一流旅游目的地的理念创新——以北京为例》，《人文地理》2013 年第 3 期。

［139］于洁、胡静、朱磊等：《国内全域旅游研究进展与展望》，《旅游研究》2016 年第 8（6）期。

［140］左文君、明庆忠、李圆圆：《全域旅游特征、发展动力和实现路径研究》，《乐山师范学院学报》2016 年第 11 期。

［141］张泽宇、苏燕平、王志友：《乡村旅游业开发传统乡土文化资源现状分析——以陕西关中袁家村、马嵬驿为例》，《科技文汇》2016 年第 6（下）期。

［142］郭爽：《基于生命周期理论的乡村旅游地比较研究——以马嵬驿和上王村为例》，《咸阳师范学院学报》2016 年第 2（31）期。

［143］尤海涛、马波、陈磊：《乡村旅游的本质回归：乡村性的认知与保护》，《中国人口·资源与环境》2012 年第 9（22）期。

［144］《陕西出台乡村旅游发展规划包含咸阳 7 区县 25 个村》，2017 年 1 月 4 日，旅新网，http：//www. cntour2. com/viewnews/2017/01/04/fml9X374AzblF52DSkwz0. shtml。

［145］李志飞：《全域旅游时代的变与不变》，《旅游学刊》2016 年第 9 期。

［146］孟秋莉、邓爱民：《全域旅游视域下乡村旅游产品体系构建》，《社会科学家》2016 年第 10 期。

［147］石培华：《如何认识与理解全域旅游——全域旅游系列解

读之一》,《中国旅游报》2016 年 2 月 3 日第 4 版。

[148] 李轶君、高慧君:《信息化视角下的全域旅游》,《旅游学刊》2016 年第 9 期。

[149]《西安市水生态文明城市建设试点通过验收》,2017 年 8 月 29 日,中华人民共和国水利部官网,http://www.mwr.gov.cn/xw/slyw/201708/t20170829_990606.html。

[150]《咸阳市旅游产业发展情况汇报》,2017 年 6 月 21 日,咸阳市人民政府网,http://www.xianyang.gov.cn/xyzx/dxsc/dxbg/452431.html。

[151]《宝鸡市旅游发展总体规划》,2015 年 10 月 17 日,文档在线网,https://max.book118.com/html/2015/1017/27436687.shtml。

[152]《汉中市全域旅游总体发展规划》,2017 年 2 月,汉中市人民政府网站,http://www.hztour.gov.cn/xxgkml/ghjh/201702/t20170207_385821.html。

[153]《陕西延安:2016 年接待游客 4000 万人次 旅游收入 225 亿元》,2017 年 1 月 3 日,http://www.0745news.cn/2017/0103/1008822.shtml。

[154]《韩城聚力开创全域旅游发展新局面》,《中国旅游报》,2017 年 11 月 30 日第七版,http://news.ctnews.com.cn/zglyb/html/2017-11/30/content_308905.htm?div=-1。

[155]《聚力共创全域旅游的"韩城样板"》,2017 年 8 月 2 日,http://www.xibeily.com/portal.php?aid=21171&mod=view。

附录一 基于 TSA 的旅游经济效应实证分析
——以陕西省为例

刘迎辉

[**摘要**] 旅游卫星账户是一种有效的分析旅游业社会经济贡献的工具。它通过建立目的地的旅游经济账户描述并反映旅游业促进经济发展的功能。文中运用 TSA 分析方法，计量陕西旅游业的直接经济贡献、旅游业就业等多项指标，实证分析旅游业对陕西经济的效应，并指出 TSA 的优势与局限。

[**关键词**] 旅游卫星账户（TSA）；旅游经济效应；实证分析

作为陕西国民经济重要产业之一，旅游业在陕西旅游经济发展中具有重要作用。2008 年，尽管遭受历史罕见的各种自然灾害和国内外敌对势力的破坏与干扰，但是陕西省旅游统计显示：旅游业总收入达到 697 亿元，同比增长 20.4%，旅游外汇收入 6.6 亿美元，国内旅游收入 561 亿元①。旅游业带动了国民经济发展的很多方面。旅游发展到底为陕西经济创造多大的价值，又产生多大的就业贡献等问题需要进行计量分析，通过数据证实旅游发展的社会经济贡献。笔者正是基于这种思考，通过引入 TSA，分析陕西旅游经济效应，即旅游业发展的社会经济功能。

---

① 陕西省旅游局：《2008 年陕西旅游业蓝皮书》，《西安》2009 年，第 2—8 页。

一 运用 TSA 评价旅游经济效应的基础变换

TSA 是世界旅游组织向联合国统计署提出的一套完整的衡量旅游业发展的分析与统计工具。它通过建立旅游业的 10 个经济账户，反映旅游业发展的实际状况和经济贡献。TSA93 是国民经济核算的附属账户，通过对旅游产品和旅游生产活动分类，形成旅游供求的事后平衡，从而计量旅游的经济效应。

旅游卫星账户在分析旅游经济效应时，从分析旅游活动及其消费开始。《旅游卫星账户：建议的方法与框架》根据旅游活动消费过程，将旅游产品分为旅游特定产品（住宿服务、食物与饮料服务、客运服务、游览服务、文化服务、娱乐和其他服务、其他旅游服务），有联系的产品（商品销售服务）和非旅游特定产品。国民经济产业构成中，有对应的产业提供上述多种旅游产品的需求。按照产业生产活动与旅游联系的紧密程度，旅游生产活动分为特征旅游产业、相关旅游产业和非特定旅游产业。特征旅游产业一般由旅游馆业、餐馆、铁路客运、公路客运、航空客运、水路客运、客运支持服务、客运设备出租、旅行社、文化业、体育与其他娱乐业等组成；相关旅游产业包括：银行业、保险业、其他服务业等组成；非特定旅游产业则是国民经济构成中的一般产业，如农业、建筑业等。[1] 根据 2007 年《投入产出表》142 部门流量表，直接或间接与旅游活动有关的产业有 27 个。依据统一进入原则，将这 27 类产业与九类旅游产品对应，形成表 1。[2]

表 1 　　　　　　　　与旅游消费对应的子产业再归类

旅游生产活动提供的旅游产品	旅游生产活动涉及的投入产出表的旅游特征产业和旅游相关产业	数量
长途交通	铁路运输业、道路运输业、水上运输业、航空运输业	4
住宿	住宿业、房地产经营与开发、商务服务业	3

---

① 黎洁：《旅游卫星账户与旅游统计制度研究》，中国旅游出版社 2007 年版，第 23—90 页。

② 郝志敏、王琪延：《旅游 GDP 核算研究——以 2004 年北京为例》，《统计与决策》2006 年第 10 期，第 16—18 页。

续表

旅游生产活动提供的旅游产品		旅游生产活动涉及的投入产出表的旅游特征产业和旅游相关产业	数量
餐饮		餐饮业	1
购物		批发业、零售业	2
游览娱乐业	游览	环境管理业、公共设施管理业、广播电视电影和音像业、文化艺术业	4
	娱乐	娱乐业、体育业、其他服务业	3
其他	邮电通信	邮政业、电信通信业	2
	市内交通	市内交通业	1
	其他	银行业、保险业、租赁业、居民服务业、旅游业、教育、卫生	7
合计			27

说明：根据《2007 年陕西投入产出表》整理。

二 TSA 评价旅游经济效应的一般步骤与核算条件

1. TSA 评价旅游经济效应的一般步骤

TSA 是一种有效的分析旅游经济效应的工具。《旅游卫星账户：建议的方法与框架》中提出，通过构建 10 个经济账户，全面描述旅游经济活动。因此，TSA 评价旅游经济效应的本质就是构建旅游的国民经济账户体系。

首先，计量入境旅游消费和国内旅游消费及其收入构成。入境旅游消费数值上等于旅游外汇收入，国内旅游消费数值上等于国内旅游收入。合并入境旅游消费与国内旅游消费，形成境内旅游消费账户（按购买者价格）。其次，由投入产出表，形成旅游生产账户。生产账户中的主要项目包括：对应旅游生产活动的总产出和增加值等。再次，将旅游消费账户与旅游生产账户统一，形成某一地区、一段时间以后的旅游活动需求与供给平衡账户。在该账户中，能够产生旅游消费占对应旅游生产活动的百分比。这个比例关系是 TSA 的核心，即旅游供给比例。最后，通过相关数据和旅游供给比例，能够评价旅游活动对某一地区的经济促进作用。

2. TSA 的核算条件

以陕西省为例，核算 2008 年陕西旅游活动的经济效应，需要以下核算数据：

（1）2007 年陕西投入产出表；

（2）2008 年陕西入境旅游消费统计；

（3）2008 年陕西国内旅游消费统计；

（4）2008 年陕西分行业从业人员人数；

（5）2008 年陕西分行业从业人员劳动报酬；

（6）2008 年陕西国民经济行业城镇投资和按照主要行业分的全社会固定资产投资等。

三 陕西旅游卫星账户核算过程与结果

1. 旅游消费账户

根据 2008 年陕西旅游统计资料建立旅游消费账户。特别需要指出的是，现有旅游统计的局限，目前不能获得出境旅游前的省内消费项目的具体数据。因此，消费账户中不包含这类消费。2008 年，陕西国际旅游收入 45.11 亿元，国内旅游收入 561 亿元，旅游总收入 606.11 亿元（美元与人民币的兑换率按年末价 1∶6.83 计算），见表 2。

表 2　　　　　　　　　2008 年陕西旅游消费账户　　　　单位：亿元

旅游产品类别		入境旅游收入及构成		国内旅游收入及构成		旅游总收入及构成	
		收入	比例（%）	收入	比例（%）	总收入	比例（%）
长途交通		12.58	27.89	111.47	19.87	124.05	20.46
住宿		5.68	12.60	103.33	18.42	109.02	17.98
餐饮		3.69	8.20	98.17	17.50	101.87	16.80
购物		11.46	25.40	98.51	17.56	109.97	18.14
游览娱乐	游览	2.61	5.80	54.52	9.72	93.53	15.44
	娱乐			36.46	6.50		

旅游产品类别		入境旅游收入及构成		国内旅游收入及构成		旅游总收入及构成	
		收入	比例（%）	收入	比例（%）	总收入	比例（%）
其他	邮电通信	2.07	4.60	61.03	10.88	67.74	11.17
	市内交通	1.35	3.00				
	其他	3.29	7.30				

说明：根据2008年《陕西旅游蓝皮书》和《陕西旅游统计年鉴》整理。

根据表2显示，陕西旅游经济中长途交通所占比例最大20.46%，其次顺次分别是购物、住宿、餐饮、游览娱乐和其他项目，符合旅游消费的一般比例构成。

2. 旅游生产账户

在生成陕西省2008年的旅游生产账户时，数据采样自《2007年投入—产出表》，对应旅游特征产品的特征旅游生产行业和相关行业。根据2007年的数据，对2008年的生产数据进行调整。其中对应行业的产出分别乘国民经济平均增幅（2008年陕西GDP/2007年陕西GDP），中间消耗因短时期技术水平基本不变化原则，故中间消耗取2007年数据。生产中剩余项目调整方式与产业产出调整方式一样，见表3。

表3　　　　　　　　　　2008年陕西旅游生产账户　　　　单位：亿元

与旅游特征产品相关产业		总产出	中间消耗	增加值	生产税净额	固定资产折旧	营业盈余
交通运输	铁路运输业，道路运输业，水上运输，航空运输	596.17	222.79	373.38	53.72	103.65	70.88
住宿	住宿业，房地产经营与开发，商务服务业	252.51	113.27	139.24	22.25	8.9	50.68
餐饮	餐饮业	240.95	105.81	135.14	25.47	6.45	−17.71
购物	批发业	689.51	158.89	530.62	218.21	22.78	139.82
	零售业						

续表

与旅游特征产品相关产业		总产出	中间消耗	增加值	生产税净额	固定资产折旧	营业盈余
游览娱乐	环境管理业，公共设施管理业，广电业，文化艺术业，公管和社会组织，娱乐业，体育业，其他服务业	460.28	143.65	316.63	5.68	8.56	17.17
邮电	邮政业	326.02	216.48	109.54	13.21	70.48	46.775
	电信通信业						
其他	银行业，保险业，租赁业，居民服务业，教育，卫生	897.17	313.22	583.95	18	16.62	106.62
市内交通		67.81	23.33	44.48	2.65	11.83	−9.93

说明：根据《2007 年陕西投入—产出表》整理。

3. 陕西旅游消费生产综合账户

根据《旅游卫星账户：建议的方法和框架》中推荐的将旅游消费账户与旅游生产账户综合，得到旅游经济消费生产综合账户。该账户反映了对应旅游特征产品的旅游特征活动和相关活动提供旅游产品的消费—供应比例。[1] 同时该账户也隐含了六类旅游生产活动的国内总产出（基本价格）和境内总供给（基本价格）等于六类旅游产品的国内总产出（基本价格）和境内总供给（基本价格）这一思想[2]，见表 4。

4. 基于综合账户的相关指标计量

根据生成的旅游消费账户与旅游生产账户，经过合并，形成 2008 年陕西旅游消费生产综合账户。在这个账户中，联系需求与供给，显示出旅游活动产出占总产出的份额，通过这个核心数据，计量旅游活动的一系列经济效应。其中包括：旅游业增加值、旅游业就业、旅游业固定资产折旧、旅游业营业额等相关指标。这些指标能够表明，旅

----

① 赵丽霞、魏巍贤：《旅游卫星账户（TSA）—1998 年的构建》，《统计研究》2001 年第 8 期，第 13—17 页。

② 郝志敏、王琪延：《旅游 GDP 核算研究——以 2004 年北京为例》，《统计与决策》2006 年第 10 期，第 16—18 页。

游目的地发展旅游业的直接经济效应。

表4   旅游经济消费生产账户   单位：亿元

旅游产品	旅游活动产出	对应旅游特征产品产业产出	旅游活动产出占总产出份额（%）
长途交通	124.05	596.17	20.80
住宿	109.02	252.51	43.17
餐饮	101.87	240.95	42.27
购物	109.97	689.51	15.94
游览娱乐	93.59	460.28	20.33
其他	67.75	1290.96	5.2
合计	606.11	3530.38	

（1）计算旅游直接经济效应即旅游业增加值及相关指标

表4计算出旅游生产份额，这是TSA评价旅游经济的核心数量关系，根据对应不同旅游产品的旅游特征行业及相关行业进行旅游业直接经济效应即旅游业增加值等相关指标计量。在具体计量过程中，采用旅游供给份额这一概念，意味着旅游产品与非旅游产品供给产出占比是一致的。

根据 $Z = (z_1, z_2, \cdots, z_6)(f_1, f_2, \cdots, f_6)$ （1）

其中，z表示旅游特征行业与相关行业产出增加值，f表示各对应旅游产品行业占比份额，Z表示旅游业增加值。

将上述表格中数据代入（1）式，得到：

旅游业增加值Z=382.2亿元，是1997年我省旅游业增加值的12.5倍；占全省2008年GDP的5.57%。2001年广西旅游业增加值72.91亿元，2004年江苏旅游业增加值446.63亿元，2004年浙江旅游业增加值562.1亿元，与这些数据相比较，符合陕西旅游经济发展的实际。

相应的旅游业生产净税额是69.22亿元；旅游业固定资产折旧是

38.62 亿元；旅游业营业额是 62.90 亿元。

（2）计算旅游业从业人数、旅游从业人员报酬以及旅游业投资总额。

表 5　　　　　　　旅游特征行业和相关行业就业人数　　　　单位：万人

行业	从业人数	对应旅游产品的特征旅游行业和相关行业	调整后总就业人数
交通运输、仓储和邮政业	74.6	交通运输业	70.60
信息传输、计算机服务和软件业	11.8	住宿业	39.11
批发和零售业	216.6	餐饮业	62.85
住宿和餐饮业	79.0	购物业	216.6
金融业	10.7	游览娱乐业	68.76
房地产业	7.8	其他	285.50
租赁和商务服务业	8.6		
水利、环境和公共设施管理业	6.2		
居民服务和其他服务业	17.5		
教育	57.9		
卫生、社会保障和社会福利业	18.0		
文化、体育和娱乐业	7.2		
公共管理和社会组织	48.6		
其他行业	162.8		

说明：根据《2008 年陕西旅游统计年鉴》整理。

根据旅游业占比份额，计算旅游业就业人数 = （e1，e2，…，e6）（f1，f2，…，f6）　　　　　　　　　　　　　　　　　　　（2）

　　= 121.45 万人

旅游业就业人数占全省总就业人数的 5.79%。

根据旅游业占比份额，计算旅游业从业人员劳动报酬 = （m1，m2，…，m6）（f1，f2，…，f6）　　　　　　　　　　　　　　　（3）

＝65.07亿元

表6　　　　　　旅游特征行业和相关行业从业人员劳动报酬　　　单位：亿元

行业	从业人员劳动报酬	对应旅游产品的特征旅游行业和相关行业	调整后总就业人员劳动报酬
交通运输、仓储和邮政业	56.95	交通运输业	53.90
信息传输、计算机服务和软件业	18.69	住宿业	18.02
批发和零售业	27.55	餐饮业	6.07
住宿和餐饮业	7.64	购物业	27.55
金融业	41.32	游览娱乐业	133.01
房地产业	10.24	其他	232.71
租赁和商务服务业	6.34		
水利、环境和公共设施管理业	11.47		
居民服务和其他服务业	4.55		
卫生、社会保障和社会福利业	40.17		
教育	152.35		
文化、体育和娱乐业	8.82		
公共管理和社会组织	108.26		

旅游业从业人员劳动报酬占全省从业人员劳动报酬的7.46%

同样得到旅游业城镇投资 ＝ （i1，i2，…，i6）（f1，f2，…，f6）

$$(4)$$

＝281.2亿元，占全省城镇投资的7.4%。

旅游业新增固定资产164.68亿元，占全省新增固定资产的7.84%。

5. 总结

根据旅游卫星账户全面计量我省2008年旅游业发展的基本状况，具体见表7。将表7数据与目前我国其他省份TSA计量的结果对比，陕西旅游业增加值382.2亿元小于江苏和浙江的旅游业增加值，大于广西旅游业增加值。同时，陕西旅游业增加值对陕西经济的贡献大于江苏与浙江，符合实际状况。因为陕西经济总体小于这两个省，而旅游经济增加值相对比较偏大。

表7　　　　　　　　　　基于 TSA 的陕西旅游业评价指标体系

指标	数量	备注
旅游业增加值	382.2 亿元	占 2008 年全省 GDP 的 5.57%
旅游业生产净税额	69.22 亿元	—
旅游业固定资产折旧	38.62 亿元	—
旅游业营业额	62.90 亿元	—
旅游业就业人数	121.45 万人	占全省总就业人数的 5.79%
旅游业从业人员劳动报酬	65.07 亿元	占全省从业人员劳动报酬的 7.46%
旅游业城镇投资	281.2 亿元	占全省城镇投资的 7.4%
旅游业新增固定资产	164.68 亿元	占全省新增固定资产的 7.84%

四　TSA 的优势与局限

根据 SNA93 编制的旅游卫星账户，可以从子账户中得到旅游消费的各类数据。旅游卫星账户的基础就是整理目的地境内旅游消费，且借助旅游消费分离出旅游产出，得到旅游供给比例与旅游业增加值。在旅游卫星账户的子账户中，还可以核算出旅游业就业统计和固定资本形成等。可见，旅游卫星账户就是一个通过旅游消费剥离的事后旅游供求均衡表。旅游卫星账户的核心思想是围绕"旅游"分离国民经济账户中有关旅游经济的数据，对应旅游消费类型，将所有与旅游有关的产业进行重新编排，检验旅游经济影响，这是旅游卫星账户最显著的优势。上述计量过程中，子产业归类表和旅游业生产账户正是这一思想的体现。

依据《旅游卫星账户：建议的方法框架》，旅游卫星账户是通过建立十个子账户来描述与反映旅游的经济影响。在建立旅游卫星账户的过程中，只考虑直接旅游需求，即旅游者消费引起的产出变化和就业增加，而不考虑旅游需求所引致的经济体系内的间接和引致联系。如旅游者所购买的旅游纪念品大多是零售业提供的，旅游卫星账户一般只将零售业列为与旅游消费相关的产业，研究旅游消费对零售业的产出贡献，不考虑为零售业提供货源的批发业和制造业①。这样，旅游卫星账户的分析范围就比较窄。从旅游卫星账户中反映的只是旅游消费的直接经济影响，如果要全面反映旅游的经济效应，比如产业联系波及等，就得使用其他方法。②

依据对陕西旅游业评价的过程看，旅游卫星账户评价旅游产业增加值时，因为各国旅游特征行业范围不同，所计算结果没有比较意义。运用 TSA 只能评价旅游业增加值，即旅游卫星账户评价的范围是旅游特征行业和相关行业，其计量范围比较小。在计算过程中，获得相关数据后，对于一些按照正常状况应该达到供需基本平衡数据还要进行调整。数据调整的原则和方法也是评价过程中特别需要注意的，是以供给方还是需求方数据为基准进行调节？这是评价过程中的困难。例如，本计算过程对住宿供求平衡做了调整，实际获得的住宿消费数据大于投入产出表中住宿业的产出。因此，在产业归类时，归入了房地产业和商务服务业。2007 年陕西投入产出表中反映出，旅游业与房地产等 27 个产业相关。

另外，旅游卫星账户是一个事后评价旅游经济的方法和框架。其数据都是以前数据的调整使用，反映了过去一段时间旅游对目的地的贡献，这也说明卫星账户有一定的时滞，因此，不能使用旅游卫星账户来预测或预期目的地未来旅游经济的发展。同时，在使用旅游卫星账户时，尽管有一些内容和概念在理论上是阐述清晰的，但是在实际操作中，如何纳入旅游卫星账户的编制中，仍然是需要进一步研究的问题，例如旅游业务费用、旅游固定资本形成、出境旅游的境内消费统计等。此外，旅游卫星账户在计量中，需要大量的统计数据作为基

---

① 黎洁：《旅游卫星账户与旅游业的产出核算研究》，《统计与决策》2007 年第 1 期，第 13—15 页。

② 刘益：《旅游卫星账户（TSA）在旅游统计中的应用》，《统计与决策》2007 年第 2 期，第 29—31 页。

础。目前，有关于旅游统计的方法、指标设置等没有统一的规定。要获得这些支撑数据，需要付出高昂的成本。尽管存在一些使用上的局限性，TSA 仍然为分析旅游业的经济贡献提供了可行的方法。

附录二 国内旅游与入境旅游对促进 我国经济增长的比较研究
——基于实证分析

刘迎辉　郝索

摘要：本文基于实证分析，验证国内旅游、入境旅游与 gdp 存在长期稳定协整关系，协整方程表明，国内旅游每增加 1 个百分点，国内生产总值增加 0.554628 个百分点，入境旅游每增加 1 个百分点，国内生产总值增加 0.346883 个百分点。国内旅游拉动经济发展的强度强于入境旅游拉动经济发展的强度。为未来旅游业三大市场发展的政策调整提供了数量依据。

关键词：国内旅游；入境旅游；经济增长；协整与误差检验'

改革开放三十年来，我国旅游业沿着非常规的旅游发展道路在持续稳步的发展，国际入境旅游持续增长，国内旅游也表现出强势。国际旅游外汇收入在平衡国际收支中发挥了巨大的作用。2007 年，我国国际入境旅游收入 3204.38 亿元①，是全国旅游总收入的 29%，其增长速度为 16%。同时国内旅游收入也在回笼货币方面有着积极的作用。2007 年，国内旅游收入为 7770.62 亿元②，是全国旅游总收入的 71%，国内旅游收入的增长速度为 19%。众所周知，我国国内旅游相较于国际入境旅游要发展得晚一些。尽管国内旅游比直接增加

---

① 国家统计局：《中国统计年鉴（1993—2007）》，中国统计出版社。
② 同上。

GDP 的数量，但是它的间接引致却可促进国民经济的增长。本文正是基于这样的视角通过计量分析来比较国内旅游与入境旅游对我国经济增长的促进作用。

一　变量选择说明与数据的采集与处理

1. 变量选择及其说明

从我国旅游业的发展特征上看，以 1993 年为界限。1993 年之前的国内旅游因为一系列的原因，没有得到政策以及相关方面的重视，因此发展非常缓慢。而在 1993 年之后，随着国家旅游局下发的《关于发展国内旅游业的意见》的执行与中国国内旅游协会成立，有关国内旅游的实际影响才得到了社会各界的重视。1993 年之前我国国内旅游统计也因此相对缺乏，之前的零星数据不足以说明国内旅游对我国经济发展的促进作用，因此，在这里数据的选择从 1993 年开始，以此来对比我国国内旅游与国际入境旅游对我国经济发展的作用分析。

2. 变量的选择和数据的采集与处理

这里主要有三个变量，一是国内生产总值 gdp，来衡量我国经济发展的总体水平；二是国内旅游收入 dt，来衡量我国国内旅游发展的水平；三是 it，来衡量我国入境旅游发展的水平。通过对变量进行计量分析并建立模型，说明 dt 和 it 是如何影响 gdp 以及二者的影响差异。

选取国内旅游、入境旅游与国内生产总值的历年统计数据（数据来源于统计年鉴）。对采集的原始数据作对数处理，分别记为 lngdp、lndt 与 lnit。以 lngdp 为例，lngdp = log（gdp）。对数变化主要是便于我们构建线性计量模型。在此基础上，各类数据的一阶与二阶差分分别记为 dlngdp、ddlngdp、dlndt、ddlndt、dlnit、ddlnit，其中以 dlngdp 与 ddlngdp 为例，dlngdp = lngdp − lngdp（−1），ddlngdp = dlngdp − dlngdp（−1）[①]。

---

① 庞皓：《计量经济学》，西南财经大学出版社 2006 年版。

表1　　　　　　　　　　1993—2007 年我国的 gdp、dt 与 it

time	gdp	dt	it	lngdp	lndt	lnit
1993	31380	864	269. 74	10. 35393	6. 761573	5. 597459
1994	43800	1023. 51	622. 62	10. 68739	6. 930993	6. 433936
1995	57733	1375. 7	729. 21	10. 96358	7. 226718	6. 591962
1996	67795	1638. 38	847. 62	11. 12424	7. 401463	6. 742432
1997	74772	2112. 74	1000. 93	11. 2222	7. 655741	6. 908685
1998	84402. 3	2391. 2	1047. 44	11. 34335	7. 779551	6. 954104
1999	89677. 1	2831. 92	1170. 18	11. 40397	7. 94871	7. 064913
2000	99214. 6	3175. 54	1343. 46	11. 50504	8. 063233	7. 203004
2001	109655. 2	3522. 37	1472. 63	11. 6051	8. 166889	7. 294805
2002	120332. 7	3878. 36	1687. 64	11. 69802	8. 263168	7. 431086
2003	135822. 8	3442. 27	1431. 73	11. 81911	8. 143886	7. 266639
2004	159878. 3	4710. 71	2129. 29	11. 98217	8. 457594	7. 663544
2005	183867. 9	5285. 86	2394. 14	12. 12197	8. 572791	7. 780779
2006	210871	6229. 74	2705. 26	12. 259	8. 73709	7. 902953
2007	249530	7770. 62	3204. 38	12. 42733	8. 958105	8. 072274

二　国内旅游与入境旅游的实证分析

使用单位根检验检查时间序列是否是平稳的，平稳的时间序列再进行协整检验，借助对于误差 e 的分析，检验变量的协整关系是否成立，通过对时间序列的这种统计描述与计量分析，求证变量之间的关系并进行未来估计①。

1. 国内旅游、入境旅游与 gdp 的统计描述

使用计量方法，描述入境旅游与 gdp 两个时间序列的基本状况以及其一阶差分、二阶差分的分布状态，见图1，图2，图3。从分布图1中得知，三个变量有一定的发展趋势，且呈上升态势，是非平稳的时间序列。它们的一阶差分则不同，从图2中看不到变量的趋势，一阶

① 庞皓:《计量经济学》，西南财经大学出版社 2006 年版。

差分可能是一个平稳的时间序列，需要进行单位根检验。图 3 与图 2 相似，三个变量的二阶差分在时间的水平分布上是随机的，没有趋势，可能是平稳的时间序列，需进行单位根检验。

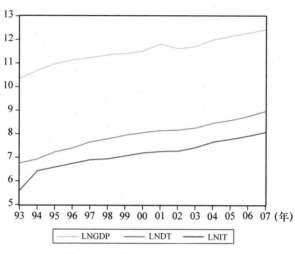

图 1　三个变量的时间序列折线图

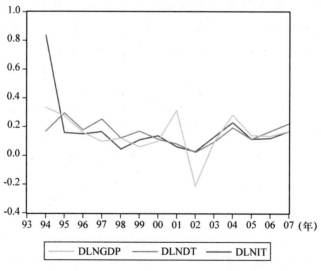

图 2　三个变量一阶差分时间序列折线图

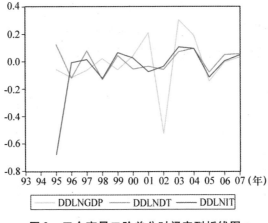

图3 三个变量二阶差分时间序列折线图

2．变量的单位根检验

借助于 Eviews 5.0 对变量进行 ADF 检验。图 1 中，三个变量既有趋势，又有常数项，因此检验时，选择 level 和 trend and intercept 选项，而在图 2 与图 3 的显示中，三个变量没有表现出一定的趋势，但是在图 2 中，dlndt 与 dlnit 有常数项，因此 ADF 检验时，dlngdp 选择 level 和 none，dlndt 与 dlnit 选择 level 和 intercept。图 3 中三个变量进行 ADF 检验时，选择 level 和 none。Eviews 5.0 提供了自动滞后阶数选项，无须进行阶数实验。单位根检验的结果见表 2。

表 2　　　　　　　　　　单位干检验结果

变量	ADF 值	1% 临界值	5% 临界值	10% 临界值	结论
lngdp	− 3.461502	− 4.800080	− 3.791172	− 3.342253	平稳时间序列
lndt	− 2.076131	− 4.992279	− 3.875302	− 3.388330	不平稳时间序列
lnit	− 0.616330	− 5.124875	− 3.933364	− 3.420030	不平稳时间序列
dlngdp	− 2.408743	− 2.754993	− 1.970978	− 1.603693	平稳时间序列

变量	ADF 值	1% 临界值	5% 临界值	10% 临界值	结论
dlndt	− 2. 311641	− 4. 057910	− 3. 119910	− 2. 701103	不平稳时间序列
dlnit	− 11. 84382	− 4. 057910	− 3. 119910	− 2. 701103	平稳时间序列
ddlngdp	− 4. 945722	− 2. 792154	− 1. 977738	− 1. 602074	平稳时间序列
ddlndt	− 6. 655809	− 2. 771926	− 1. 974028	− 1. 602922	平稳时间序列
ddlnit	− 4. 161820	− 2. 816740	− 1. 982344	− 1. 601144	平稳时间序列

　　观察表 2 中，各变量 ADF 值与 1% 、5% 与 10% 临界值的大小比较，lngdp 在 10% 的置信水平上，拒绝原假设，可以认为是平稳序列，lndt、lnit 则在三个置信水平上接受原假设，是不平稳时间序列。在进行变量一阶差分单整检验发现，lngdp 在 5% 和 10% 的置信水平上，拒绝原假设，可以认为是平稳序列，同时 lnit 在三个置信水平上也拒绝原假设，是平稳时间序列，而 lndt 则在三个置信水平上接受原假设，是不平稳时间序列。继续进行二阶差分单整检验，lngdp、lndt、lnit 分别在三个置信水平上拒绝原假设，是平稳时间序列。三个变量的二阶差分是单整的，可以对其进行协整分析。

3. 协整分析

　　根据上边单位根检验的结果得知，国内旅游、入境旅游与国内生产总值三个变量的二阶差分都是单整的，可以对原变量作协整分析。Eviews 5. 0 通过两步法 EG 检验，用国内旅游和入境旅游对国内生产总值进行回归。在对残差进行的单整检验过程中，选择 level 和 none，ADF 值在 1% 、5% 和 10% 的置信水平上均拒绝原假设，如表 4 所示，是平稳序列，因此，三个变量存在协整关系，回归方程是：

lngdp = 4. 626236 + 0. 554628lndt + 0. 346883lnit + e

　　对该方程解释是：国内旅游每增加 1 个百分点，国内生产总值增加 0. 554628 个百分点，入境旅游每增加 1 个百分点，国内生产总值增加 0. 346883 个百分点。从表 3 的检验数据看，回归方程拟合效果显著，当然图5的回归方程拟合图也能充分作出说明。

表3　　　　　　　国内旅游、入境旅游与国内生产总值协整检验

Variable	Coefficient	Std. Error	t – Statistic	Prob.
C	4. 626236	0. 255018	18. 14082	0. 0000
LNDT	0. 554628	0. 135712	4. 086813	0. 0015
LNIT	0. 346883	0. 137756	2. 518102	0. 0270
R – squared	0. 985769	Mean dependent var		11. 50109
Adjusted R – squared	0. 983397	S. D. dependent var		0. 580711
S. E. of regression	0. 074827	Akaike info criterion		– 2. 170420
Sum squared resid	0. 067189	Schwarz criterion		– 2. 028810
Log likelihood	19. 27815	F – statistic		415. 6009
Durbin – Watson stat	2. 239268	Prob （F – statistic）		0. 000000

表4　　　　　　　　　　　序列残差 e 的 ADF 检验

resid	ADF 检验值	1% 临界值	5% 临界值	10% 临界值	结论
	– 4. 155510	– 2. 740613	– 1. 968430	– 1. 604392	平稳时间序列

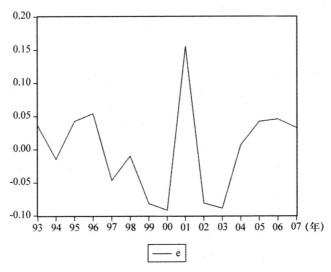

图4　序列残差 e 的折线图

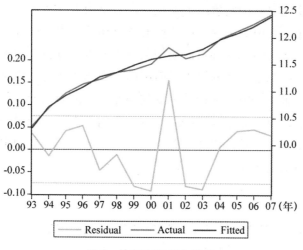

图 5　协整方程拟合效果

4. 变量误差校正模型

从以上分析看，国内旅游、入境旅游与国内生产总值三个变量存在协整关系，也就是说在长期上三个变量有均衡关系，这种长期均衡与变量短期波动有什么联系，短期波动会对变量长期保持均衡有什么作用，可以通过建立误差校正模型来作出说明。Eviews 5.0 提供了短期波动对维系长期均衡的分析工具。通过分析检验，误差校正模型方程是：

lngdp = 5. 879681 – 0. 340183lngdp（t – 2） + 0. 494693lndt + 0. 055267lndt（t – 2） + 0. 656768lnit + 0. 058125lnit（t – 2） + v

（11. 65193）（0. 451597）（ – 1. 891557）

从误差校正模型看，lngdp 的短期波动受 lndt 与 lnit 短期波动的影响，同时也受到系统误差波动的影响。当短期波动偏离长期均衡时，系统将会以 1. 340183 的调节力度调至均衡态。当国内旅游变化 1%，国内生产总值变化 0. 055%，当入境旅游变化 1%，国内生产总值变化 0. 058%。

5. 国内旅游、入境旅游与国内生产总值间的因果关系

因果关系分析检验是为了说明国内旅游、入境旅游与国内生产总值三者之间是国内旅游的变化引起国内生产总值的变化，还是国内生

产总值的变化引起国内旅游的变化，或者是两者互为影响，同时入境旅游的变化是否引起国内生产总值的变化还是反之，以及二者互为影响。借助于 Eviews 5.0 进行因果检验，得表5。由表5知道，国内旅游是国内生产总值变化的原因，而国内生产总值不是国内旅游变化的原因。入境旅游是国内生产总值变化的原因，国内生产总值也是入境旅游变化的原因。通过改变滞后长度，我们发现三个变量间存在互为因果的关系。这与吴忠才老师关于1978—2005年IT与GDP不存在因果关系的结论是相反的。[①]

表5

滞后长度	因果性	F 值	P 值	结论
1	LNDT does not Granger Cause LNGDP	3.48087	0.08895	拒绝
1	LNGDP does not Granger Cause LNDT	0.87190	0.37047	拒绝
1	LNIT does not Granger Cause LNGDP	1.28937	0.28030	拒绝
1	LNGDP does not Granger Cause LNIT	5.63809	0.03686	拒绝
2	LNDT does not Granger Cause LNGDP	1.68472	0.24513	拒绝
2	LNGDP does not Granger Cause LNDT	0.18893	0.83143	不拒绝
2	LNIT does not Granger Cause LNGDP	25.3007	0.00035	拒绝
2	LNGDP does not Granger Cause LNIT	1.04549	0.39503	拒绝
3	LNDT does not Granger Cause LNGDP	1.27184	0.37879	拒绝
3	LNGDP does not Granger Cause LNDT	1.71320	0.27909	拒绝
3	LNIT does not Granger Cause LNGDP	9.53744	0.01643	拒绝
3	LNGDP does not Granger Cause LNIT	0.67181	0.60514	不拒绝
4	LNDT does not Granger Cause LNGDP	49.2470	0.02000	拒绝
4	LNGDP does not Granger Cause LNDT	2.09455	0.34829	拒绝
4	LNIT does not Granger Cause LNGDP	3.30972	0.24526	拒绝
4	LNGDP does not Granger Cause LNIT	2.21087	0.33487	拒绝

[①] 吴忠才：《中国入境旅游对经济增长拉动作用的定量研究》，《北京第二外国语学院学报》（旅游版）2007 年第 9 期。

三　结论与政策建议

1. 我国国内旅游与入境旅游的发展是有利于我国经济的发展。协整分析结果显示，国内旅游每增加 1 个百分点，国内生产总值增加 0.554628 个百分点，入境旅游每增加 1 个百分点，国内生产总值增加 0.346883 个百分点。国内旅游拉动经济发展的强度强于入境旅游拉动经济发展的强度。只能说，我国实施的大力发展入境旅游，积极发展国内旅游的政策与实证分析的结果基本吻合。另外从最近的旅游统计看，我国入境旅游从 2008 年 7 月开始下滑。受制于全球性的经济危机，入境旅游会在一段时间增长缓慢，因此，未来我国旅游业发展的政策调整应特别重视国内旅游的发展。

2. 从误差校正分析看，lngdp 的短期波动受 lndt 与 lnit 短期波动的影响，同时也受到系统误差波动的影响。当短期波动偏离长期均衡时，系统将会以 1.340183 的调节力度调至均衡态。当国内旅游变化 1%，国内生产总值变化 0.055%，当入境旅游变化 1%，国内生产总值变化 0.058%。[①]

3. 因果检验表明，国内旅游、入境旅游与国内生产总值存在相互的因果关系。即国内旅游、入境旅游的变化能引起我国经济发展的变化。因此，旅游业在国民经济中的产业地位是非常重要的。

综上表明，我们还应该加大旅游业的发展力度，尤其是由于历史和区位等因素不利于发展入境旅游的地区，更应大力发展国内旅游以促进经济的发展。

---

① 和红、叶民强：《中国旅游业与经济增长相关关系的动态分析》，《社会科学辑刊》2005 年第 12 期。

附录三 "古村落旅游"发展中文化与品牌建构的探讨

——以"党家村"为例

刘迎辉　杜江

摘要：市场竞争等若干因素使古村落旅游文化与品牌建构具有紧迫性。访谈与问卷调查分析后发现，党家村古村落旅游文化与品牌建设滞后。通过对党家村文化的梳理，以及对古村落旅游文化的内涵与相关概念之间的关系的分析，提出"古村落"旅游文化与品牌建构要突出核心价值，走名牌化的道路。

关键词：古村落旅游；文化与品牌建构；党家村

古村落旅游从最初开始的桂林山水，到而后的江南水乡、云南古镇，再到后来的徽商、晋商大院，越来越受到关注，并吸引着国内外的旅游者。目前，据不完全统计，各类古村落（镇）共214处①。其中网络关注度排名较前的是西塘、丽江、乌镇、南浔、同里、凤凰等古村落。在众多的中国古村落，不论是哪一个想要脱颖而出，并且保持持久的魅力都是非常困难的。朴实无华的党家村旅游如何能持久地运营，并保持完整的特色就成为我们不得不思考的问题。

一 "古村落旅游"发展中文化与品牌建构的紧迫性

（一）旅游市场竞争激烈

旅游供给的压力与不断理性的旅游需求使得旅游市场的竞争越发

---

① 中国古镇列表，http：//www. sozhen. com/default/chinaprovince. html。

显得激烈。三十年来，我国的旅游风景名胜区得到了飞速发展。许多古村落经过相对合理的改造与建设，列入4A或5A级的风景名胜区，有的甚至列入世界文化遗产名录中。这些承载着凝重的中国文化的古村落已经卷入到市场经济的大潮中。各类旅游供给主体以及同类旅游供给主体之间的竞争十分激烈。例如，旅游吸引物性质相同，是去山西参观王家大院呢，还是去陕西参观党家村呢？又比如，"黄金周"是参加农家乐呢，还是参观党家村呢？诸如此类的问题很多，可供旅游者选择的目的地是如此的琳琅满目。同时，现代旅游者不断成熟的消费心理与消费行为更是推动旅游市场激烈竞争的利剑。在品目繁多的旅游供给中成熟理性的旅游消费者，无疑加剧了旅游市场竞争。因此，迎合旅游者的消费需求并满足消费者的消费需求，古村落旅游加快文化与品牌建构显然是势在必行。[①]

（二）"古村落旅游"发展转型的需要

目前，我国古村落旅游的主要形式仍是以参观为主，停留在旅游活动的表象和初始阶段。旅游收入主要是门票收入。事实上，古村落旅游远不止参观欣赏。丰富多彩的古村落旅游资源与深厚的文化内涵将会是古村落旅游焕然一新的基础。如何推动古村落旅游走向新的发展阶段，如何实现古村落旅游经营转型，当务之急应当解决文化与品牌建构的问题。

（三）适应后现代旅游者的旅游需求的需要

在新的历史时期，旅游者的旅游需求在本质上发生了明显的变化。以前所崇尚的功利旅游的思想逐渐地被"天人合一、崇尚自然"的思想取代。后现代旅游体现了旅游的个性化、多元化、权宜性、非延续性、随即变化性和地方性。后现代旅游者则表现出思想的解放性、追求的多样性、旅游活动强烈的参与和体验性以及旅游活动的纯粹与原始性。因此，适应后现代旅游者的需要，简单原始的古村落参观旅游必须重新整合旅游资源，挖掘古村落旅游文化新的表述和表现形式。

---

① 张金山：《浅析资源型城市旅游形象定位及营销策略——以焦作为例》，《北京第二外国语学院学报》（旅游版）2007年第9期，第67页。

（四）形成品牌资产，提升产品档次并增强古村落竞争力的需要

品牌是对时尚、流行、热点商品的诠释，同时品牌也是对优质产品的诠释。好的品牌有助于形成品牌资产，增加产品的内在价值。目前，在我国众多的古村落中，形成完整的品牌或完成品牌建构的旅游供给主体基本处于空白状态。古村落仅仅充当了旅行社的配角，成为旅游线路的一个组成部分，大大降低了古村落在旅游业中的讨价还价的能力。因此，加快形成古村落旅游品牌资产，提升产品档次，从而增强其竞争力成为亟须解决的问题。

二 "党家村"旅游文化与品牌建构的现状

通过访谈与问卷调查对党家村目前旅游事业发展状况以及文化与品牌建设的现状作了基本的探析。此次调研时间是 2008 年 10 月 3 日至 7 日，地点是党家村。其中访谈对象主要是三位村一级干部。共发放问卷 100 份，收回 99 份。由于此次调研正值国庆"黄金周"，党家村在外就读的学生基本都在家度假，因此，调研对象更具有现实性。根据问卷调查，党家村旅游事业发展的总体良好，2004—2007 年，党家村旅游收入逐年增加，2007 年的旅游收入为 160 万元，接待旅游者 5.3 万人次。数据分析后的基本结果如下：28% 的当地居民认为没有注重旅游品牌的建设；45% 的居民认为党家村旅游品牌建设缺失；39% 的人认为党家村与乌镇等不能相提并论，44% 的人认为党家村的名气没有超过乌镇等江南古镇；46% 的人认为党家村旅游事业的发展，首先要解决的问题之一就是品牌与特色建设。

从访谈中了解到，党家村旅游业的发展没有成立相关的旅游公司或独立的管理机构，党家村旅游也仍然处于正在发展与建设的过程中。目前主要是由韩城市景区管理委员会负责；开发的主要问题是民居仍然有当地居民居住生活，不能独立经营与运营，还谈不到品牌建设；目前还没有与大的旅游开发公司合作，仅仅在旅游规划方面与北大的吴必虎教授合作过；党家村旅游是以民居旅游为重点，短线旅游多，远距离旅游即长线旅游正在开拓中；在旅游开发的过程中，困难与问题比较多，资金是主要问题；在进一步的旅游开发中，民居保护很重要，品牌建设与宣传是保护的一个手段。

三 党家村古村落旅游文化与品牌的建构

（一）古村落旅游文化与品牌的关系

1. 古村落文化是旅游品牌建构的基础

古村落凝聚了我国农业文明上千年的文化，并且这种文化的载体与表现形式是多种多样的。以党家村为例，能够表达这种文化的形式具体如下：生活习惯、农耕模式与工具、风俗民俗、民居建筑、村落布局、种姓来源与构成、祠堂、道路、牌坊，等等。这些文化是可以通过凝练并借助某种统一的标志或是形式来陈述与表达的。因此，构建古村落品牌从内涵上讲是可行的，是有深厚文化基础的。

2. 构建旅游品牌是古村落旅游文化传播的手段

品牌具有社会共鸣性与被认知性。虽然品牌不具有独立的实体，不占用空间，但它却可以达到让人们通过一个比较容易的记忆形式记住某一产品。通过文字、图案和符号的形式，品牌向旅游者传递出旅游目的地的文化特色，从而在旅游市场上引起共鸣，继而被认知与认可。

（二）对党家村旅游文化的梳理

在进行品牌建构之前对党家村旅游文化首先进行梳理，以保证所构建的品牌能够完整地体现党家村的文化内涵。党家村的文化是以自然文化环境为基础、以人文因素为主导，是人类文化与自然环境相结合的文化，是由自然环境、物质要素与非物质要素共同组成的和谐的古村落复合体[1]。

首先，党家村具有特殊的地理位置，选址于低洼沟地，便于保护与隐秘。这种自然条件既减弱了西北季风的侵袭，又使夏天的凉风顺沟谷吹过，使党家村成为理想的冬暖夏凉的好处所。同时北塬的红黏土与南塬的白黏土均不起尘，泌水绕行，空气得到净化，使党家村的古建筑数百年来一尘不染。

其次，党家村主要的物质要素形态的文化包括：农作物、牲畜、

---

[1] 孙静、苏勤：《古村落旅游开发的视觉影响与管理——以西递—宏村为例》，《旅游管理》2004年第6期，第27页。

马车、党家村居民、四合院、牌坊、围墙、祠堂、烟筒、门楣、木雕、砖雕、家训、古玩古董、农耕工具、巷道、门墩、排水道、匾额、石塔、土特产等。

再次，党家村非物质要素形态的文化包括：习俗与风俗、饮食与生活习惯、语言风格、秦腔唱腔、农民休闲娱乐活动、传统与观念、邻里相处、精神面貌、气质等。

最后，党、贾两家的商业活动史与经商理念也是党家村的迷人之处。

图1　党家村旅游文化的组成

这四者共同传承了党家村近七百年的农耕与商业文明。其中，非物质要素形态文化是核心，是党家村的灵魂和精髓所在。人们在参观的过程中，才能深切感受到党、贾两家深层次的生存与生活的文化底蕴以及千百年来影响中国社会发展的儒家传统思想。

（三）党家村古村落旅游的品牌建构

1. 品牌建构的内涵与外延

品牌建构是一个复杂的系统。品牌建构的目的是为了引起旅游者对旅游产品产生共鸣与认可。因此，对于如何建构党家村的旅游品牌，并使党家村走上"品牌化经营"的道路，首先须明确以下关系①。

（1）品牌与品牌资产的关系

品牌是对某种特色产品的凝练与描述，并在市场上能获得认可。有无品牌和是否建构是这一问题的推进。品牌资产则是指在形成品牌后，所带来的各种效应。例如，价格的提升，强的竞争优势，高的市场占有率等。

（2）品牌建构与品牌营销的关系

品牌建构是形成品牌的过程，这一过程解决了有无品牌的问题，品牌适宜性与准确性的问题。同时品牌建构完成了产品核心价值的提炼与特色的突出。品牌营销则是品牌推向市场并获得积极效应的组织方法。具体的品牌营销包括：形象塑造、品牌建构、品牌定位、广告与价格、促销与渠道等多方面。

2. 党家村旅游品牌的建构

党家村旅游品牌建构涉及品牌意识的强化、品牌核心价值与内涵的凝练、品牌形象的塑造以及品牌的名牌化，是一个复杂的体系。第一，应加强品牌意识。品牌是对旅游者消费的利益承诺。品牌背后所代表的是优质产品。因此，形成并强化品牌意识可以保证品质的长期性。

第二，建构党家村旅游的核心价值。"民居瑰宝"的党家村是东方人类居民的活化石。游览党家村是向旅游者展示中国民居建筑文化。这种文化不仅仅局限于以物质形态表现的建筑结构，它是党、贾两家历史繁衍的展示。在这种物质形态的文化背后则蕴藏着影响中国千百年发展的儒家思想。例如，四合院本身就是儒家中庸思想的一种建筑结构描述。除此之外的家训、贞节牌坊等，这便顺理成章地使党家村与其他古村落相区分，成为党家村的核心价值。

第三，塑造党家村旅游品牌形象。按照文化背景和历史区域的划分，中国古村落大体分为八类：大家风范的徽派古村落群、个性鲜明

---

① 高静、章勇刚：《旅游目的地品牌化若干基本问题的探讨》，《北京第二外国语学院学报》（旅游版）2007 年第 9 期，第 73 页。

的岭南古村落群、清秀灵逸的湘黔古村落群、另类浪漫的西南古村落群、小巧精致的水乡古村落群、各领风骚的南诏古村落群、富贵大气的北方大院建筑群和朴实无华的西北古村落群。党家村恰好是西北古村落群的代表。虽然表面上缺少山水的依托、个性的张扬以及恢宏的气势，但是独特的存在历史与形式无疑代表一种含蓄的美。这种形象是其他古村落所没有的，在保护与维护中更容易实现，所以借助 CIS 系统设计可以将这种朴实无华的含蓄美进行到底。

第四，品牌建构名牌化。事实上，进行品牌建构的最终目的是走名牌化的发展道路。基于品牌建设与塑造的旅游目的地才能保持持久的发展。尤其对于古村落旅游来讲，品牌建设可以促进旅游文化与资源的保护，能够突出特色与核心价值的传输，扩大旅游目的地的社会影响，逐渐转向名牌产品。

四　政策建议

在当下社会主义新农村建设的大背景下，乡村旅游发展更具有现实意义。尤其是目前所开发的相当多的"古村落"在地理位置与社会经济等方面，仅仅依赖当地居民的力量不能进行良好和合理的旅游开发。如何既能促进旅游事业的发展，又不至于在开发中造成文化与资源的破坏？如何发挥后发优势？如何运用科学的管理理念与方法加快乡村旅游发展，需要多方面尤其是政府的引导与政策激励。

首先，要为乡村"古村落"旅游发展提供一个良好的政策环境，有利于人员、资金等的交流；其次，提供乡村旅游发展的相关模式培训，在管理理念与方法上，比如在开发与发展的起始阶段就规划好品牌建设与宣传，进行引导；再次，促进乡村旅游开发单位之间的交流与学习，形成旅游产品与旅游资源的共享；最后，选择出"古村落"旅游发展中的现实问题进行特别试点，例如党家村如何在后续的旅游事业发展中通过品牌建构促进旅游业新的发展局面，总结我国"古村落"旅游事业的发展模式与方法。

附录四 TSA 与 I/O 法评价旅游经济效应的比较研究

刘迎辉　郝索

摘要： 旅游卫星账户（TSA）和投入—产出（I/O）法是评价旅游经济效应的有效方法，并在实践中被使用。旅游卫星账户是作为国民经济的附属账户，通过构造子账户对旅游经济效应进行评价。投入—产出法则是在投入产出理论的基础上分析旅游经济效应。二者在评价机理、理论视角、假设基础等方面都不相同。文章在分析这两种方法不同之处的基础上，以期在实际评价过程中将二者融合。

关键词： 旅游卫星账户（TSA）；投入—产出（I/O）；旅游经济效应

旅游快速发展的势头以及对目的地国家和地区经济的推动作用，使得旅游经济效应评价成为理论界重点关注的问题之一。如何评价旅游经济效应，国内外学者使用的方法不一样。目前，有的学者运用投入—产出（I/O）模型评价旅游经济效应，有的学者用旅游卫星账户（TSA）评价旅游经济效应，还有学者用其他方法评价旅游经济效应，但在应用上，TSA 和 I/O 法较多见。这两种方法是如何评价旅游经济效应，存在什么差异，是本文关注的核心。

一　旅游经济效应的含义

旅游经济效应是指因为旅游消费所引起的目的地国家（地区）经济的发展与增长。这里的发展与增长不仅包括目的地旅游收入第一轮直接分配带来的旅游产出增加；也包括目的地旅游企业为满足旅游者需要，采购相关企业产品，从而导致这些行业产出增加；同时还包括目的地经济循环发展中，所有旅游企业与相关企业因为获得收入，而再消费所产生的相关产出的增加。因此，旅游经济效应分解成：直接效应、间接效应和引致效应①。

直接效应是指由于旅游消费所带来的旅游企业（旅行社、旅游饭店、旅游交通等）产出的增加，即旅游业增加值，又称旅游业 GDP。间接效应是指由于旅游企业为正常运转并满足旅游者需要，而采购的相关企业产品，并导致这些相关企业产出的增加以及再生产过程中社会产出的增加。引致效应是指旅游企业与相关企业从业人员为维持正常生活消费而引致的相关企业产出的增加。直接效应、间接效应、引致效应之和称为旅游增加值，即旅游 GDP。从上述概念可以发现，旅游消费对目的地经济产生连锁效应，从而参与并推动目的地经济扩大再循环。旅游经济的这些效应可以用 TSA 和 I/O 法计量与评价。

二 旅游卫星账户（TSA）评价法

完整的旅游卫星账户能提供目的地旅游宏观经济总量；旅游消费详细数据；旅游业详细账户，旅游就业、旅游产业与其他生产性经济活动的联系。通过建立旅游卫星账户的 10 个子账户，将旅游消费与旅游供给联系起来，得到以下评价指标：旅游业增加值、旅游就业规模、旅游资本规模。

作为 SNA93 国民经济账户的附属账户，旅游卫星账户得到世界旅游组织与联合国的正式批准。1994 年加拿大首先对外公布加拿大旅游卫星账户。随后，美国、澳大利亚、新西兰、法国、西班牙等国家也分别建立自己的旅游卫星账户。国内学者任佳燕、赵丽霞、康蓉等分别系统地阐述了有关国外旅游卫星账户含义、概念、表格等理论②。黎洁《旅游卫星账户与旅游统计制度研究》中，特别涵盖有关

---

① 黎洁：《旅游卫星账户与旅游统计制度研究》，中国旅游出版社 2007 年版，第 23—24、52、131 页。

② 任佳燕、刘赵平：《用旅游卫星账户测度旅游业对经济的影响》，《中国统计》1999 年第 10 期，第 24—25 页；赵丽霞：《创建我国国家旅游卫星账户初探》，《厦门大学学报》2001 年第 4 期，第 32—37 页；康蓉：《旅游卫星账户及旅游业增加值的测算》，《商业时代·学术评论》2006 年第 5 期，第 79 页。

旅游卫星账户编制实践的研究①。最近几年，我国学者开始用旅游卫星账户计量旅游业增加值的实践。北京旅游附属账户编制组利用 TSA 计算出 2007 年北京旅游产业增加值为 287.1 亿元，旅游活动对特征产业部门经济增长的贡献率达到 56.2%②。另外，赵丽霞主持的"厦门市旅游产业对社会经济影响的综合研究"课题，成果之一是构建了 1998 年厦门旅游卫星账户③。黎洁主持的"江苏旅游卫星账户研究"课题，成果之一是构建了 2002 年江苏旅游卫星账户④。潘建民主持的"旅游业发展对国民经济贡献率研究"课题，成果之一是构建了 2001 年广西旅游卫星账户⑤。

表1　　　　　　　　我国 4 个地区旅游卫星账户的主要数据⑥

项目	厦门旅游卫星账户 1998	广西旅游卫星账户 2001	江苏旅游卫星账户 2002	浙江旅游卫星账户 2004
旅游消费（亿元）	75.2	199.67	949.97	1322.7
入境旅游消费（亿元）	19.8	未明确	87.066	128.3
区域国内旅游消费（亿元）	55.4	未明确	861.43	1130.3
旅游业增加值（亿元）	20.65	72.91	446.63	562.1
旅游就业（万人）		55.06	100.98	146.3
旅游业增加值对地区生产总值的贡献（%）	4.94	6.7	4.2	4.83
旅游就业贡献（%）	未明确	未明确	8.54	4.89

① 黎洁：《旅游卫星账户与旅游统计制度研究》，中国旅游出版社 2007 年版，第 23—24、52、131 页。

② 北京旅游附属账户编制组：《北京旅游附属账户（BJ - TSA）编制理论与实践》，中国旅游出版社 2009 年版，第 11 页。

③ 赵丽霞、魏巍贤：《旅游卫星账户（TSA）—1998 的构建》，《统计研究》2001 年第 8 期，第 13—17 页。

④ 黎洁：《旅游卫星账户与旅游统计制度研究》，中国旅游出版社 2007 年版，第 23—24、52、131 页。

⑤ 潘建民：《中国创建与发展优秀旅游城市研究》，中国旅游出版社 2004 年版，第 109 页。

⑥ 黎洁：《旅游卫星账户与旅游统计制度研究》，中国旅游出版社 2007 年版，第 23—24、52、131 页。

表1表明，通过建立旅游卫星账户可以计算旅游业增加值，能衡量旅游业对国民经济的产业贡献。该方法的计算步骤一般如下：

1. 明确相关概念与分类

运用旅游卫星账户评价旅游经济效应时，应确定旅游特征产品、旅游相关产品和非旅游特定产品。对应上述3种产品的生产则是旅游特征活动、旅游相关产业和非旅游特定产业。由于旅游特征产品和旅游特征活动直接涉及旅游消费和旅游产出的核算，在核算旅游业增加值时，首先应给出一个明确的符合SNA93国民经济账户的产品与产业分类。

根据《旅游卫星账户：建议的方法框架》，对应旅游活动的产品如下划分①：

一般笼统地将旅游消费分为9类，分别是长途交通、住宿、餐饮、购物、景区游览、娱乐、市内交通、邮电通信和其他。② 为了协同供给和消费，将投入产出表的产业按照"整体进入原则"与9类产品结合，形成表2，从而将旅游产品与旅游生产活动对应起来。在具体进行产业归类时，特别注意不同地区旅游消费活动涉及的产业门类有所差异。

表2　　　　旅游产品和对应的旅游生产活动产业③

旅游产品	该旅游活动涉及的投入产出表的产业
长途交通	铁路旅客运输业、道路运输业、水上运输业、航空运输业
住宿	住宿业
餐饮	餐饮业
购物	批发和零售贸易业
景区游览	公共设施管理业、文化艺术和广播电影电视业
娱乐	体育事业、娱乐业
市内交通	城市公共交通运输业
邮电通信	邮政业、信息传输服务业
其他	金融业、保险业、租赁业、旅游业、居民服务业、教育事业、卫生事业

① 黎洁：《旅游卫星账户与旅游统计制度研究》，中国旅游出版社2007年版，第23—24、52、131页。

② 郝志敏、王琪延：《旅游GDP核算研究——以2004年北京为例》，《统计与决策》2006年第10期，第16—17页。

③ 同上。

2. 搜集相关数据

旅游卫星账户从旅游需求的角度出发，将国民经济账户中与旅游相关的产品与产业，专门设立一个独立的账户，以明确表达这些行业因为旅游消费而引致的国内总产出。因此，在计算旅游业增加值时，需要相关数据作为基础，分别是旅游外汇收入、国内旅游收入、旅游总收入、入境旅游消费结构、国内旅游消费结构、出境旅游消费结构、国民经济产出表等相关数据资料。

3. 建立旅游卫星账户，计算旅游业增加值

《旅游卫星账户：建议的方法框架》要求建立 10 个子账户，将旅游消费与旅游生产融合，最终形成旅游供给与消费平衡。这 10 个子账户包括按产品和旅游类型分列的入境旅游消费、国内旅游消费、出境旅游消费、境内旅游消费账户；旅游产业和其他产业的生产账户；按产品分列的国内供给和境内旅游消费账户，以及旅游产业的就业情况、旅游业固定资本形成总额、旅游公共消费与相关非货币指标账户。其中按产品分列的国内供给和境内旅游消费账户是旅游卫星账户的核心[①]。完成旅游消费账户与旅游生产账户的统一之后，就可以计算旅游业的增加值。其数学表达是：

$$Z = (z1, z2, \cdots, zi)(f1, f2, \cdots, fi) \tag{1}$$

其中，z 表示旅游特征行业与相关行业产出增加值向量，f 表示产出占比份额向量，Z 表示旅游业增加值。式（1）表明，计量旅游业增加值暗含旅游产出与非旅游产出中间投入比例一致。计量过程注意两点：一是旅游生产活动产出与供给等同于对应旅游产品的产出与供给；二是参数 f，产出占比份额，即满足旅游消费的产出在该产业总产出的百分比，这两点是整个计算的关键。通过旅游卫星账户可以直观地计算旅游业增加值，即旅游直接效应。同时建立的其他子账户可以得到旅游资本规模、就业规模等指标。

---

① 赵丽霞：《创建我国国家旅游卫星账户初探》，《厦门大学学报》2001 年第 4 期，第 32—37 页。

三 投入—产出（I/O）评价法

投入—产出法是传统评价旅游经济效应的方法。国外学者弗莱彻（Fletcher），布瑞阿苏里斯（Briassoulis），克恩和方（Khan，Phang），布阿德和马斯松（Baade，Matheson），克姆、钟和邹（Kim，Chon & Chung）等使用该方法研究旅游业对地区经济贡献和旅游乘数。[①] 在我国，闫敏利用 1992 年中国投入产出表研究了旅游业与工业化之间存在的关联关系。[②] 李江帆运用投入产出法分析了广东省旅游业与经济部门的产业关联和波及关系。[③] 乔玮用投入产出法分析了旅游对上海经济的影响。[④] 投入—产出法可以有效地分析部门间的经济联系，也可以评估旅游活动所带来的直接效应、间接效应和引致效应。运用投入—产出法计算旅游经济的各种影响基本步骤如下：

1. 投入系数

首先根据数据资料获得投入系数。投入系数 $a_{ij} = x_{ij}/x_j$，表示产业 j 生产单位产品所消耗掉产业 i 的数量。为分析问题方便，常用矩阵表示投入系数表，即记 $A = (a_{ij})_{n \cdot n}$，A 也叫直接消耗系数。[⑤]

2. 完全消耗系数与逆矩阵系数

投入系数反映了某产业在生产单位产品的过程中对其他产业产品的"直接"消耗。但在一般的经济活动中，各产业产品的生产，不仅有直接消耗，而且还有间接消耗。例如，旅游饭店的经营过程中，作为直接消耗的有蔬菜、机器设备、布制品、电等，但在蔬菜、设备、布制品的生产中，也要消耗相同的生产资料，这部分消耗是饭店

---

① 黎洁：《旅游卫星账户与旅游统计制度研究》，中国旅游出版社 2007 年版，第 23—24、52、131 页。

② 闫敏：《旅游业与经济发展水平之间的关系》，《旅游学刊》1995 年第 5 期，第 9—15 页。

③ 李江帆、李美云：《旅游产业与旅游增加值的测算》，《旅游学刊》1999 年第 5 期，第 17—19 页。

④ 乔玮：《用投入产出模型分析旅游对上海经济的影响》，《经济地理》2006 年第 12 期，第 63—64 页。

⑤ 杨公仆、夏大慰：《产业经济学教程》第四版，上海财经大学出版社 2001 年版，第 117—120 页。

对这些生产资料的间接消耗。同理，还会存在再次、再次……的间接消耗。投入产出理论称，某产业在生产单位产品的过程中，对其他产业产品的直接消耗和全部间接消耗之和为完全消耗。完全消耗系数矩阵记作 B，

$$B = A + A^2 + A^3 + A^4 \cdots$$

这里再以 y_i 表示产业 i（$i = 1, 2, \cdots, n$）的最终需求，并以 $X = (x_i)_{n \cdot 1}$ 和 $Y = (y_i)_{i \cdot 1}$ 分别表示总产出矩阵和最终需求矩阵，则由 $a_{ij} = x_{ij}/x_j$ 和投入产出表的均衡关系，有：

$$AX + Y = X$$

根据上式，得到：

$$Y = (I - A) X$$

或在 $(I - A)$ 可逆时，有：

$$X = (I - A)^{-1} Y$$

其中，$(I - A)^{-1}$ 称为里昂惕夫逆矩阵，逆矩阵中的元素称作逆矩阵系数，由逆矩阵系数构成的表就是逆矩阵系数表[①]。

3. 旅游业增加值

获得投入系数与逆矩阵系数后，计算旅游业增加值就比较容易。根据统计数据，得到旅游消费需求，计算旅游业增加值。

$$旅游业增加值 = \sum （对应产业的总产出 - 中间消耗）\frac{旅游消费产出}{对应产业总产出}$$

旅游消费产出：指国内旅游消费和入境旅游消费所产生的最终旅游需求。

对应产业产出：指一段时间内（一般指一年）产业的总供给。

中间消耗：指对应产业在生产的过程中，由于中间投入而产生的消耗总和，可以通过投入系数获得。

即，$TVA = \sum [X (X_Y/X) - X (X_Y/X) A] = \sum X (X_Y/X) (I - A)$
$$\tag{2}$$

比较式（1）和式（2）发现，在计量旅游业增加值时，旅游卫

---

① 杨公仆、夏大慰：《产业经济学教程》第四版，上海财经大学出版社 2001 年版，第 117—120 页。

星账户与投入—产出的方法是一致的。

4. 旅游增加值

（1）旅游间接效应

旅游间接效应的计算由完全消耗系数和逆矩阵系数以及旅游消费产出得到。首先用 $X = (I-A)^{-1}Y$ 计算所有产业因旅游消费而产生的产出；再用 $TVA = X (X_Y/X) - X (X_Y/X) A = X (X_Y/X) (I-A)$ 计算该产业因旅游消费而产生的增加值；最后所有产业增加值加权求和。

$$旅游间接效应 = \sum (I-A)^{-1}Y (I-A) \tag{3}$$

（2）旅游引致效应

旅游引致效应计算与旅游间接效应计算类似。只是这里旅游企业以及相关企业的数据获得比较困难。引致效应是由工资消费引起的，因此，表示为：

$$旅游引致效应 = \sum Q (I-A) [I+ (I-A)^{-1}] \tag{4}$$

（3）旅游增加值

旅游增加值 = 旅游间接效应 + 旅游引致效应 + 旅游直接效应

$$= \sum (I-A)^{-1}Y (I-A) + \sum Q (I-A) [I+ (I-A)^{-1}] +$$
$$\sum X (X_Y/X) (I-A) \tag{5}$$

（4）旅游的产业关联影响

根据旅游效应的含义可以理解，旅游间接效应和引致效应是旅游直接效应对其他产业的关联影响，因此，旅游的产业关联影响 = 旅游 GDP – 旅游业 GDP，即间接效应和引致效应之和。

四　TSA 和 I/O 法的比较分析

旅游卫星账户和投入产出都可以评价旅游对一个国家（地区）经济的影响。通过上述评价机理分析，能够发现这两种方法有以下方面差异。

1. 评价理论视角不同

旅游卫星账户核算旅游经济效应的理论基础是旅游需求与旅游供给的一致化。所谓的一致化是指，根据国民经济核算的基础，旅游消费转化为旅游产出。实际上，旅游卫星账户就是在"旅游"这一主题下，汇集与需求和供给相关的数据，形成一个国家（区域）与旅游经济活动相关的事后市场均衡。I/O 法是投入产出理论的具体应用，是"把一个复杂的经济体系中各部门之间的相互依存关系系统地数量化的方法"，它借助投入产出表，对各产业间在生产、交换和分配上的关联关系进行分析①。用 I/O 法分析旅游经济效应，就是分析旅游业与其他产业间的促进、带动以及影响。因此，在理论基础上，TSA 强调事后均衡，而 I/O 法强调生产过程比例分配。

2. 评价分析的假设基础不同

（1）TSA 的假设基础

运用 TSA 评价旅游经济效应，必须严格遵循旅游卫星账户的框架体系，即根据 2000 年 3 月世界旅游组织公布的《旅游卫星账户：建议的方法框架》。同时，还必须严格遵循国民经济核算原则和方法论。遵循以上条件后，一般按照整体进入原则实现消费与供给的联合。

（2）I/O 法的假设基础

I/O 法假设条件则不同。杨公仆、夏大慰在《产业经济学教程》中，总结了投入产出 5 点假设②：首先是产业活动的独立性。即任何一个产业的经济活动既不会对其他产业带来外部经济性，也不会产生外部的不经济性。各产业独立活动的效果总和等于其同时进行活动的总效果。二是假设产出单一。即相同的产出只能来源于同一产业。三是假设规模报酬不变。这一假设是保证不同产业投入产出间的线性关系。四是假设技术相对稳定，以满足消耗系数的确定。五是强调价格能真正反映供求关系，从而准确地揭示各产业间的投入产出关系。

3. 评价指标差异

运用 TSA 评价旅游经济效应，从编制的 10 个子账户最终能实现以下评价指标。根据"按照产品分类的国内供给与境内消费表"得到旅游业增加值和旅游产业增加值。根据"旅游产业就业情况表"

----

① 杨公仆、夏大慰：《产业经济学教程》第四版，上海财经大学出版社 2001 年版，第 117—120 页。

② 同上。

获得旅游就业规模。依据"旅游产业和其他产业的旅游业固定资本形成总额表"得到旅游业资本形成总额。依据"按照政府职能和级别划分的旅游业公共消费表"得到旅游公共消费规模。最后是"旅游业实物指标表",它是用来解释旅游卫星账户前1—6个子账户的货币信息。I/O法的评价指标包括旅游业增加值、旅游增加值、各种旅游乘数以及旅游产业与相关产业的关联度等。

特别强调的是,旅游卫星账户所有评价指标注重于旅游业表层次经济影响,即由于旅游消费而导致的各特征旅游活动与相关旅游活动所产生的GDP、资本和就业等。而投入—产出法的评价指标则注重旅游深层次经济影响研究,例如旅游增加值是衡量旅游经济的全部效应,关联度衡量的是旅游消费对其他产业的感应与波及影响分析。鉴于二者分析评价的层次范围不同,故在旅游经济影响评价时,可以将两种方法进行融合补充。

4. 评价数据来源要求不同

运用旅游卫星账户实现对旅游经济效应的评价,需要大量数据。这些信息有的来自国民经济核算体系,有的来自统计数据。尤其它是建立在广泛的基础研究和大量的一手资料与调研的基础上,获得数据的代价与成本较高。同时,数据获得之后,在实际使用中还必须结合旅游经济发展状况进行调整。而I/O法一般则是利用投入产出表、旅游消费数据就可以完成相应分析,对一手数据要求较低。

五 结论与建议

旅游卫星10个子账户可以直观地反映有关旅游经济的货币和实物信息,投入产出法可以反映旅游经济的关联影响和乘数效应。目前,国内没有学者对同一地区同时使用这两种方法评价其旅游经济效应,所以二者在评价的准确性以及吻合程度方面没有被证实。另外,基于二者在实际操作过程中的数据来源、产业分类方法以及计算模型,可以根据评价指标将两种方法融合,达到全面评价旅游经济效应的目的。

此外,从上述比较分析中发现,不论使用哪种方法评价旅游经济效应,都需要大量数据。现有的旅游统计一般提供旅游业总收入、旅游外汇收入、旅游业国内收入、旅游饭店营业收入、旅行社营业收入以及众多的实物指标。例如，旅游业从业人数、旅行社数量、旅游饭店数量、停留时间、旅游者国别构成等。统计过程比较关注消费体系，忽略了从供给角度统计旅游产出。而在实际评价过程中，众多来自消费统计的货币数据必须进行再分离，往往会产生误差。因此，为达到准确评价旅游经济效应的目的，必须改革我国现有的统计制度与方法。在政策安排中，不仅重视旅游经济本身的发展，更应鼓励实证分析，挖掘旅游产业的外延与内涵，通过计量研究寻找旅游经济新的发展道路与模式。

附录五　与旅游消费有关的产业完全消耗系数

表1

产业名称	交通运输	批发零售	住宿餐饮	娱乐	产业名称	交通运输	批发零售	住宿餐饮	娱乐
农林牧渔业	0.01133	0.01225	0.18027	0.02689	废品废料	0.00161	0.00130	0.00364	0.01094
煤炭开采业	0.08052	0.02334	0.04594	0.04261	电力热力生产供应	0.07335	0.03943	0.10890	0.08601
石油天然气开采业	0.08403	0.01571	0.02188	0.01268	燃气生产供应	0.00061	0.00033	0.00548	0.00048
金属矿采矿业	0.01255	0.00445	0.00612	0.00619	水的生产供应	0.00372	0.00395	0.01750	0.00817
非金属与其他采矿业	0.00270	0.00159	0.00313	0.00252	建筑业	0.00403	0.00738	0.00627	0.00486
食品制造及烟草加工业	0.00923	0.01165	0.23702	0.02149	交通运输及仓储业	0.07370	0.10099	0.02582	0.04828
纺织业	0.00785	0.00626	0.01063	0.00555	邮政业	0.00036	0.00045	0.00095	0.00073
纺织服装鞋帽加工业	0.00967	0.00789	0.00456	0.00634	信息传输计算机及软件	0.00922	0.00642	0.00891	0.01325
木材加工及家具制造业	0.00676	0.00693	0.00963	0.01831	批发零售业	0.00083	0.00044	0.00213	0.00104
造纸印刷及文体用品制造业	0.01325	0.01719	0.05280	0.18167	住宿餐饮业	0.02673	0.03821	0.03504	0.05932
石油加工、炼焦及核燃料加工业	0.32139	0.05736	0.03426	0.04133	金融业	0.07029	0.06894	0.04309	0.06388

续表

产业名称	交通运输	批发零售	住宿餐饮	娱乐	产业名称	交通运输	批发零售	住宿餐饮	娱乐
化学工业	0.04832	0.01865	0.08214	0.06874	房地产业	0.00722	0.02651	0.03012	0.02222
非金属矿物制品业	0.01026	0.00439	0.01406	0.01050	租赁商务服务业	0.02351	0.04496	0.03096	0.02647
金属冶炼加工业	0.04738	0.01641	0.02216	0.02249	研究与实验发展	0.00425	0.00083	0.00098	0.00091
金属制品业	0.03019	0.01051	0.02115	0.02093	综合技术服务业	0.00206	0.00164	0.00140	0.00077
通用专用设备制造业	0.04724	0.01316	0.02238	0.01975	水利环境公共设施管理业	0.00243	0.00210	0.00339	0.00346
交通运输设备制造业	0.06364	0.02276	0.01390	0.01061	居民服务与其他服务业	0.01716	0.01311	0.02177	0.01230
电气机械制造业	0.02086	0.00826	0.01035	0.01320	教育	0.00397	0.00238	0.00167	0.00258
通信设备计算机及电子设备制造业	0.01521	0.00946	0.00916	0.01266	卫生社会保障和福利业	0.01967	0.00474	0.00857	0.00869
仪器仪表文化办公机械制造业	0.01056	0.00405	0.00663	0.00917	文化体育娱乐业	0.00405	0.00561	0.00510	0.01026
工艺品及其制造业	0.00257	0.00149	0.00664	0.00392	公共管理和社会组织	0.00110	0.00112	0.00109	0.00119

后　记

　　本书是笔者对于旅游基本理论、旅游经济效应评价以及陕西旅游发展的长期思考的结果。

　　笔者从 2001 年开始旅游管理硕士研究生学习，2004 年专职从事旅游管理教学与科研工作，至今已有十八年的研究与学习历史，在长期的实际工作中，看到了陕西省和我国旅游在近二十多年的迅速发展以及发展中的问题。笔者从专业发展出发，对旅游及旅游经济理论和评价进行了大量研究。由于长期从事旅游研究工作，收集了丰富的研究资料和数据，通过理论分析和比较研究，力图形成相对系统完整的旅游理论和旅游经济效应评价体系，进而以陕西省为例，考证并分析陕西省旅游发展的实践探索。

　　本书在旅游理论完善、旅游经济效益评价方法以及陕西旅游发展实践等方面获得了一些基本的结论、指标体系、模式等，提出了全域旅游思想指导下的陕西旅游发展对策，笔者目前的探索希望能够为在这方面有兴趣研究的专家提供一点有益的启示。当然，未来随着时代变迁、矛盾变化、社会需求以及科技文明的进步，旅游理论和旅游经济效应评价还需要进一步充实和细化，还需要做大量的工作。